Vi Keeland

BAD BOSS

GOLDMANN

Vi Keeland

Bad Boss

Roman

Aus dem Amerikanischen
von Babette Schröder

GOLDMANN

Die amerikanische Originalausgabe erschien 2022 unter dem Titel
»The Boss Project« bei C. Scott Publishing Corp., New York City.

2. Auflage
Deutsche Erstveröffentlichung Januar 2024

in der Penguin Random House Verlagsgruppe GmbH,
Neumarkter Straße. 28, 81673 München
produktsicherheit@penguinrandomhouse.de
(Vorstehende Angaben sind zugleich
Pflichtinformationen nach GPSR.)

Umschlaggestaltung: UNO Werbeagentur, München
Umschlagmotive: FinePic®, München
Redaktion: Antje Steinhäuser
TK · Herstellung: ik
Satz: KCFG – Medienagentur, Neuss
Druck und Bindung: GGP Media GmbH, Pößneck
Printed in Germany
ISBN: 978-3-442-49311-1

www.goldmann-verlag.de

1. Kapitel

Evie

»Ich … äh, habe Kirschen gegessen.« Mit einem entschuldigenden Lächeln sah ich auf meine fleckige Bluse hinunter. »Wenn ich nervös bin, nasche ich, und ich bin an einem Obststand mit Kirschen vorbeigekommen. Die sind meine Schwäche. Jetzt ist mir allerdings klar, dass das eine Viertelstunde vor einem Vorstellungsgespräch keine gute Idee war.«

Die Falten auf der Stirn der Frau vertieften sich. Um ehrlich zu sein, wies meine Bluse mehr als nur einen oder zwei Kirschflecken auf. Wenn ich dieses Gespräch irgendwie retten wollte, musste ich mutig sein und versuchen, sie mit der Wahrheit zum Lachen zu bringen.

»Mir ist eine Kirsche heruntergefallen«, fuhr ich fort. »Sie prallte ab und hinterließ an drei verschiedenen Stellen rote Flecken, bevor ich sie auffangen konnte. Auf der Damentoilette habe ich dann versucht, den Fleck herauszuwaschen. Aber es war hoffnungslos, das hier ist Seide. Dann kam ich auf die geniale Idee, es wie ein Muster aussehen zu lassen. Ich hatte noch ein paar Kirschen übrig, also biss ich eine an und versuchte, die Flecken nachzumachen.« Ich schüttelte den Kopf. »Offensichtlich nicht sehr erfolgreich, aber zu dem Zeitpunkt hatte ich nur noch die Wahl, eine neue Bluse zu kaufen und zu spät zum Vorstellungsgespräch zu kommen, oder zu versuchen, das Aussehen als trendy zu verkaufen. Ich dachte, es würde nicht so auffallen …« Ich seufzte leise. »Da habe ich mich wohl getäuscht.«

Die Frau räusperte sich. »Ja, also … Fangen wir doch mit dem Vorstellungsgespräch an, okay?«

Es sah zwar bereits so aus, als würde ich den Job nicht bekommen, dennoch zwang ich mich zu einem Lächeln und faltete die Hände im Schoß. »Das wäre toll.«

Zwanzig Minuten später stand ich wieder auf der Straße. Wenigstens hatte sie nicht zu viel von meiner Zeit verschwendet. So konnte ich mir noch ein paar leckere Kirschen kaufen und mir vor meinem letzten Vorstellungsgespräch in dieser Woche eine neue Bluse besorgen. Das gab mir neuen Schwung.

Nachdem ich noch mal am Obststand Halt gemacht hatte, stieg ich in die Subway. Ich würde mir irgendwo auf dem Weg zwischen Bahnhof und meinem Termin eine neue Bluse besorgen.

Doch nach zwei Haltestellen kam die Bahn abrupt zum Stehen und rührte sich fast eine Stunde lang nicht von der Stelle. Der Typ, der mir gegenübersaß, starrte ständig in meine Richtung. Irgendwann kramte ich in meiner Handtasche nach etwas, mit dem ich mir Luft zufächern konnte, denn im Zug wurde es langsam ziemlich stickig. Er blickte zwei- oder dreimal auf sein Smartphone und dann wieder zu mir hoch. Ich versuchte, ihn zu ignorieren, ahnte jedoch, was gleich kommen würde.

Wenige Augenblicke später beugte er sich zu mir vor. »Entschuldigen Sie. Sie sind doch diese Braut, oder?« Er drehte sein Telefon um und zeigte mir ein Video, von dem ich wünschte, es würde nicht existieren. »Die, die ihre Hochzeit gesprengt hat?«

Es war zwar nicht das erste Mal, dass man mich erkannte,

doch seit dem letzten Mal waren mindestens ein oder zwei Monate vergangen, und ich hatte gehofft, der Wahnsinn sei endlich vorüber. Offenbar nicht. Die Leute, die links und rechts von uns im Zug saßen, wurden nun ebenfalls aufmerksam. Und so tat ich, was ich tun musste, um nicht mit Fragen bombardiert zu werden: Ich log nach Strich und Faden.

»Nein. Das bin ich nicht. Aber ich habe schon öfter gehört, dass ich ihr Zwilling sein könnte.« Ich zuckte mit den Achseln. »Es heißt, jeder hätte irgendwo einen Doppelgänger. Sie ist wohl meiner.« Nach einer Pause fügte ich hinzu: »Ich hätte allerdings nichts dagegen, sie zu sein. Sie ist krass, oder?«

Der Typ blickte auf sein Handy und dann wieder nach oben. Er wirkte nicht so, als würde er mir auch nur ein Wort glauben, ließ mich jedoch in Ruhe. »Ah. Ja, klar. Tut mir leid, dass ich Sie gestört habe.«

Eine weitere Stunde später setzte sich der Zug endlich wieder in Bewegung, ohne dass es zumindest eine Durchsage mit einer Erklärung für die Verzögerung gegeben hätte. Als ich ausstieg, blieben mir nur noch etwa zwanzig Minuten Zeit bis zu meinem nächsten Vorstellungsgespräch, und ich trug immer noch die Bluse mit den Flecken. Und … während ich in der heißen Bahn gesessen und noch mehr Kirschen in mich hineingestopft hatte, waren weitere Flecken hinzugekommen. Also eilte ich die Subway-Treppe hinauf, in der Hoffnung, auf dem Weg zu meinem Termin noch etwas Anständiges zum Anziehen zu finden.

Kurz vor dem Gebäude, in dem mein Gespräch stattfinden sollte, fand ich schließlich ein Geschäft, in dessen Schaufenster sowohl Herren- als auch Damenkleidung ausgestellt war. Kaum hatte ich die Paloma-Boutique betreten, bot mir eine Verkäuferin mit einem starken italienischen Akzent ihre Hilfe an.

»Hallo. Hätten Sie eine cremefarbene Seidenbluse? Oder eine weiße? Oder …« Ich schüttelte den Kopf und sah an mir hinunter. »Also irgendetwas, das ich zu diesem Rock anziehen kann?«

Die Frau musterte mein Oberteil, und ich rechnete es ihr hoch an, dass sie mir eine Bemerkung ersparte. Stattdessen nickte sie, und ich folgte ihr zu einem Ständer, von dem sie drei verschiedene Seidenblusen nahm. Jede von ihnen würde zu meinem Rock passen. Erleichtert erkundigte ich mich nach den Umkleidekabinen, und sie führte mich in den hinteren Teil des Ladens. Doch als jemand an der Kasse nach ihr rief, zeigte sie nur auf eine Tür und bellte mir etwas in einer Mischung aus Italienisch und Englisch zu. Ich meinte so etwas verstanden zu haben wie »Ich bin gleich bei Ihnen«, aber egal. Es schien nicht allzu wichtig zu sein. In der Umkleidekabine betrachtete ich mich im Spiegel. Meine Lippen leuchteten knallrot. Das Pfund Kirschen, das ich im Zug verputzt hatte, hatte seine Spuren hinterlassen. »Mist«, murmelte ich und rieb mir über den Mund. Aber vor dem Vorstellungsgespräch würde ich das wohl nicht mehr wegbekommen. Zum Glück waren meine Zähne verschont geblieben. Diese verdammten Kirschen hatten sich als Desaster erwiesen. Kopfschüttelnd zog ich mein ruiniertes Oberteil aus und nahm eine der Blusen vom Bügel. Bevor ich sie überstreifte, fiel mir ein, dass ich mich vielleicht ein bisschen frisch machen sollte. Nach der heißen Subway fühlte ich mich etwas klebrig. In meiner Handtasche hatte ich ein altes Feuchttuch, das ich vor einiger Zeit in einem Imbiss erhalten hatte, das kramte ich jetzt hervor. Zum Glück war es wirklich noch feucht. Zitronenduft wehte durch die Luft, und als ich den rechten Arm hob, überlegte ich, ob der Geruch wohl auf meine Haut übergehen würde. Interessiert beugte ich den Kopf vor und schnupperte. Und genau in diesem Moment riss jemand die Tür zur Umkleidekabine auf.

»Was zum …?« Der Mann, der davorstand, machte Anstalten, die Tür sofort wieder zu schließen, hielt dann jedoch irritiert inne. »Was machen Sie da?«

Natürlich musste der Typ auch noch umwerfend aussehen, mein Tag konnte wirklich kaum noch schlimmer werden. Seine faszinierend grünen Augen brachten mich kurz aus der Fassung, doch als ich merkte, dass ich immer noch meinen Arm hochhielt und er mich gerade dabei beobachtete, wie ich an meiner Achselhöhle roch, fing ich mich schnell wieder.

Erschrocken verschränkte ich die Arme über meinem Spitzen-BH. »Spielt das eine Rolle? Raus hier!« Ich streckte die Hand aus und riss die Tür zu, wobei ich den Eindringling kurz streifte. »Gehen Sie in die Herrenumkleide!«, rief ich.

Unter der Tür hindurch konnte ich die glänzenden Schuhe des Mannes sehen. Sie bewegten sich nicht.

»Zu Ihrer Information«, brummte er mit rauer Stimme, »das *ist* die Herrenumkleide. Aber ich lasse Sie in Ruhe Ihre Achseln reinigen.«

Als die glänzenden Schuhe schließlich verschwanden, stieß ich die Luft aus. Dieser Tag musste endlich zu Ende gehen. Aber erst stand mir noch ein weiteres Vorstellungsgespräch bevor, zu dem ich zu spät kommen würde, wenn ich mich nicht beeilte. Ich machte mir nicht die Mühe, unter meinem anderen Arm zu wischen, bevor ich die erste Bluse anprobierte. Zum Glück passte sie. Schnell zog ich wieder meine eigene schöne Bluse an und eilte zur Kasse, während ich sie noch in den Rockbund steckte. Ich erwartete, dem Mann zu begegnen, der in die Umkleidekabine geplatzt war, aber zum Glück war er nirgends zu sehen.

Als ich darauf wartete, dass die Verkäuferin mich abkassierte, blickte ich zu der Umkleidekabine zurück und stellte fest, dass die Tür, auf die die Frau gezeigt hatte, direkt neben einer anderen Tür lag, über der das Schild Damen angebracht war. Über der Umkleide, in der ich gewesen war, stand eindeutig Herren.

Mist. Perfekt.

Die Bluse kostete mich hundertvierzig Dollar – etwa hundertzwanzig Dollar mehr als die, die sie ersetzte und die ich bei Marshalls erstanden hatte. Da das derzeit fast ausreichte, um mein armes Konto zu leeren, musste ich diesen letzten Job bekommen – bis zum Vorstellungsgespräch blieben mir nur noch ein paar Minuten. Rasch eilte ich zu dem Gebäude ein paar Türen weiter, zog mich in einem Affenzahn auf der Damentoilette in der Lobby um, fuhr mir mit den Fingern durchs Haar und trug eine zusätzliche Schicht Lippenstift auf meine ohnehin schon zu roten Lippen auf, um die Kirschflecken zu überdecken.

Die Fahrt mit dem Aufzug in den fünfunddreißigsten Stock ging ungefähr so schnell wie die Zugfahrt in die Innenstadt. Die Kabine hielt auf fast jeder Etage, um Leute aus- und einsteigen zu lassen. Um mich nicht zu stressen, weil ich ein oder zwei Minuten zu spät kam, nahm ich zur Ablenkung mein Handy zur Hand und sah meine E-Mails durch. Leider erwies sich das als ziemlich deprimierend, denn ich hatte zwei neue Absagen erhalten – eine davon für die Stelle, für die ich mich erst heute Morgen vorgestellt hatte. Na toll. Ich war völlig niedergeschlagen, zumal ich mich nun für einen Job vorstellte, von dem ich wusste, dass ich für ihn nicht qualifiziert war, auch wenn Kitty ein gutes Wort für mich eingelegt hatte.

Der Aufzug hielt auf meiner Etage, und ich holte tief Luft, um mich zu sammeln, bevor ich ausstieg. Doch kaum hatte ich einen Fuß über die Schwelle gesetzt, war es um meine Nerven endgültig geschehen. Die mächtigen Glastüren, auf denen in großen goldenen Lettern Crawford Investments stand, schüchterten mich höllisch ein. Der Empfangsbereich mit den himmelhohen Decken, einem Kristalllüster und farbenfrohen Kunstwerken an den schlichten weißen Wänden machte es auch nicht gerade besser. Und die Frau hinter dem Tresen sah eher wie ein Supermodel als wie eine Empfangsdame aus.

Sie verzog die glänzenden Lippen zu einem Lächeln. »Kann ich Ihnen helfen?«

»Ja, ich habe um fünf Uhr einen Termin mit Merrick Crawford.«

»Ihr Name, bitte?«

»Evie Vaughn.«

»Ich sage ihm Bescheid, dass Sie hier sind. Bitte nehmen Sie Platz.«

»Danke.«

Auf dem Weg zu den üppigen weißen Sofas rief die Frau hinter mir her. »Ms Vaughn?«

Ich drehte mich um. »Ja?«

»Sie haben da …« Sie deutete über ihre Schulter auf ihren Rücken. »… ein Schildchen an Ihrer Bluse.«

Ich griff nach hinten, tastete, bis ich es fand, und riss das Etikett ab. »Danke. Auf der Bluse, die ich heute Morgen angezogen habe, war ein Fleck. Darum musste ich eine neue kaufen, bevor ich hergekommen bin.«

Sie lächelte. »Zum Glück ist heute Freitag.«

»Auf jeden Fall.«

Ein paar Minuten später führte mich die Empfangsdame ins Allerheiligste. Als wir das sprichwörtliche Eckbüro erreichten, lieferten sich dort zwei Männer eine Art Schreiduell und schienen uns gar nicht zu bemerken. Da das Büro aus Glas bestand, konnte ich jedoch sehen, wie sie sich herausfordernd gegenüberstanden. Der Kleinere hatte eine Glatze und gestikulierte wild. Jedes Mal, wenn er mit den Armen fuchtelte, waren riesige Schweißflecken unter seinen Achseln zu sehen. Der Haltung nach zu urteilen, war der Größere eindeutig der Chef. Er stand breitbeinig vor dem anderen, die Arme vor der starken Brust verschränkt. Ich konnte nicht sein ganzes Gesicht sehen, aber von der Seite wirkte es, als rühre ein Teil des Selbstbewusstseins, das er ausstrahlte, von seinem attraktiven Äußeren.

»Wenn es Ihnen nicht gefällt …«, knurrte der Chef schließlich, »… Reisende soll man nicht aufhalten.«

»Ich habe Socken, die älter sind als dieser Junge! Was für Erfahrungen kann er schon haben?«

»Das Alter interessiert mich nicht im Geringsten. Hier geht es um andere Zahlen – den Gewinn. Seiner liegt im zweistelligen Bereich, und Ihrer ist das dritte Quartal in Folge im Keller. Bis sich die Lage bessert, müssen alle Ihre Geschäfte von Lark genehmigt werden.«

»Lark …« Er schüttelte den Kopf. »Wenn ich schon den Namen höre.«

»Ärgern Sie sich woanders weiter.«

Der kleine Typ murmelte etwas Unverständliches und wandte sich zum Gehen. Er wischte sich den Schweiß aus dem geröteten Gesicht, riss die Tür auf und stapfte an uns vorbei, als wären wir gar nicht da. Drinnen ging der Chef zu seinem Schreibtisch. Anscheinend waren wir unsichtbar.

Die Empfangsdame sah mich mitfühlend an, dann klopfte sie.

»Was?!«

Sie öffnete die Tür einen Spalt breit und steckte den Kopf

hinein. »Ihr Fünf-Uhr-Termin ist da. Sie sagten, ich solle sie herbringen.«

»Großartig.« Er runzelte die Stirn und schüttelte den Kopf. »Bringen Sie sie rein.«

Offenbar hatte Kittys Enkel nicht ihre freundliche Art geerbt.

Die Empfangsdame lächelte unsicher. »Tut mir leid«, flüsterte sie. »Aber viel Glück.«

Ich trat ein paar Schritte in das palastartige Büro. Als die Glastür hinter mir ins Schloss klickte und der Mann immer noch nicht aufgesehen oder mich gegrüßt hatte, verspürte ich den Impuls, mich umzudrehen und wieder zu gehen. Aber während ich noch darüber nachdachte, genau das zu tun, verlor Mr Griesgram die Geduld.

Er stand mit dem Rücken zu mir und räumte etwas in sein Bücherregal. »Setzen Sie sich, oder muss ich Blechdose und Schnur holen, um Sie zu interviewen?«

Ich kniff die Augen zusammen. Was für ein Idiot. Ich wusste nicht, ob es an dem Tag lag, den ich hinter mir hatte, oder nur an der Art dieses Kerls, aber plötzlich war es mir egal, ob ich den Job bekam. Was auch immer passierte, passierte. Das Schöne ist, wenn man sich einen Dreck darum schert, ob man gewinnt oder verliert, fällt der ganze Druck von einem ab. »Vielleicht habe ich Ihnen einen Moment gegönnt, weil ich gehofft habe, dass sich Ihre Laune dann verbessert«, sagte ich.

Der Mann drehte sich um. Als Erstes bemerkte ich sein Grinsen. Doch als mein Blick nach oben glitt, seinem begegnete und ich das beeindruckende Grün seiner Augen sah, wäre ich fast umgekippt.

Nein.

Im Ernst?

Nein.

Das darf doch nicht wahr sein.

Kittys Enkel ist der Typ aus der Umkleidekabine?

Am liebsten hätte ich mich in einem Loch verkrochen.

Doch während ich insgeheim vor Scham starb, kam der Mann, der mich vor fünfzehn Minuten dabei erwischt hatte, wie ich an meiner Achsel herumgeschnüffelt hatte, auf mich zu.

Merrick deutete auf den Stuhl vor seinem Schreibtisch. »Zeit ist Geld. Setzen Sie sich.«

Erinnert er sich nicht an mich? Ist das möglich?

Nach dem Gespräch, das er gerade mit seinem Angestellten geführt hatte, schien er kein Typ zu sein, der nicht sagte, was er dachte.

Vielleicht konnte er mein Gesicht nicht richtig sehen … Ich hatte die Tür ziemlich schnell wieder zugerissen. Und ich hatte im BH dagestanden, und jetzt war ich vollständig bekleidet.

Oder vielleicht … Könnte ich mich täuschen, und er war gar nicht der Mann aus dem Laden? Das glaubte ich nicht. Vielleicht konnte er sich nicht an mich erinnern, aber ich würde sein Gesicht ganz sicher nicht vergessen – gemeißelter Kiefer, markante Wangenknochen, makellose, gebräunte Haut, volle Lippen und dichte, dunkle Wimpern, die die leuchtend grünen Augen umrahmten. Aus diesen starrte er mich gerade an, als wäre ich der letzte Mensch, den er in seinem Büro haben wollte.

Er stemmte die Hände auf die Hüften. »Ich habe nicht den ganzen Tag Zeit. Bringen wir es hinter uns.«

Wow! Was für ein reizender Mensch. Er klang genauso begeistert, wie ich es bei der Aussicht war, für ihn zu arbeiten. Nichtsdestotrotz, ich hatte mich ziemlich angestrengt, um herzukommen, also konnte ich auch mitspielen und meine beschissene Woche mit einer weiteren Absage beenden. Ich ging zu seinem Schreibtisch und streckte ihm die Hand hin. »Evie Vaughn.«

»Merrick Crawford.« Während wir uns die Hand schüttelten, blickten wir uns in die Augen. Noch immer schien er mich nicht wiederzuerkennen, und er schien auch nicht zu wissen, dass ich eine Freundin seiner Großmutter war.

Wie auch immer. Kitty hatte mir ein Entrée verschafft, der Rest lag bei mir.

Mein Lebenslauf lag in der Mitte seines riesigen Glasschreibtischs.

Er nahm ihn in die Hand und lehnte sich in seinem Stuhl zurück.

»Was ist Boxcar Realty?«

»Oh, das ist eine gemeinnützige Gesellschaft, die ich vor ein paar Jahren gegründet habe. Es ist eher ein Projekt, das ich nebenbei betreue. Im letzten halben Jahr habe ich zwischen zwei Therapeutenstellen allerdings überwiegend Vollzeit daran gearbeitet. Ich wollte es nicht auslassen, damit keine Lücke in meinem Lebenslauf entsteht.«

»Sie haben also Ihre letzte Stelle als Therapeutin vor einem halben Jahr aufgegeben und seitdem keine andere Beschäftigung mehr gehabt?«

Ich nickte. »Das ist richtig.«

»Und Boxcar hat irgendetwas mit Immobilien zu tun?«

»Mit Vermietungen. Ich besitze ein paar unübliche Objekte, die ich über Airbnb vermiete.«

Merrick zog die Brauen zusammen. »Unüblich?«

»Das ist eine lange Geschichte. Ich habe unten im Süden ein Grundstück geerbt. Dort kann man wunderbar wandern und der Stadt entfliehen. Es war nicht erschlossen, und ich wollte das Land nicht durch Häuser verschandeln. Also habe ich einen Glampingplatz eröffnet und zwei Baumhäuser gebaut, die ich vermiete.«

»Einen *Glamping*platz?«

»Ja, Camping auf etwas luxuriösere Art. Es bedeutet …«

Merrick unterbrach mich. »Den Begriff Glamping habe ich schon gehört, Ms Vaughn. Ich versuche nur herauszufinden, was das mit der Arbeit einer Therapeutin zu tun hat.«

Verflixt. Das war kein guter Start. Ich richtete mich etwas gerader auf. »Na ja, direkt nichts – abgesehen davon, dass die meisten Leute, an die ich vermiete, eine Möglichkeit suchen, ihrem stressigen Job zu entfliehen. Es ist ein Liebhaberprojekt von mir. Die gesamten Einnahmen gehen an wohltätige Zwecke. Nachdem ich meine letzte Stelle aufgegeben hatte, habe ich mir eine dringend benötigte Auszeit genommen, um das Projekt etwas auszubauen.« Ich beugte mich vor und zeigte auf meinen Lebenslauf. »Bei der Stelle davor sehen Sie meine Erfahrung als Therapeutin.«

Merrick musterte mich einen Moment lang, bevor er wieder auf meinen Lebenslauf blickte. »Sie waren bei Halpern Pharmaceuticals beschäftigt. Erzählen Sie mir, was Sie dort gemacht haben.«

»Ich habe Patienten behandelt, die an klinischen Studien teilgenommen und Antidepressiva und Medikamente gegen Angstzustände eingenommen haben.«

»Es wurden also alle Patienten mit Medikamenten behandelt?«

»Nein. Bei klinischen Studien erhalten manche Patienten Placebos.«

»Waren das Menschen, die in einem besonders stressigen Umfeld gearbeitet haben?«

»Einige. Es waren Menschen aus allen sozialen Schichten. Aber alle litten unter Depressionen und Angstzuständen.«

Merrick rieb sich mit dem Daumen über die Lippe. »Ich nehme an, dass diese Leute Medikamente nehmen wollten, weil eine herkömmliche Therapie ihnen nicht geholfen hat.«

Ich nickte. »Das ist richtig. Um sich für die Studie zu qualifizieren, mussten die Teilnehmer zuvor mindestens ein Jahr lang an einer Therapie teilgenommen haben. Die Studien von Halpern konzentrierten sich darauf, ob die Medikamente bei Patienten anschlugen, bei denen eine Therapie ohne Erfolg geblieben war.«

»Und haben die Medikamente gewirkt?«

»Die aus der Studie, an der ich mitgearbeitet habe, ja.«

Merrick lehnte sich in seinem Stuhl zurück. »Sie haben also bislang nur mit Patienten gearbeitet, die nicht auf Therapien angesprochen haben und Medikamente brauchten, damit es ihnen besser ging. Verstehe ich das richtig?«

Ich runzelte die Stirn. *Gott, was für ein Idiot.* »Leider schlägt Therapie nicht bei allen Patienten an. Bei vielen der von mir behandelten Personen traten Verbesserungen ein. Da es sich bei Medikamentenstudien jedoch um Doppelblindstudien handelt, kann ich Ihnen nicht sagen, wie viele der Patienten Placebos erhalten haben. Wie vielen es also allein durch meine Therapie besser ging. Ich bin sicher, bei einigen war es so.«

Er warf meinen Lebenslauf auf den Schreibtisch. »Ich leite eine Finanzmaklerfirma. Ich könnte nicht einfach aufhören, meine Kunden über die Rendite zu informieren, die meine Firma erzielt. Es muss schön sein, wenn man sich keine Sorgen darum zu machen braucht, ob jemand den Erfolg der eigenen Arbeit misst.«

Ich spürte, wie meine Wangen heiß wurden. »Wollen Sie

damit andeuten, dass ich meine Arbeit nicht getan habe, weil niemand beurteilen konnte, ob es den Menschen durch meine Beratung oder durch die Medikamente besser ging?«

Seine Augen funkelten. »Das war nicht meine Aussage.«

»Nicht mit so vielen Worten, aber Sie haben es angedeutet. Ich berate alle Patienten nach bestem Wissen und Gewissen, egal ob jemand zuschaut oder nicht. Sagen Sie, Mr Crawford, wenn Ihre Kunden ihre Rendite nicht überprüfen würden, würden Sie Ihre Arbeit dann anders machen? Vielleicht nachlassen?«

Ein Hauch von einem Lächeln umspielte seine Lippen, als würde er es genießen, ein Arsch zu sein. Nachdem er mich ein paar Herzschläge lang angestarrt hatte, räusperte er sich.

»Wir suchen jemanden, der Erfahrung darin hat, Menschen in stressigen Arbeitssituationen zu behandeln, bevor sie auf Medikamente zurückgreifen.«

Mir wurde klar, dass es ganz egal war, was ich gesagt hatte, seit ich zur Tür hereingekommen war. Und ich hatte keine Lust, mich noch weiter lächerlich zu machen, zumal aus seiner Haltung deutlich hervorging, dass ich den Job nicht bekommen würde.

Also stand ich auf und streckte ihm die Hand hin. »Danke für Ihre Zeit, Mr Crawford. Viel Glück bei Ihrer Suche.«

Merrick hob eine Braue. »Ist das Gespräch zu Ende?«

Ich zuckte mit den Schultern. »Ich sehe keinen Grund, es fortzusetzen. Sie haben deutlich gemacht, dass meine Erfahrung nicht das ist, was Sie suchen. Und Sie haben gesagt, Zeit ist Geld, also bin ich mir sicher, dass ich schon ein oder zwei Tausender verschwendet habe?«

Wieder verzog er die Lippen zu einem Grinsen. Sein Blick glitt über mein Gesicht, bevor er aufstand und meine Hand ergriff. »Mindestens zwanzigtausend. Ich bin sehr gut in meinem Job.«

Ich versuchte, meine Hand zurückzuziehen, aber Merrick drückte fester zu und zog mich überraschend über seinen Schreibtisch. Dann beugte er sich ebenfalls vor. Eine Sekunde lang dachte ich, der Kerl würde versuchen, mich zu küssen. Doch bevor mein Herz wieder zu schlagen begann, bewegte er sein Gesicht zu meinem Hals und atmete tief ein. Danach ließ er meine Hand einfach los, als wäre nichts geschehen.

Ich blinzelte ein paarmal und richtete mich wieder auf. »Was … was war das?«

Merrick zuckte mit den Schultern. »Ich dachte, da Sie nicht meine Angestellte werden, wäre es keine sexuelle Belästigung, wenn ich kurz an Ihnen rieche.«

»Kurz riechen?«

Er schob die Hände in die Hosentaschen. »Ich bin schon seit der Umkleidekabine neugierig.«

Meine Augen weiteten sich. »O mein Gott! Ich wusste, dass Sie das waren! Warum haben Sie nicht früher etwas gesagt?«

»Es schien mir unterhaltsamer, es nicht zu tun. Ich wollte sehen, wie Sie sich verhalten. Im ersten Moment schien es, als wollten Sie die Flucht ergreifen. Aber Sie haben sich ziemlich schnell gefangen.«

Ich blinzelte. »Kein Wunder, dass Ihre Angestellten unter Stresssymptomen leiden. Spielen Sie oft mit Menschen zu Ihrer eigenen Unterhaltung?«

»Verstecken Sie sich oft in Umkleidekabinen und riechen an Ihren Achselhöhlen?«

Ich runzelte die Stirn und blinzelte noch stärker.

Merrick schien amüsiert.

»Ich habe mich frisch gemacht, weil ich im Zug …« Ich

schüttelte den Kopf und brummte: »Ach, vergessen Sie's.« Ich atmete tief durch und erinnerte mich daran, dass ich ein Profi war. Der Klügere gibt nach. Ich zog meinen Rock glatt und straffte mich. »Vielen Dank für Ihre Zeit, Mr Crawford. Ich hoffe, unsere Wege werden sich nicht mehr kreuzen.«

2. Kapitel

Evie

»Die Vorstellungsgespräche heute sind wohl nicht so gut gelaufen?«

Ich schenkte mir die letzten Tropfen aus der nun leeren Weinflasche ein und hielt sie meiner Schwester hin. »Wie kommst du denn auf die Idee?«

Greer holte eine weitere Flasche aus dem Weinregal und setzte sich mit dem Korkenzieher mir gegenüber an den Küchentisch. »Warum konnten wir nicht reich geboren werden, anstatt nur klug und schön?«

Ich lachte. »Weil wir keine Idioten sind. Ich schwöre, jede Person, der ich begegnet bin und die das ganze Paket hatte – reich, intelligent und schön –, war auch ein Idiot.« Ich nippte an meinem Wein. »Wie der Typ, bei dem ich heute Nachmittag ein Vorstellungsgespräch hatte – umwerfend gut aussehend. Seine Augen waren leuchtend grün und seine Wimpern so dicht und dunkel, dass ich mich zusammenreißen musste, um ihn nicht anzustarren. Ihm gehört einer der erfolgreichsten Hedgefonds an der Wall Street – aber er ist ein total arroganter Idiot.«

Greer zog den Korken mit einem lauten Plopp aus der Flasche, und Buddy, ihr Hund, kam angerannt. Das war das einzige Geräusch, für das er aufstand. Wenn jemand an der Tür klingelte oder klopfte, erhob er sich nicht von seinem Lager. Aber wenn man eine Weinflasche öffnete, reagierte er plötzlich wie ein pawlowscher Hund. Sie hielt ihm den Korken hin, damit er daran lecken konnte, und er war begeistert.

Kopfschüttelnd beobachtete ich ihn. »Dein Hund ist echt seltsam.«

Sie kraulte ihm den Kopf, während er den Korken abschleckte. »Er mag nur Rotwein. Ist dir schon mal aufgefallen, wie böse er mich ansieht, wenn er angerannt kommt und feststellt, dass es Weißwein ist und er umsonst aufgestanden ist?«

Ich lachte und schenkte Greer ein volles Glas Merlot ein.

»Kommen wir zurück zu dem heißen, reichen, arroganten Typen, den du heute getroffen hast«, sagte sie. »Er klingt furchtbar. Irgendeine Chance, dass er deiner Schwester eine Spende machen will?«

Greer und ihr Mann waren auf der Suche nach einem Samenspender, nachdem sie fünf Jahre lang versucht hatten, schwanger zu werden. Mit neununddreißig war sie fast zehn Jahre älter als ich und spürte allmählich den Druck von Mutter Natur. Sie hatten vier künstliche Befruchtungen mit Bens Sperma durchgeführt, weil seine kleinen Jungs nicht flink genug waren, aber immer noch kein Glück gehabt. Vor Kurzem hatten sie aufgegeben und beschlossen, einen Spender zu suchen.

»Ich bin mir ziemlich sicher, dass du eine bessere Chance hast, sein Sperma zu bekommen, als ich den Job.«

»Was war los? Wieder nicht die richtige Erfahrung?«

Ich seufzte und nickte. »Ehrlich gesagt, bin ich selbst schuld. Ich hätte den Job im Pharmaunternehmen von Christians Familie nie annehmen sollen. Das ist eine sehr spezielle Branche, und bei Medikamentenstudien sind die Leute heutzutage ziemlich skeptisch. Dass ich daran mitgearbeitet habe, wirft kein gutes Licht auf mich. Außerdem war es dumm, mein ganzes Leben mit einem Mann zu verflechten.«

Meine Schwester tätschelte meine Hand. »Kopf hoch. Nächste Woche hast du doch das Vorstellungsgespräch in der Firma von Kittys Enkel, oder? Vielleicht klappt es ja dort.«

»Äh, der arrogante Idiot, von dem ich dir gerade erzählt habe, *ist* Kittys Enkel.«

Unsere Großmutter und Kitty Harrington waren fast dreißig Jahre lang beste Freundinnen gewesen. Bis meine Nanna vor vier Jahren gestorben war, waren sie in Georgia Nachbarinnen gewesen. Als ich an der Emory in Atlanta promoviert hatte, war ich zu Nanna gezogen und hatte Kitty ziemlich gut kennengelernt. Dann starb Nanna in meinem letzten Studienjahr nach einem kurzen Kampf an Krebs, und Kitty und ich hatten uns gegenseitig gestützt. Seitdem standen wir uns sehr nahe. Es spielte keine Rolle, dass fast fünfzig Jahre zwischen uns lagen. Ich betrachtete sie als gute Freundin. Auch nachdem ich für mein Praktikum zurück nach New York gezogen war, verloren wir nicht den Kontakt. Ich besuchte sie mindestens einmal im Jahr, und wir telefonierten fast jeden Sonntag miteinander.

Greers Augen weiteten sich. »Oh, wow. Ich dachte, das Gespräch wäre nächste Woche. Kaum zu glauben, dass Kittys Enkel sich dir gegenüber wie ein Arsch verhalten hat. Er muss doch wissen, wie nahe ihr euch steht.«

Ich nippte an meinem Wein und schüttelte den Kopf. »Wir haben gar nicht über Kitty gesprochen. Er war nicht der Typ, der Zeit mit Small Talk verschwendet. Aber erst, nachdem ich das Büro verlassen hatte, ist mir klargeworden, dass er vielleicht nicht wusste, wer ich bin. Man sollte meinen, dass er es sonst zumindest erwähnt hätte, oder?«

»Warum hast *du* es nicht erwähnt?«

Ich zuckte mit den Schultern. »Es war ein verrückter Tag. Ich bin ihm doch tatsächlich vor dem Vorstellungsgespräch nebenan in einem Laden begegnet, und da gab es einen kleinen Zwischenfall. Die ganze Sache hat mich aus der Bahn geworfen, und dann hat er mir ziemlich auf den Zahn gefühlt und meine Qualifikation infrage gestellt. Ich verstehe, dass ich vielleicht nicht die beste Kandidatin bin, aber warum hat er mich überhaupt zum Vorstellungsgespräch eingeladen, wenn er nicht glaubt, dass ich die grundlegenden Qualifikationen mitbringe?«

»Das überrascht mich wirklich. Kitty ist so eine reizende Frau.«

»Das ist sie. Aber sie hat auch eine schelmische Seite. Ich weiß nie, ob sie einen Scherz macht, das liegt irgendwie an ihrem Grinsen.« Ich schüttelte den Kopf. »Mir ist aufgefallen, dass ihr Enkel und sie das gemeinsam haben – dieses schwer zu deutende Grinsen.«

»Wirst du ihr sagen, wie er sich dir gegenüber verhalten hat?«

Ich zog die Nase kraus. »Ich will nicht, dass sie sich schlecht fühlt. Außerdem blüht sie immer auf, wenn sie über ihn spricht.«

»Na ja …« Meine Schwester drückte meine Hand. »Nichts geschieht ohne Grund. Ich wette, es wartet etwas Besseres auf dich. Und selbst wenn es eine Weile dauert, bis du es findest, musst du nicht umziehen. Du kannst so lange bei uns bleiben, wie du willst.«

Ich wusste, dass sie es ernst meinte, und ich wohnte gern bei meiner Schwester und ihrem Mann, aber ich freute mich auch darauf, wieder meine eigene Wohnung zu haben.

»Danke.«

Später, als ich im Bett lag und nicht einschlafen konnte, wälzte ich mich hin und her, wie meist, seit mein Leben aus den Fugen geraten war. An einem Tag hatte ich meinen Verlobten, meine beste Freundin, meinen Job und meine Wohnung verloren. Und zu allem Überfluss war meine Hochzeitsrede, in der ich Christians und Mias Affäre hatte auffliegen lassen – viral gegangen. Ebenso das Video, das zeigte, wie sie in der Nacht vor der Hochzeit in der Flitterwochensuite Sex gehabt hatten. Die letzte Zählung ergab, dass das »verrückte Pornovideo von der besten Freundin der Braut und dem Bräutigam« mehr als eine Milliarde Aufrufe hatte – nicht Millionen, sondern Milliarden. Sogar die Hauptnachrichten hatten die Geschichte aufgegriffen, und es dauerte über einen Monat, bis das Interesse im Internet langsam abebbte. Als ich gerade glaubte, wieder aufatmen zu können, reichten Christian und seine Familie Klage wegen Betrugs und Verleumdung gegen mich ein. Sie behaupteten, ich hätte sie aus Rache für eine aufwendige Hochzeit bezahlen lassen, obwohl ich schon die ganze Zeit über Bescheid gewusst hätte. Das an sich war schon verrückt genug, aber als die Nachrichten davon Wind bekamen, wurde es noch verrückter. Ein paar Tage lang lauerten sogar Paparazzi vor dem Haus meiner Schwester. Was ist nur aus der Welt geworden? Darf man nicht einmal mehr seine eigene Hochzeit sprengen, ohne dass sich Milliarden von Menschen einmischen?

Da ich nicht schlafen konnte, schnappte ich mir mein Handy vom Nachttisch und begann zu scrollen. Da ich nichts Interessantes fand, beging ich den Fehler, meine E-Mails zu öffnen. Seit ich heute Nachmittag nachgesehen hatte, waren zwei weitere Absagen eingegangen. Seufzend wollte ich mich wieder abmelden, doch dann bemerkte ich eine E-Mail, die ich übersehen hatte. Sie war vor zwei Stunden gekommen, und der

Domänenname weckte meine Aufmerksamkeit: Joan_Davis@CrawfordInvestments.com

Wahrscheinlich eine weitere Absage, aber ich öffnete sie trotzdem.

> Liebe Ms Vaughn,
> vielen Dank, dass Sie sich für die Stelle als Stresstherapeutin bei uns vorgestellt haben. Mr Crawford hat die Bewerber ausgesucht, die in die engere Wahl kommen, und wir würden Sie gern zu einem zweiten Gespräch einladen.
> Bitte teilen Sie mir mit, wann Sie nächste Woche Zeit hätten.
> Mit freundlichen Grüßen,
> Joan Davis
> Leiterin der Personalabteilung

Ich blinzelte ein paarmal, ich musste mich verlesen haben. Aber nein, als ich die E-Mail ein zweites Mal las, bestätigte sich, dass ich tatsächlich wieder eingeladen worden war. Das musste an dem tollen ersten Eindruck liegen, den ich gemacht hatte, als ich an meinen Achseln herumgeschnüffelt hatte.

3. Kapitel

Merrick

»Mr Crawford?« Während ich mit Will zu Mittag aß, steckte meine Assistentin Andrea den Kopf durch die Tür. »Entschuldigen Sie die Störung, aber die Personalabteilung lässt fragen, ob Sie vielleicht Zeit hätten, mit einem der Kandidaten für die Inhouse-Therapeutenstelle zu sprechen?«

Ich schüttelte den Kopf. »Ich muss nicht mit den Bewerbern sprechen. Ich habe Joan bereits meine Meinung gesagt. Die Personalabteilung führt die zweite Runde der Vorstellungsgespräche durch und teilt mir anschließend ihre Einschätzung mit.«

»Offenbar hat eine Bewerberin gefragt, ob sie nach ihrem Termin mit der Personalabteilung eine Minute mit Ihnen sprechen könnte. Aber ihr Vorstellungsgespräch beginnt jetzt, und ich weiß, dass Sie während der Börsenzeiten nichts in Ihrem Terminkalender stehen haben wollen.«

»Welche Kandidatin?«

»Evie Vaughn.«

Grinsend lehnte ich mich in meinem Stuhl zurück. »Klar. Warum nicht?«

Sie nickte. »Ich sage ihr Bescheid.«

Nachdem Andrea die Tür geschlossen hatte, hob Will das Kinn. »Was hatte dieses kleine Grinsen zu bedeuten?«

»Eine der Bewerberinnen für die Stelle als Stresstherapeut ist vorsichtig ausgedrückt *interessant.*«

»Inwiefern?«

»Ihr Termin für das erste Vorstellungsgespräch letzte Woche war erst um fünf Uhr. Nachdem der Markt geschlossen hatte, bin ich darum zu Paloma runtergelaufen, um einen Anzug abzuholen, den ich gekauft und hatte ändern lassen. Ich war schon wieder draußen, als ich dachte, ich hätte mein Handy in der Umkleidekabine vergessen. Also ging ich zurück, um nachzusehen. Als ich die Tür öffnete, stand dort eine Frau.«

»Ich hasse diese Läden, die nur eine Umkleidekabine für Männer und Frauen haben.«

»Eigentlich gibt es in dem Laden getrennte Umkleiden. Die Frau war nur in der für Herren. Aber das Beste kommt noch. Als ich reinplatzte, war sie halb ausgezogen … und roch an ihrer Achselhöhle.«

Wills Brauen schossen in die Höhe. »Was?«

»Du hast richtig gehört. Dann kommt ein paar Minuten später mein Fünf-Uhr-Termin, und das ist sie. Die Frau aus der Umkleidekabine.«

»Die Achselschnüfflerin? Hör auf. Was hast du gemacht?«

»Nichts. Ich habe so getan, als würde ich sie nicht wiedererkennen, obwohl sie mich eindeutig erkannt hatte. Ich konnte sehen, wie peinlich ihr das war.«

»So ein Mist passiert nur dir, mein Freund. Wie ging es dann weiter? Wie ist das Vorstellungsgespräch gelaufen?«

»Sie war die am wenigsten qualifizierte Kandidatin. Ich weiß nicht einmal, wie ihr Lebenslauf in der Gruppe gelandet ist, die zum Gespräch eingeladen wurde.«

»Aber heute ist sie zu einem zweiten Gespräch hier?«

»Ja, tatsächlich.«

Will schüttelte den Kopf. »Mir muss irgendetwas entgangen sein.«

»Als ich an dem Abend nach Hause kam, dachte ich darüber nach, dass der Vorstand mir diese Stelle aufgezwungen hat. Sie verlangen, dass ich jemanden einstelle, nicht, dass die Person kompetent ist.«

Will lächelte. »Genial.«

Ich schüttelte den Kopf. »Ich habe angeboten, jedem Mitarbeiter, der das möchte, eine Beratung zu bezahlen. Aber sie drängen mich dazu, eine Vollzeitkraft einzustellen, und erwarten von jedem Mitarbeiter, mindestens einmal im Monat während der Arbeitszeit von dem Angebot Gebrauch zu machen. Ich will, dass meine Leute hier im Büro konzentriert und rücksichtslos sind – und nicht, dass sie sich mit ihren Gefühlen auseinandersetzen.«

Als wir mit dem Mittagessen fertig waren, klopfte Andrea erneut an. Evie Vaughn stand direkt hinter ihr. Ihr gewelltes blondes Haar war heute hochgesteckt, und sie trug einen schlichten schwarzen Rock und Blazer mit einer roten Bluse darunter. Es verlieh ihr den sexy Look einer Bibliothekarin, von dem jeder Mann mindestens einmal im Leben träumt. Ich versuchte, die Erregung zu ignorieren, die ihr Anblick in mir auslöste, und zwang meinen Blick nach unten.

Andrea steckte den Kopf zur Tür herein. »Brauchen Sie mehr Zeit?«

Ich sah Will an. »Müssen wir noch etwas besprechen?«

Er schüttelte den Kopf. »Nicht, dass ich wüsste. Ich werde den Kaufauftrag für Endicott erteilen, sobald der Kurs bei vierzig pro Aktie liegt.«

»Gut.« Ich wandte meine Aufmerksamkeit Andrea zu. »Bitte bringen Sie Ms Vaughn herein.«

Als Will an Evie vorbeiging, drehte er sich grinsend zu mir um.

Nachdem die Tür geschlossen war, kam sie ein paar Schritte in den Raum und zögerte dann. »Danke, dass Sie mich empfangen.«

Ich nickte und wies auf die Gästestühle vor meinem Schreibtisch. »Nehmen Sie Platz.«

»Ihre Assistentin erwähnte, dass Sie normalerweise keine Termine annehmen, solange der Markt geöffnet ist.«

»Nein.« Ich lehnte mich zurück und legte die Fingerspitzen aneinander. »Was kann ich für Sie tun, Ms Vaughn?«

»Evie, bitte. Und … nun ja, ich hatte gehofft, Sie könnten mir etwas erklären.«

»Was?«

»Warum ich hier bin. Zu einem zweiten Vorstellungsgespräch, meine ich. Sie haben im ersten Gespräch unmissverständlich deutlich gemacht, dass ich in Ihren Augen nicht die nötige Erfahrung für die Stelle mitbringe, und in der Umkleidekabine habe ich auch nicht gerade einen überzeugenden ersten Eindruck gemacht. Also … warum bin ich wieder hier?«

Ich verschränkte die Arme vor der Brust und überlegte, wie ich antworten sollte. Die politisch korrekte und professionelle Antwort wäre, ich hätte es mir aufgrund ihres Auftretens während des Gesprächs noch einmal anders überlegt. Aber man hatte mir noch nie vorgeworfen, politisch korrekt oder professionell zu sein.

»Sind Sie sicher, dass Sie die Antwort hören wollen? Manchmal ist es besser, man nimmt das Ergebnis einfach hin und hinterfragt es nicht weiter.«

Sie verschränkte die Arme vor der Brust und ahmte meine

Haltung nach. »Vielleicht, aber ich würde es trotzdem gern wissen.«

Ihr Mumm gefiel mir. Es war eine Herausforderung, nicht zu lächeln. »Sie wurden wieder eingeladen, weil Sie von allen Bewerbern und Bewerberinnen, die sich vorgestellt haben, am wenigsten qualifiziert sind.«

Ihre Gesichtszüge entgleisten, und ich hatte den Anflug eines schlechten Gewissens, obwohl sie gesagt hatte, dass sie die Wahrheit hören wollte.

»Warum sollten Sie das tun?«

»Weil es nicht meine Idee war, einen Stresstherapeuten einzustellen. Der Vorstand zwingt mich dazu.«

»Ist es ein Problem, dass es nicht Ihre Idee war?«

»Ich beschäftige hundertfünfundzwanzig Mitarbeiter, deren Aufgabe es ist, mir Ideen zu liefern.« Ich schüttelte den Kopf. »Nein, ich habe kein Autoritätsproblem, Ms Vaughn.«

Sie schürzte die Lippen. »Doktor – es heißt Doktor Vaughn. Ich ziehe es vor, Evie genannt zu werden, aber wenn Sie auf der förmlichen Anrede bestehen, können Sie auch meinen richtigen Titel verwenden. Ich habe einen Doktortitel in klinischer Psychologie.«

Diesmal konnte ich mir ein Lächeln nicht verkneifen. Ich nickte. »Gut. Nein, ich habe kein Autoritätsproblem, Doktor Vaughn.«

»Sie sind also generell gegen die Position, und Sie wollen die schlechteste Person einstellen, um zu beweisen, dass Sie recht haben?«

Ich nickte. »So kann man es ausdrücken.«

»Haben Sie etwas gegen Therapie?«

»Ich glaube, dass manche Menschen von einer Therapie profitieren können.«

»Manche Menschen? Aber nicht Ihre Mitarbeiter? Glauben Sie, dass Ihre Mitarbeiter keinen Stress bei der Arbeit haben?«

»Das ist die Wall Street, Ms … Doktor Vaughn. Wenn es kein stressiger Job wäre, würde mein durchschnittlicher Finanzmakler keine siebenstellige Summe verdienen. Mir ist es einfach lieber, dass meine Trader konzentriert sind, solange sie hier im Büro sind.«

»Ist Ihnen jemals in den Sinn gekommen, dass Ihre Sichtweise womöglich etwas rückständig ist? Sich eine Stunde Zeit zu nehmen, um mit jemandem zu sprechen, stört nicht die Konzentration einer gestressten Person. Aufgrund ihres Stresslevels ist sie bereits unkonzentriert. Eine Therapie könnte helfen, jemanden zu zentrieren, damit er sich wieder besser konzentrieren kann.«

»Es gibt bekanntermaßen mehr als eine Sichtweise.« Ich musterte sie einen Moment lang. »Wollten Sie sonst noch etwas? Oder sind wir an dem Punkt, an dem Sie mir sagen, Sie hoffen, dass wir uns nie wiedersehen?«

Sie lächelte schüchtern. »Das tut mir leid. Das war unangemessen.«

Ich zuckte mit den Schultern. »Schon in Ordnung. Ob Sie es glauben oder nicht, mir ist selbst bereits das eine oder andere Mal unangemessenes Verhalten vorgeworfen worden.«

Sie lachte und stand auf. »Mensch, das hätte ich von dem Mann, der während meines Vorstellungsgesprächs an mir herumgeschnüffelt hat, nie gedacht.« Evie streckte mir die Hand hin. »Ich danke Ihnen für Ihre Zeit. Und Ihre Ehrlichkeit.«

Ich nickte und ergriff sie.

»Eine Sache noch. Ich hoffe, Sie haben nichts dagegen, wenn ich hoch pokere und Ihnen einen Vorschlag mache.«

Ich hob eine Augenbraue. »Ich kann es kaum erwarten, ihn zu hören …«

Sie lächelte. »Wenn Sie jemanden einstellen müssen, warum dann nicht den besten Kandidaten, den Sie finden können? Ihre Mitarbeiter verdienen es, und man weiß ja nie, vielleicht wird das Ergebnis Sie überraschen.«

An diesem Abend ging die Leiterin der Personalabteilung, Joan Davis, an meinem Büro vorbei und winkte mir zu. Es sah aus, als würde sie gerade Feierabend machen. Ich öffnete die Tür und rief nach ihr. »Hey, Joan?«

Sie blieb stehen und drehte sich um. »Ja?«

»Darf ich Sie etwas fragen?«

»Klar. Was gibt's?«

»Warum haben wir Dr. Vaughn zum Vorstellungsgespräch eingeladen?«

Sie legte die Stirn in Falten. »Sie haben mir eine E-Mail geschickt und mich gebeten, sie einzuladen.«

»Nein, ich meine nicht für die zweite Runde. Das erste Mal. Die anderen Kandidaten hatten alle mehr Erfahrung, deshalb war ich neugierig, warum Sie sie für das erste Gespräch ausgewählt haben.«

Die Linie zwischen ihren Brauen vertiefte sich. »Ich meinte auch das erste Gespräch. Sie haben mich angewiesen, sie zu berücksichtigen, als wir mit dem Bewerbungsprozess begonnen haben.«

»Ich habe Sie angewiesen? Ich hatte sie noch nie gesehen, bis sie neulich in meinem Büro war.«

»Aber Sie sagten, Ihre Großmutter könne jemanden für die Stelle empfehlen und dass ich sie in die erste Vorstellungsrunde einbeziehen soll, wenn ihr Lebenslauf eintrifft.«

»Ich habe nicht gedacht, dass der Lebenslauf jemals eingetroffen ist. Die Frau, die meine Großmutter kennt, ist …« Ich schloss die Augen. »Mist. Evie ist die Kurzform von Everly, oder?«

Joan nickte. »Ich bin davon ausgegangen, Sie wüssten das alles. In ihrem Anschreiben schrieb sie, dass Kitty Harrington sie empfohlen habe. Das lag den Unterlagen bei, die ich Ihnen gegeben habe.«

Ich hatte mir nicht die Mühe gemacht, die Anschreiben zu lesen. Sie waren in der Regel Blödsinn, nur eine Möglichkeit, ein paar abgedroschene Phrasen unterzubringen. »Das muss ich übersehen haben.«

»Oh, das tut mir leid. Ich hätte Sie darauf hinweisen sollen, bevor Sie mit den Gesprächen begonnen haben.«

Ich schüttelte den Kopf. »Schon in Ordnung. Mein Fehler. Schönen Abend, Joan.«

Später am Abend beschloss ich, meine Großmutter anzurufen. Es war zwar schon fast neun, als ich nach Hause kam, aber sie war eine Nachteule. Außerdem war ich überfällig, woran sie mich sicher erinnern würde. Also schenkte ich mir zwei Finger breit Whisky ein und nahm mein Handy in die Hand.

»Sieh an, sieh an, sieh an …«, meldete sie sich. »Ich dachte schon, ich müsste in ein Flugzeug steigen und dir den Hintern versohlen.«

Ich lächelte. Das ging ja schnell. »Tut mir leid, dass ich mich so lange nicht gemeldet habe, Grams. Ich hatte ziemlich viel zu tun.«

»Ach, das ist doch Quatsch, und das weißt du.«

Ich lachte. »Wie geht es dir?«

»Wahrscheinlich ungefähr so wie dir, nur besser.«

Ich vermisste diese Frau. »Da bin ich mir sicher. Was gibt's Neues? Gehst du immer noch mit diesem Typen aus? Charles?«

»Ach, Schatz, wir haben wirklich lange nicht gesprochen. Charles habe ich vor mindestens zwei Monaten den Laufpass gegeben. Jetzt treffe ich mich mit Marvin.«

»Was ist mit Charles passiert?«

»Er aß um vier Uhr zu Abend, trug außerhalb des Hauses Pantoffeln und reiste nicht gern. Ich bin achtundsiebzig. Ich habe keine Zeit für so langweiligen Kram. Habe ich dir erzählt, dass wir mit Ava Gardner verwandt sind?«

»Ava Gardner war eine Schauspielerin, richtig?«

»Eine verdammt gute sogar. Sie hatte diese vollen Lippen. Wahrscheinlich hast du daher deinen Schmollmund.«

Ich zog die Stirn kraus, ich kam nicht ganz mit. »Was hat Ava Gardner mit Charles zu tun?«

»Nichts. Ava ist eine meiner neuen Entdeckungen auf Ancestry.«

»Ah …« Das Hobby meiner Großmutter hatte ich fast vergessen. In den letzten zwei Jahren hatte sie über sechstausend Verbindungen auf Ancestry aufgetan. Jede Woche zoomte sie mit neuen entfernten Verwandten, die bereit waren, mit ihr zu sprechen. Einige traf sie sogar persönlich. Die Frau hatte in ihrem Leben noch keinen Tag still gesessen. Zum Teufel, sie hatte sich erst vor fünf Jahren aus der von ihr gegründeten Einrichtung für Opfer häuslicher Gewalt zurückgezogen und arbeitete dort immer noch einmal in der Woche ehrenamtlich.

»Und wie sind wir mit Ava verwandt?«, fragte ich.

»Der Urgroßvater meines Vaters – also mein Ururgroßvater – war ein Cousin ersten Grades von ihrer Urgroßmutter.«

»Das scheint mir aber eine etwas sehr weit entfernte Verwandte zu sein, als dass meine Lippen von ihr stammen könnten.«

»Wir haben starke Gene. Gott weiß, deine Sturheit reicht mindestens fünf Generationen zurück.«

Ich war mir ziemlich sicher, dass die Frau am Telefon genug davon für fünf weitere Abstammungslinien hatte.

»Was hast du in letzter Zeit getrieben, außer nicht anzurufen, um zu sehen, ob ich tot bin?«, fragte sie. »Treibst du dich immer noch mit Models rum, anstatt nach der Mutter meiner Enkel zu suchen? Ich werde nicht jünger, weißt du. Es wäre schön, wenn du eher früher als später damit anfangen könntest.«

»Ich muss mich um mein Geschäft kümmern, Grams.«

»Blödsinn. Das Leben hat dir ein paar Zitronen gegeben. Hör auf, an ihnen zu saugen, und mach Limonade. Dann such dir ein Mädchen mit Wodka.«

Ich lächelte, aber es war eindeutig Zeit, das Thema zu wechseln. Apropos Zitronen … »Hör mal, ich wollte dich nach Evie Vaughn fragen.«

»Ah, Everly. Ich kann mich nicht daran gewöhnen, sie Evie zu nennen.«

»Anscheinend nennt sie sich Evie.«

»Ich dachte mir schon, dass sie der eigentliche Grund für deinen Anruf sein könnte. Everly hat mir erzählt, dass ihr euch letzte Woche kennengelernt habt.«

Mist. »Was hat sie gesagt?«

»Das Übliche. Dass du genauso charmant bist, wie ich gesagt habe, und sehr höflich und professionell.«

Höflich, hä? Meine Großmutter nahm kein Blatt vor den Mund. Wenn sie gewusst hätte, wie ich Evie behandelt hatte, hätte sie nachgebohrt. Ich war dankbar, dass Dr. Vaughn die Wahrheit über unser Treffen für sich behalten hatte.

»Sie ist ein Hingucker, nicht wahr?«

»Evie ist eine schöne Frau, ja.«

»Hübscher Vorbau«, sagte sie.

Das wusste ich definitiv aus der Umkleide. Aber ich würde mit meiner Großmutter kein Gespräch über die Brüste irgendeiner Frau führen. »Keine Ahnung. Ich habe mit ihr ein Vorstellungsgespräch geführt und sie nicht angeglotzt.«

»Gut. Ich hab dich lieb. Du bist mein Lieblingsenkel. Aber das Letzte, was meine Everly braucht, ist ein Workaholic mit Bindungsproblemen. Gib ihr einfach einen Job, nicht eine Fahrt mit dem Merrick-Express.«

»Erstens bin ich dein einziger Enkel, also sollte ich besser auch dein Lieblingsenkel sein. Und zweitens habe ich keine Bindungsprobleme.«

»Aha. Also gibst du meinem Mädchen nun den Job, oder was? Sie hat ein hartes Jahr hinter sich, mit der Trennung und diesem blöden Video und allem.«

»Blödem Video?«

»Hörst du mir überhaupt zu? Das hab ich dir doch erzählt. Es ist jetzt wahrscheinlich sechs Monate her. Die Woche nach meiner Gallenblasenoperation, um genau zu sein. Deshalb konnte ich auch nicht zur Hochzeit kommen.«

Jetzt, wo sie es sagte, erinnerte ich mich, dass sie eigentlich zu einer Hochzeit eingeladen gewesen war, aber Probleme mit der Gallenblase gehabt hatte. Stattdessen war ich zu ihrer Operation runtergefahren. »Ich erinnere mich an die Hochzeit … Sie haben also Schluss gemacht? Evie hat sie abgesagt?«

»Nicht ganz. In der Nacht vor dem großen Tag hat Everly herausgefunden, dass ihr Verlobter ihre Trauzeugin vögelte. Anstatt Schluss zu machen, heiratete sie ihn und zeigte bei der anschließenden Feier ein Video, wie die beiden es trieben, dann lief sie davon. Wegen diesem verdammten Internet hat irgendwie die ganze Welt das Video gesehen. Eine Woche später hat sie die Ehe annulliert.«

Heilige Scheiße. Ich erinnerte mich vage, dass meine Großmutter mir diese Geschichte erzählt hatte, und ich erinnerte mich sogar, einen Ausschnitt des Videos in den Nachrichten gesehen zu haben. Aber ich hatte nicht zwei und zwei zusammengezählt. »Irgendwie war mir der Zusammenhang nicht klar. Dass das die Frau ist, mit der ich ein Vorstellungsgespräch geführt habe.«

»Ja. Aber ich hoffe, du wirfst ihr das nicht vor. Was sie getan hat, war ziemlich mutig.«

»Natürlich nicht«, sagte ich.

Meine Großmutter und ich unterhielten uns noch weitere zehn Minuten. Nachdem wir aufgelegt hatten, schnappte ich mir meinen Laptop und googelte »Everly Vaughn Hochzeitskatastrophe«.

Ich hatte dem Video keine besondere Aufmerksamkeit geschenkt, als es Anfang des Jahres überall kursierte, aber das erste Video, das erschien, als ich die Eingabetaste drückte, zeigte eindeutig Evie. Und das verdammte Ding hatte einen Haufen Links. Das Standbild zeigte ihr Gesicht, wie sie in einem Hochzeitskleid in ein Mikrofon sprach. Ich drückte auf »Play« und sah mir das Ganze mit vor Staunen offenem Mund an. Ich konnte nicht glauben, dass das dieselbe Frau war, mit der ich halbherzig ein Vorstellungsgespräch geführt hatte, die Frau aus der Umkleidekabine. Als das Video zu Ende war, spielte ich es ein zweites Mal ab. Aber als die Braut auf dem Bildschirm erschien, tippte ich auf Pause und schaute sie mir genau an.

Evie – Dr. Everly Vaughn – sah hinreißend aus in ihrem figurbetonenden, trägerlosen Kleid aus weißer Spitze. Ihr Haar war auf 1940er-Jahre gestylt, weiche blonde Wellen umrahmten ihr hübsches Gesicht. Die sexy Bibliothekarinnenbrille, die sie bei unseren beiden Treffen getragen hatte, war verschwunden, sodass ihre großen blauen Augen noch größer erschienen. Verdammt … Sie war wirklich eine Wucht.

Ich ließ die Eiswürfel in meinem fast leeren Glas klirren, während mein Blick an dem Bildschirm klebte. Beim ersten Anschauen des Videos hatte ich mich damals auf den Bräutigam konzentriert, um zu sehen, ob er eine Ahnung hatte, was passieren würde. Das hatte er definitiv nicht, wodurch es noch mehr Spaß machte, mitzuerleben, wie der Mistkerl bekam, was er verdiente. Aber diesmal konzentrierte ich mich auf die Braut. Und so schön sie auch aussah, ich konnte jetzt den Schmerz in ihren Augen sehen. Das erinnerte mich an heute Nachmittag, als ich ihr ehrlich gesagt hatte, warum sie zu einem zweiten Vorstellungsgespräch eingeladen worden war – nur dass der Schmerz hier noch tausendmal größer war.

Ich drückte auf »Play« und sah zu, wie Evie das Mikrofon nahm und um die Aufmerksamkeit aller bat. Beim Heranzoomen bemerkte ich, dass ihre Hände zitterten. Vor ein paar Monaten, als das Video in den Nachrichten aufgetaucht war, hatte ich es unter »verrückter Braut« abgebucht. Jetzt sah ich die Dinge anders. Während ich den letzten Rest der bernsteinfarbenen Flüssigkeit in meinem Glas leerte, zollte ich ihr Anerkennung dafür, dass sie für sich eingetreten war. Meine Großmutter hatte recht. Es war mutig von ihr gewesen, ihre Gefühle vor einem Raum voller Menschen zu zeigen und zwei Menschen, die sie liebte, bloßzustellen. Als das Video zu der Stelle kam, an der ihr Verlobter und ihre beste Freundin aufeinander losgingen, klappte ich meinen Laptop zu und blickte aus dem Fenster auf Manhattan.

Evie Vaughn. Die Frau zog es durch, einen Mann zu heiraten,

nur um die Hochzeit beim anschließenden Essen platzen zu lassen. Es schien, als ließe ihr eigenes Stressmanagement ebenfalls zu wünschen übrig. Abgesehen davon, dass sie ganz schön tough zu sein schien – mutig, klug, eine Frau, die Leute herausforderte, wenn sie es für richtig hielt – sei es auf ihrer eigenen Hochzeit oder in einem Vorstellungsgespräch mit einem potenziellen Arbeitgeber. Sie war verdammt sexy, vor allem, wenn sie keine Angst zeigte. Ja, Dr. Vaughn war genau die Art von Mitarbeiterin, die ich nicht brauchte, nicht einmal auf einer Position, die ich nicht wollte. In meiner Firma gab es schon genug willensstarke Menschen.

Und doch schien sie mir in den letzten Tagen nicht aus dem Kopf zu gehen.

Das war dumm.

Einfach nur dumm.

Ich wusste, was ich tun musste, um die Sache im Keim zu ersticken. Also rief ich die E-Mail auf, die ich nach den Gesprächen mit den letzten Bewerbern von der Personalabteilung erhalten hatte, und las sie noch einmal durch.

Mr Crawford,

ich habe mich mit beiden Kandidatinnen getroffen, die Sie für ein zweites Gespräch ausgewählt haben. Beide machten einen guten Eindruck, konnten verschiedene Techniken zur Stressbewältigung nennen, mit denen sie arbeiten, und hatten eindeutig ihre Hausaufgaben gemacht und sich über die Branche informiert. Dr. Wexler hat jedoch mehr Erfahrung in der persönlichen Beratung bei Angst und Stress als Dr. Vaughn. Daher lautet meine Empfehlung, dass wir Dr. Wexler ein Angebot unterbreiten.

Bitte lassen Sie mich wissen, ob es noch Gesprächsbedarf gibt oder ob es Ihnen lieber ist, wenn wir noch nach anderen potenziellen Kandidaten suchen.

Mit freundlichen Grüßen
Joan Davis

Weitere zwanzig Minuten starrte ich mit leerem Blick auf den Bildschirm. Die Liste der Gründe, die gegen eine Einstellung von Evie Vaughn sprachen, war endlos. Selbst die Personalabteilung empfahl eine andere Kandidatin. Und doch …

Ich hörte normalerweise eher auf mein Gefühl als auf meinen Verstand. Damit war ich meist gut gefahren. Und aus irgendeinem Grund wurde ich das Gefühl nicht los, dass es ein Fehler wäre, Evie Vaughn abzulehnen – und das nicht nur, weil meine Großmutter nicht glücklich darüber wäre. Wobei ich nicht ehrlich sagen konnte, dass meine Neigung zu der weniger qualifizierten Kandidatin rein professioneller Natur war. Irgendetwas an dieser Frau war mir unter die Haut gegangen. Was genau der Grund war, warum ich den Rat meiner Personalleiterin beherzigen sollte. Doch anstatt der Personalabteilung zu schreiben, wechselte ich erneut zu YouTube und drückte auf »Play«. Zweimal.

Schließlich schüttelte ich den Kopf. Das ist doch lächerlich. Warum zum Teufel verschwendete ich meine Zeit damit, darüber zu grübeln, mit wem ich eine Stelle besetzen sollte, die ich in meiner Firma gar nicht haben wollte?

Ich ging auf Antwort und begann zu tippen.

Joan,
bitte erstellen Sie ein Angebot für Dr. …

4. Kapitel

Evie

»Das gibt's doch nicht.« Ich lachte und nippte an meinem Kaffee. »Im Ernst?«

»Was?«

Ich blickte von meinem Laptop auf und sah Greer an. »Ich habe gerade eine E-Mail von dieser Investmentfirma bekommen, bei der ich mich vor ein paar Tagen vorgestellt habe. Die Kittys Enkel gehört. Du weißt schon, der Typ, der mir im Grunde gesagt hat, ich sei inkompetent.«

»Der heiße Typ, dessen Sperma ich will?«

Ich nickte. »Genau der.«

»Was steht in der E-Mail? Soll ich ein steriles Behältnis vorbeibringen?«

»Nein, es ist noch verrückter. Sie haben mir den Job angeboten.«

»Oh, wow! Das ist toll!«

Ich nagte an meinem Fingernagel. »Ist es das? Möchte ich wirklich irgendwo arbeiten, wo der große Boss meint, dass man die Position eigentlich gar nicht bräuchte und ich sie nicht anständig ausfüllen könnte?«

»Das kommt darauf an. Was zahlen sie? Und kannst du zusätzlichen Urlaub und eine Spermabestellung heraushandeln?«

Ich richtete den Blick wieder auf meinen Laptop. Ich hatte nur die ersten Zeilen gelesen, in denen stand, dass ich für die Stelle ausgewählt worden war.

Im Anhang befand sich ein Arbeitsvertrag. Als ich das neunseitige Dokument überflog, stellte ich überrascht fest, dass das Gehalt höher war als bei meinem letzten Job – eindeutig nicht der wenigen Erfahrung entsprechend, die ich Merrick Crawfords Ansicht nach hatte. Und der Urlaubsanspruch war auch sehr großzügig, ganz zu schweigen von der Möglichkeit eines saftigen Bonus.

»Bah. Das Gehalt ist sehr gut, ich habe vier Wochen Urlaub und erhalte nach einem Jahr eine Gewinnbeteiligung.«

»Und du sagst ›Bah‹, weil du lieber beschissen bezahlt wirst, keinen Urlaub und keine Gewinnbeteiligung haben willst?«

Ich schüttelte den Kopf. »Eine schlecht bezahlte Stelle abzulehnen, wäre nicht so schwierig.«

»Warum solltest du sie ablehnen?«

»Der Inhaber will mich nur einstellen, weil er mich für die am wenigsten geeignete Kandidatin hält. Das hat er zugegeben. Er sagte, sein Vorstand habe ihn gezwungen, diese Stelle einzurichten.«

»Na und? Wen interessiert schon, was er denkt? Glaubst du, dass du den Job machen kannst?«

Ich überlegte einen Moment lang. »Ich bin sicher, dass es qualifiziertere Leute gibt, die sich in der Branche auskennen und sich nicht erst einarbeiten müssten. Aber ich bin gut in meinem Job, und wenn ich erst einmal mehr über die Ursachen für den Stress bei der Arbeit weiß, würde ich sicher gut zurechtkommen. Abgesehen vom Chef, der eindeutig einen ziemlich eigenwilligen Führungsstil hat.«

»Wo liegt dann das Problem?«

»Hast du den Teil verpasst, in dem ich sagte, der Inhaber hält mich für inkompetent?«

Sie zuckte mit den Schultern. »Beweise ihm das Gegenteil. Was ist passiert, als Mom dir gesagt hat, du würdest nie in der Volleyballmannschaft spielen können, weil du zu klein wärst?«

»Ich habe es ins Team geschafft und wurde im nächsten Jahr Kapitänin.«

»Und als alle vorschlugen, du solltest dich an einigen ›sicheren Hochschulen‹ für den Doktor bewerben, anstatt nur bei deinen drei Favoriten, weil sie alle eine Aufnahmequote von weniger als zehn Prozent hatten?«

Ich lächelte. »Ich wurde bei allen dreien genommen.«

»Muss ich noch weitermachen? Denn ich bin immer noch sauer, dass ich nicht mitdurfte, nachdem ich dir gesagt hatte, du würdest es niemals hinter die Bühne schaffen, um Justin Timberlake zu treffen, als du sechzehn warst.« Greer schüttelte den Kopf. »Willst du wissen, was meiner Ansicht nach das eigentliche Problem ist?«

»Ich bin mir nicht sicher. Will ich?«

»Der Chef. Du denkst, er ist eine größere Herausforderung als der Job selbst, und vielleicht ist er das auch. Aber was soll's? Betrachte ihn als Projekt, das du unabhängig von deiner Position anpacken musst. Das Chef-Projekt. Das klingt doch irgendwie nett, oder?«

Ich nagte an meiner Unterlippe. »Ich weiß nicht. Dieser Typ hat mich aus irgendeinem Grund nervös gemacht. Ich hatte das Gefühl, er versucht, meine Gedanken zu lesen oder so.«

»Glaub mir. Wenn er sehen könnte, was da drin vor sich geht, würde er dir die Stelle nicht anbieten«, spottete sie. »Ich stelle mir das ungefähr so wie beim Cirque du Soleil vor, nur dass die Artisten ein bisschen betrunken sind und außerdem verblüffend komplexe mathematische Probleme lösen, während sie sich zu Brezeln falten.«

Ich lachte. »Ich weiß nicht. Vielleicht denke ich später noch mal darüber nach.« Ich trank meinen Kaffee aus und stand auf, um den Becher abzuspülen. »Jetzt muss ich mich erst einmal anziehen und mich mit meinem Anwalt wegen des Prozesses treffen. Aber keine Sorge, ich bin wie versprochen um fünf im Laden, um dich zu vertreten.«

»Danke. Unser Termin ist erst um sechs, es reicht also, wenn du gegen halb sechs kommst. Aber wann hast du jemanden angeheuert, der dich vertritt? Das hast du gar nicht erzählt.«

»Das habe ich noch nicht. Aber ich glaube, ich habe den perfekten Mann für diese Aufgabe gefunden.«

»Woher kennst du ihn?«

»Ich kenne ihn schon seit Jahren.«

Meine Schwester sah mich neugierig an. Sie kannte alle meine Freunde. »Wen?«

»Simon.«

Ihre Augen funkelten. »Machst du Witze?«

»Nein.«

»Es überrascht mich etwas, dass er sich bereiterklärt hat, den Fall zu übernehmen. Er ist ein netter Kerl, aber er hat Mia immer wie eine Königin behandelt.«

»Nun, er weiß noch nicht, dass er ihn übernimmt.«

Greer lachte. »Oh, Gott. Das dürfte interessant werden. Ich besorge noch eine zusätzliche Flasche Wein für heute Abend, wenn du wiederkommst.«

»Danke, Schwesterherz.«

Sie schüttelte den Kopf. »Ich kann immer noch nicht glauben, dass Christian dich verklagt. Der Typ hat Rieseneier.«

»Ich weiß. Zu schade, dass sein Penis nicht dazupasste.«

»Evie? Was machst du denn hier?«, fragte Simon.

Ich sah die Empfangsdame an, die mich gerade zu meinem Elf-Uhr-Termin begleitet hatte. Sie schien verwirrt.

»Evie ist die Abkürzung«, erklärte ich.

Sie machte ein skeptisches Gesicht. »Für Sienah?«

Simon winkte ab. »Schon in Ordnung. Evie oder Sienah, komm rein.« Er kam um den Schreibtisch herum und küsste mich auf die Wange. »Du bist also mein Elf-Uhr-Termin? Wieso der falsche Name?«

»Es überrascht mich, dass du den Code nicht geknackt hast. Du lässt nach, Simon.«

»Code? Wie meinst du das?«

»Den Namen, den ich angegeben habe.«

Simon ging wieder hinter seinen Schreibtisch und blickte auf den ausgedruckten Kalender. »Ich fand den Nachnamen ungewöhnlich. Mihnicht.«

»Sprich ihn mit dem Vornamen zusammen.«

Er blickte wieder nach unten. »Sienah Mihnicht.«

»Und jetzt zusammen.«

»Sie nahm ihn nicht. Süß. Bei Pennälerwitzen bin ich wohl etwas schwer von Begriff. Aber wozu hast du einen Termin gemacht?«

»Ich habe ein juristisches Problem und hatte gehofft, du könntest mir helfen.«

»Oh, tut mir leid, das zu hören. Was ist … Ach, Moment …« Er schüttelte den Kopf. »Nein. Ganz bestimmt nicht. Wenn du deswegen hier bist, weswegen ich denke, dass du hier bist, kann ich dir nicht helfen.«

»*Bitte*, Simon. Ich weiß, du warst sauer, weil ich dich vor meiner Rede auf der Hochzeit nicht gewarnt habe, aber ich dachte, das hätten wir hinter uns.«

Simon fuhr sich mit der Hand durchs Haar. »Ich bin nicht sauer auf dich, weil du es mir nicht gesagt hast. Es ist nur … Ich versuche die Vergangenheit hinter mir zu lassen.«

»Ich auch. Darum musst du mir bei dieser lächerlichen Klage helfen.«

»Ich kann dir jemanden empfehlen.«

»Komm schon, Simon. Ist da nicht ein kleiner Teil in dir, der es Christian zeigen will?«

Er atmete tief durch. »Ein großer Teil von mir würde ihn am liebsten verprügeln. Aber ich habe Mia versprochen, dass ich mich bemühe, es hinter mir zu lassen.«

Ich warf den Kopf zurück. »Mia? Warum solltest du ihr etwas versprechen?«

Simons Blick glitt zwischen meinen Augen hin und her. »Du weißt nicht, dass wir wieder zusammen sind, oder? Mia und ich versuchen, es wieder hinzukriegen.«

Ich verzog das Gesicht. »Was? Warum solltest du das tun?«

Er nahm die Brille ab und warf sie auf den Schreibtisch, dann rieb er sich die Augen. »Es ist kompliziert, Evie.«

Mein Gesicht wurde heiß. »Nein, ist es nicht. Wenn deine Freundin dabei erwischt wird, wie sie es mit dem Verlobten ihrer besten Freundin treibt, ist das ziemlich einfach. Du wirfst ihren Scheiß auf den Rasen und tauschst die Schlösser aus. Wie kannst du sie zurücknehmen?«

Simon seufzte und kniff sich in die Nasenwurzel. »Ich liebe sie. Sie hat einen Fehler gemacht.«

»Sie hat keinen Fehler gemacht. Sie hat ihn Dutzende Male gemacht. Sie haben nicht etwa einen zu viel getrunken, sind im Bett gelandet und haben es am nächsten Morgen bereut. Sie hatte monatelang eine Affäre – mit dem Verlobten ihrer angeblich besten Freundin. Wir sind ständig zu viert zum Essen ausgegangen, Simon! Wahrscheinlich lag ihre Hand unter dem Tisch auf seinem Schwanz, während wir beide wie Trottel daneben saßen.«

»Ich weiß, dass du wütend bist, aber … Mia fühlt sich schrecklich, weil sie dir das angetan hat.«

»Sie haben in der Nacht vor der Hochzeit in der Flitterwochensuite zusammen geschlafen. Mein Kleid hing einen Meter von der Stelle entfernt, an der er sie genommen hat. Sie hat auf *das Hochzeitskleid ihrer besten Freundin* gestarrt, während Christian sie von hinten gefickt hat, Simon! In den Arsch! Sie hat mir erzählt, dass sie das mit dir nicht macht!«

Er sah an mir vorbei in den Flur. »Bitte. Sprich leise. Ich arbeite hier.«

»Tut mir leid.« Ich schüttelte den Kopf. »Ich hätte nicht kommen sollen. Ich … ich dachte, wir wären Freunde, und ich brauche juristische Hilfe, und … ich weiß nicht. Ich dachte wohl, wir könnten irgendwie gemeinsam Rache üben.«

Simon runzelte die Stirn. »Wir sind Freunde, Evie.«

»Nein, sind wir nicht. Man kann nicht mit jemandem befreundet sein, der auf der anderen Seite der feindlichen Linie steht. Ich bin dir nicht böse, aber lass uns realistisch sein. Wir werden nie wieder etwas zusammen unternehmen. Vielleicht gratulierst du mir auf Facebook, und ich poste gelegentlich ein LOL unter ein Instagram-Bild, aber das war's dann auch.«

Simons presste grimmig die Lippen zusammen. Er konnte nichts sagen, denn er wusste, dass ich recht hatte. Und er tat mir wirklich leid. Mia hatte ihn und ihre beste Freundin verarscht. Das war kein Fehler, es war ein Charakterfehler. Und sie würde es dem armen Kerl wieder antun.

Ich stand auf und streckte ihm die Hand hin. »Auf Wiedersehen, Simon. Viel Glück.«

Er stand auf. »Soll ich dich wenigstens an jemanden verweisen?«

»Nein.« Ich lächelte traurig. »Schon okay. Trotzdem danke.«

Als ich Simons Büro verließ, fühlte ich mich, als hätte man mir eine frische Schorfschicht von einer klaffenden Wunde gerissen. Mir war klar gewesen, dass es nicht leicht sein würde, herzukommen und über das Geschehene zu sprechen. Aber damit hatte ich nicht gerechnet. Sechs Monate waren vergangen, und anscheinend war ich die Einzige, die zurückgeblieben war. Christian hatte neulich ein Foto von einem Date gepostet, und Mia … hatte ihren Freund und ihr altes Leben zurück. Derweil war ich arbeitslos, wohnungslos, eine Lachnummer für eine Milliarde Menschen und drohte, auf alles, was ich in den nächsten zehn Jahren verdiente, verklagt zu werden – falls ich überhaupt einen Job finden sollte.

»Das ist ätzend. Das tut mir leid.« Greer runzelte die Stirn. Ich war ein wenig früher als nötig in ihre Weinhandlung gekommen, um ihr von Simon und Mia zu erzählen. Das Gespräch mit ihm war mir nicht aus dem Kopf gegangen, und bevor ich in den Laden gekommen war, war ich in Brooklyn gewesen und hatte einen langen Spaziergang an einem Strand gemacht, an dem ich oft Seeglas sammelte.

»Ich habe damit gerechnet, dass er es ablehnt, mich zu vertreten. Simon war nie ein Freund von Dramen – das war Mias Stärke. Aber ich habe nicht damit gerechnet, dass er die Vertretung ablehnt, weil er und Mia wieder zusammen sind.«

Meine Schwester schüttelte den Kopf, während sie eine Kiste Wein auspackte und die Flaschen ins Regal stellte. »Ich kann mir nicht vorstellen, dass jemand, der so klug ist wie Simon, so dumm ist, sie zurückzunehmen.«

»Ich weiß. Ich habe versucht, mich in seine Lage zu versetzen. Er und Mia waren nur Freund und Freundin, nicht verlobt wie Christian und ich. Aber ich glaube ehrlich gesagt nicht, dass ich anders empfinden würde, wenn Christian und ich nicht verlobt gewesen wären, als ich ihn erwischt habe. Es gibt verschiedene Niveaus von Fremdgehen. Wenn du betrunken einen One-Night-Stand hast, ist das eine Drei auf der Fremdgeh-Skala. Wenn du eine dauerhafte Beziehung mit einem anderen hast, ist das eine sechseinhalb. Wenn es mit dem Freund oder einem Familienmitglied des Partners geschieht, steigt die Schwere des Vergehens auf zehn. Vielleicht, *vielleicht*, könnte ich eine Drei verzeihen. Aber alles darüber ist kein Fehltritt mehr. Es ist eine bewusste Entscheidung. Die ganze Sache macht mich einfach total verrückt …« Ich deutete mit dem Kinn auf die verschlossenen Glasvitrinen hinter meiner Schwester. »Ich könnte deinen schicken Reserveschrank einschlagen und ein paar Flaschen trinken.«

Sie zeigte auf das Regal hinter mir. »Du kannst dich genauso gut mit dem billigen Zeug betrinken, Schwesterherz.«

Ich ging hinter den Tresen. »Keine Sorge. Ich stimme den Alkohol gern darauf ab, wie ich mich fühle, also passt das billige und beschissene Zeug.« Ich zog eine Schublade auf und warf meine Tasche hinein. »Und jetzt raus mit dir. Ich will nicht, dass du zu spät kommst, um den Samenspender meiner zukünftigen Nichte oder meines zukünftigen Neffen auszusuchen. Moment, warte kurz …« Ich griff in meine Tasche und holte ein Stück leuchtend rotes Seeglas heraus, lehnte mich über den Tresen und hielt es meiner Schwester hin. »Nimm das mit.«

Greer küsste mich auf die Wange und nahm es. »Du und dein Glücksglas. Wir sehen uns zu Hause. Wenn nicht viel los ist, mach ruhig um halb acht zu. Du brauchst nicht bis acht offen zu lassen.«

Sie schnappte sich zwei Weinflaschen aus dem Regal. »Die brauchen wir, um unser Gespräch darüber fortzusetzen, was für ein Idiot Simon ist. Ben muss wieder zur Arbeit, wenn wir fertig sind, also sind wir Mädels unter uns.«

»Ich habe das Gefühl, dass er in letzter Zeit eigentlich nie zu Hause ist.«

»Sein Unternehmen braucht rund um die Uhr IT-Support, weil es weltweit tätig ist. Die beiden Typen von der Nachtschicht haben in derselben Woche gekündigt, sodass er praktisch ununterbrochen gearbeitet hat. Es ist gut, dass wir Hilfe bei der Zeugung bekommen, denn wir sind nie lange genug im selben Raum, um schwanger zu werden.«

Ich lächelte halbherzig. »Hab dich lieb. Viel Glück.«

»Danke. Ich dich auch.«

In den nächsten anderthalb Stunden bediente ich ein paar Kunden, putzte die Schaufenster und suchte auf meinem Handy nach ungesundem Fast Food im Umkreis von drei Blocks. Als es halb acht war und seit einer Dreiviertelstunde niemand mehr angerufen hatte oder vorbeigekommen war, folgte ich dem Rat meiner Schwester und machte früh zu. Ich musste mir etwas Gutes tun, damit ich mich besser fühlte. Also schaltete ich das Neonschild GEÖFFNET aus, schloss die Tür ab und ging einen Block weiter zu Gray's Papaya, wo es die besten Hot Dogs der Stadt gab. Es war schon lange her, dass ich einen gegessen hatte. Damit ich in meinem Hochzeitskleid bestmöglich aussah, hatte ich mich Anfang des Jahres beim Essen sehr zurückgehalten. Und heute hatte ich den ganzen Tag nichts anderes als Kaffee zu mir genommen, weil mir nach dem Termin heute Morgen der Appetit vergangen war. Mir lief das Wasser im Mund zusammen, als ich sah, wie die Bedienung Chili und Käse zu meiner Bestellung hinzufügte. Als sie fertig war, konnte ich es kaum erwarten, hineinzubeißen, griff nach der Tüte und wollte gehen.

»Entschuldigen Sie. Das macht neunzweiundsechzig, bitte.«

Ich drehte mich um und schüttelte den Kopf. »O mein Gott, es tut mir so leid. Ich hab vor lauter Freude auf das Essen ganz vergessen zu bezahlen.« Ich zückte meine Kreditkarte, denn mein letztes Bargeld hatte ich heute früh für einen Kaffee to go ausgegeben.

»Hier, bitte.«

Die Frau zog die Karte durch das Lesegerät und runzelte die Stirn. »Die Karte wurde abgelehnt.«

»Das kann nicht sein. Ich habe noch reichlich Guthaben.« Ich deutete auf das Kartenlesegerät. »Können Sie es noch mal versuchen?«

Sie tat es, aber es passierte wieder das Gleiche.

»Mist. Gut. Ich weiß nicht, was das Problem ist.« Ich zog eine weitere Karte aus meinem Portemonnaie. »Probieren Sie die.«

Die Bedienung zog die Karte durch und seufzte dann. »Die funktioniert auch nicht.«

»Was soll das heißen, sie funktioniert nicht?«

Sie zeigte auf das Display. »Da steht nur abgelehnt.«

»Aber das ist unmöglich. Das Gerät muss kaputt sein.« Ich sah mich um und bemerkte, dass die Frau neben mir bezahlte. Ihre Karte schien problemlos akzeptiert zu werden. »Können Sie es mit dem Gerät probieren?«

Die jugendliche Bedienung konnte sich gerade noch beherrschen, nicht die Augen zu verdrehen. »Klar.«

Aber an dem anderen Gerät passierte das Gleiche. Und jetzt

bildete sich eine Schlange, weil ich *zwei* Reihen am Bezahlen hinderte.

»Ähm ... es tut mir leid. Ich weiß nicht, was los ist. Können Sie meine Bestellung aufheben, und ich rufe meine Kreditkartenfirma an? Da muss irgendein Fehler vorliegen.«

Da der Laden laut war, ging ich nach draußen. Nach etlichen Wahlmöglichkeiten und nachdem ich fünfmal wütend die Null gedrückt hatte, bekam ich endlich einen echten Menschen zu sprechen.

»Hallo. Meine Kreditkarte wurde gerade abgelehnt, aber das dürfte eigentlich nicht sein. Ich habe den Rahmen noch lange nicht ausgeschöpft.«

»Kontonummer?«

Nachdem ich ihr die Nummer vorgelesen und ein paar Verifizierungsfragen beantwortet hatte, ließ mich die Frau kurz warten. Als sie sich wieder meldete, war ich hungrig und frustriert.

»Hallo, Ms Vaughn?«

»Ja.«

»Es scheint, dass Ihre Karte gekündigt wurde.«

»Was soll das heißen, sie wurde gekündigt? Ich habe sie nicht gekündigt.«

»Es ist ein Gemeinschaftskonto. Der Inhaber des Gemeinschaftskontos hat es gekündigt.«

»Welches Gemeinschaftskonto ...« *O mein Gott*! Ich spürte, wie sich mein Gesicht röter färbte als der leckere Hot Dog, den ich hätte essen sollen. *Christian*. Ich hatte vergessen, dass wir diese Karte gemeinsam beantragt hatten. Man hatte sie uns angeboten, als wir unser gemeinsames Bankkonto eröffneten, wobei ich die Einzige war, die sie je benutzt hatte.

Ich schloss die Augen. *Das gemeinsame Bankkonto, das ich*

jetzt als mein persönliches Konto nutzte. Das erklärte wohl auch, warum meine andere Karte nicht funktionierte. Ich würde diesen Mann ernsthaft umbringen.

Ich holte tief Luft. »Kann ich es unter meinem eigenen Namen wieder anmelden?«

»Ja, natürlich. Wenn Sie möchten, kann ich den Antrag am Telefon entgegennehmen. Und wenn alles genehmigt wird, können wir Ihnen Ihre neuen Karten in drei bis fünf Werktagen zusenden.«

Keine Gray's Papaya. Also war dieser Anruf im Moment sinnlos.

»Ich rufe morgen wieder an und mache das dann.«

»Okay. Kann ich sonst noch etwas für Sie tun?«

»Können Sie mir einen Hot Dog kaufen?«

»Wie bitte?«

Ich schüttelte den Kopf. »Vergessen Sie's.« Ich wollte einfach nur nach Hause und mich verkriechen. Nur dass ich kein Zuhause hatte. Ich wohnte bei meiner Schwester.

Also machte ich mich mit hängenden Schultern und knurrendem Magen auf den Weg zu ihr. Aber dieser Weg führte mich wieder an der Weinhandlung vorbei, und mir fiel ein, dass ich mir zumindest zehn Dollar für etwas Essbares aus ihrer Kasse leihen und ihr eine Nachricht hinterlassen konnte. Und das tat ich. Ich schloss die Tür auf, gab einen Ein-Cent-Kauf ein, damit sich die Schublade öffnete, nahm einen Zehner heraus und ersetzte ihn durch einen Zettel, für den Fall, dass ich es bis zu Hause vergaß.

Als ich die Schublade schloss, warf ich den Zehner in meine Handtasche und ging hinaus. Aber nicht ohne eine weitere Weinflasche aus der Auslage zu nehmen, die Greer bereits geplündert hatte.

5. Kapitel

Evie

Am Sonntag hatte ich mich immer noch nicht entschieden, ob ich den Job in der Firma von Kittys Enkel annehmen wollte. Dabei hatte ich den größten Teil der letzten achtundvierzig Stunden darüber nachgedacht. Meine Schwester hielt mich für verrückt, das einzige Angebot abzulehnen, schließlich war ich schon länger auf der Suche. Die Vorstellung, einen Job anzunehmen, bei dem ich nicht wirklich erwünscht war, passte mir jedoch nicht. Ich hatte die Frau von der Personalabteilung gefragt, ob ich mich in ein paar Tagen wieder melden könnte, und mit ihr vereinbart, ihr am Montagmorgen Bescheid zu geben. Ich hatte gehofft, dass ich die Antwort irgendwann einfach wüsste, aber jetzt glaubte ich allmählich, dass ich in meinem Leben gar nichts mehr wüsste. Seltsamerweise sprach ich, wenn ich Zweifel hatte, häufig mit der Großmutter des Mannes, der mich zweifeln ließ, die Stelle anzunehmen.

Und heute war auch der Tag, an dem ich normalerweise mit ihr telefonierte, und ich hatte das Gefühl, dass das kein Zufall sein konnte. Also nahm ich das Telefon in die Hand und rief meine ungewöhnliche Freundin an.

»Hallo, Kitty.«

»Hallo, mein Schatz. Wie ist es dir ergangen?«

Wie dem armen Achtundneunzigjährigen aus dem Song von Alanis Morissette, der am Tag nach seinem Lottogewinn starb. »Ziemlich gut. Und dir?«

»Ich kann mich nicht beklagen. In meinem Alter kann man seine Schmerzen entweder als Last betrachten oder sie als Erinnerung daran sehen, dass man noch lebt und viel zu tun hat. Ich habe mich für Letzteres entschieden.«

Zehn Sekunden nach Gesprächsbeginn fühlte ich mich bereits besser als seit Tagen. Kitty hatte eine so einfache Sicht auf die Dinge, und es tat mir gut, daran erinnert zu werden. Es könnte alles noch schlimmer sein. »Hast du diese Woche mit neu entdeckten Verwandten gesprochen?«, fragte ich sie.

»In der Tat – eine etwas verrückte Geschichte. Eine Frau, die als Cousine zweiten Grades aufgetaucht ist, hat das DNA-Testkit von ihrer Tochter zu Weihnachten geschenkt bekommen. Ihre Ergebnisse zeigten, dass ihr Onkel nur ein Halbonkel war. Sie forschte etwas nach, und es stellte sich heraus, dass ihre Großmutter eine Affäre hatte und schwanger wurde. Sie hat ihr ganzes Leben lang so getan, als sei das Kind von ihrem Mann. Die Großmutter war schon lange tot, aber der Großvater lebte noch. Sie stellten ein paar Nachforschungen an und erfuhren, dass die Großmutter eine Affäre mit einem Mann gehabt hatte, der in der gleichen Stadt lebte. Als der Großvater das herausfand, ging er zum Grab seiner Frau, um mit ihr darüber zu sprechen, und musste feststellen, dass seine Frau direkt neben dem Mann begraben war, mit dem sie die Affäre gehabt hatte. Die Großmutter hatte die Gräber gekauft und nie ein Wort gesagt. Apropos ein Geheimnis mit ins Grab nehmen.«

»Oh wow. Was man bei der Ahnenforschung herausfindet, ist ja besser als eine Seifenoper.«

»Und ich habe immer gesagt, dass diese Sendungen zu

absonderlich sind. Es hat sich herausgestellt, dass die meisten Menschen ein schmutziges kleines Geheimnis haben, das ihre Welt auf den Kopf stellen könnte.«

Erzähl mir was Neues. »Dank des Internets gibt es heutzutage keine Geheimnisse mehr.«

Kitty lachte und erzählte mir dann von einer Reise, die sie mit dem neuen Mann machen wollte, mit dem sie zusammen war. Sie wollten zum ersten Mal Seilrutschen ausprobieren, und mir wurde klar, dass das Leben dieser Achtundsiebzigjährigen wesentlich aufregender war als meins.

»Bist du sicher, dass ich diejenige von uns beiden bin, die neunundzwanzig ist?«, fragte ich.

»Alter ist nur eine Zahl, Liebes. Was tust du in letzter Zeit Aufregendes?«

»Na ja, neulich habe ich bei Rot die Straße überquert.«

Kitty schnalzte mit der Zunge. »Kind, du musst wieder anfangen zu leben. Ich weiß, dass dein dämlicher Ex dich aus der Bahn geworfen hat, aber da draußen ist eine große Welt, die nur darauf wartet, dich zum Lächeln zu bringen. Nimm, was der heutige Tag zu bieten hat. Denke nicht an das, was der gestrige dir genommen hat.«

Ich seufzte. »Ich weiß. Du hast recht. Es ist nur … Ich weiß nicht, wie ich neu anfangen soll. Es ist, als wäre ich so voller Groll, dass ich mich kaum noch über Wasser halten kann.«

»Nun, das ist ein Problem. Aber es gibt eine einfache Lösung.«

»Ja?«

»Mmh. Du musst dich bewusst für das Glück entscheiden und deine Zukunft danach ausrichten. Biege links ab, wo du immer rechts abgebogen bist. Manchmal ist das die einzige Möglichkeit, einen neuen Weg zu entdecken.«

»Wie soll ich das machen?«

»Tu das Gegenteil von dem, was du normalerweise tun würdest. Damit meine ich nicht, dass du zu einem Date mit einem Mann gehen sollst, der wegen Mordes im Gefängnis saß und gerade entlassen wurde. Oder dass du in einen Pool ohne Wasser springen sollst. Das ist einfach nur dumm. Aber wenn ein gut aussehender, achtundsechzigjähriger Mann dich zum Ziplining einlädt? Nur zu. Dein Lebensweg hat sich geändert, und wenn du nur zu Hause herumsitzt, findest du nicht heraus, welche Richtung du als Nächstes einschlagen sollst. Du musst an dein Glück glauben und dem Universum einen Wink geben, dann passiert es auch. Riskiere etwas.«

Die Idee hörte sich gut an, aber ich hatte eher das Gefühl festzustecken, als dass ich darüber nachdachte, in die eine oder andere Richtung zu gehen. Aber Kitty wollte helfen, und sie sollte sich nicht schlecht fühlen. »Danke, Kitty. Du hast recht. Ich werde es versuchen.«

»Das ist mein Mädchen. Also, was gibt es Neues an der Jobfront? Hast du die Stelle bei meinem Enkel bekommen?«

»Das habe ich tatsächlich. Ich habe sie allerdings noch nicht angenommen. Ich bin mir nicht sicher, ob ich die Richtige für den Posten bin.«

»Hast du noch andere Angebote?«

Ich runzelte die Stirn. »Nein, habe ich nicht.«

»Tja. Mach, was du willst, aber ich glaube, deine erste Gelegenheit, links abzubiegen, wo du immer rechts abgebogen bist, befindet sich vor deiner Nase.«

Da hatte sie nicht ganz unrecht … Aber ich war mir immer noch nicht sicher.

Nachdem wir aufgelegt hatten, saß ich noch ein Weilchen im Wohnzimmer. Greer und ihr Mann waren mit Freunden zum

Abendessen verabredet, und in der Wohnung war es angenehm ruhig. Ich dachte darüber nach, was Kitty gesagt hatte – nicht so sehr über ihren Vorschlag, etwas anders zu machen als sonst, sondern darüber, was ich einem Patienten sagen würde, der sich mit einer Veränderung schwertat. Ich würde ihm sagen, er solle sich auf die Chancen konzentrieren, nicht auf den Verlust. Und war es nicht genau das, was der Job in der Firma von Kittys Enkel war? Eine Chance? Eine, von der ich glaubte, dass ich sie hervorragend nutzen konnte. Warum also fiel mir diese Entscheidung so schwer? Es lief alles auf eine Sache hinaus … oder vielmehr auf einen Mann: Merrick Crawford. Er war eine Herausforderung. War ich dem Chef-Projekt gewachsen?

Ich kaute auf meiner Lippe und öffnete meinen Laptop, ich musste Joan Davis so oder so eine Antwort geben. Obwohl es mir auch nicht weiterhalf, auf den Bildschirm zu starren, verbrachte ich weitere zwanzig Minuten damit. Dann öffnete ich meinen E-Mail-Account, holte tief Luft und beschloss, das zu tun, was Kitty für das richtige Abbiegen hielt.

6. Kapitel

Evie

Mit heftigem Lampenfieber traf ich eine Woche später vor dem Gebäude meines neuen Arbeitgebers ein.

War das Haus schon so hoch gewesen, als ich zu den Vorstellungsgesprächen hier war?

Ich stand vor dem Haupteingang, starrte zu dem Wolkenkratzer hinauf und kam mir so klein vor wie eine Ameise. Es war noch dunkel, aber bekanntermaßen schläft New York nie, und so war der Block fast so erleuchtet wie am Mittag. Obwohl es erst kurz vor sechs Uhr morgens war, eilten bereits Menschen in Anzügen an mir vorbei.

Ich wollte früh im Büro sein, aber jetzt, wo ich hier war, schien es mir vielleicht doch etwas zu früh. Ich überlegte, ob ich zurück zum Coffeeshop gehen sollte, in dem ich mir auf dem Weg von der Subway-Station meine Koffeindosis geholt hatte. Vielleicht könnte ich mich dort hinsetzen und ein paar TikTok-Videos schauen, um mir die Zeit bis sieben zu vertreiben, doch dann joggte ein Mann an mir vorbei. Ich achtete nicht weiter auf ihn, bis er ein paar Schritte weiter stehen blieb und zurückkam.

»Evie?«

Ich blinzelte. »Merrick?«

Er zog einen Kopfhörer aus dem Ohr und musterte mich von oben bis unten. »Kommen Sie so früh zur Arbeit?«

»Hm … Ja, ich dachte, es wäre gut, früh anzufangen.«

Mein neuer Chef blickte auf seine Uhr. »Es ist zehn vor sechs.«

»Ich war wohl etwas übereifrig.«

Er lächelte. Verdammt, er sah wirklich gut aus. Ich hatte schon immer eine Schwäche für Männer, die im Anzug gut aussahen, aber heute trug er Laufklamotten – schwarze Shorts und ein körperbetontes, langärmeliges Under-Armour-Shirt. Seine Stirn war schweißnass, und sein kräftiger Hals glänzte im Licht.

»Das Büro öffnet erst um sieben.«

»Oh. Ich hole mir noch einen Kaffee oder so.«

Merrick betrachtete den großen Becher in meiner Hand. »Ich könnte Ihnen zeigen, wo Ihr Büro ist, dann können Sie sich einrichten.«

»Oh, nein. Das ist schon okay. Ich möchte Sie nicht bei Ihrem Lauf stören.«

»Es war sowieso meine letzte Runde.« Er deutete mit dem Kopf auf die Tür. »Kommen Sie.«

In der Lobby blieb Merrick am Sicherheitsschalter stehen.

»Hey, Joe. Das ist Evie Vaughn. *Dr.* Everly Vaughn.« Er drehte sich zu mir um und zwinkerte mir zu. »Die Personalabteilung schickt sicher später den Papierkram runter, damit sie ihre Zutrittskarten bekommt. Ich wollte sie Ihnen nur vorstellen und Ihnen sagen, dass Sie den *Doktor* vor ihrem Namen nicht vergessen sollten.«

»Kein Problem, Chef.«

Merrick streckte den Arm aus und bedeutete mir, zum Aufzug vorzugehen. Ich wartete, bis wir außer Hörweite waren.

»Wissen Sie, eigentlich lege ich keinen Wert auf den Doktortitel. Er ist mir völlig egal. Sie haben mich neulich etwas provoziert und diese Seite in mir hervorgebracht.«

Die Fahrstuhltüren glitten auf, und Merrick hielt sie auf und grinste. »Welche Seite soll das sein? Ihre zickige?«

Ich blinzelte. »Haben Sie mich gerade an meinem ersten Arbeitstag als Zicke bezeichnet? Ich glaube, ich weiß schon, warum Ihre Angestellten gestresst sind. Dieser Job wird leichter, als ich dachte.«

Merrick grinste schief. »Ich habe nie behauptet, nicht Teil des Problems zu sein. Ihre Aufgabe ist es, den Leuten beizubringen, damit umzugehen.«

»Oder … Sie könnten sich professioneller verhalten.«

Merrick drückte einen Knopf auf der Fahrstuhltafel. »Wo bleibt da der Spaß?« Er hielt inne. »Übrigens, Ihr Büro befindet sich in einem anderen Stockwerk als das, in dem Ihr Vorstellungsgespräch stattgefunden hat. Ich weiß nicht, ob Joan Ihnen das gesagt hat.«

»O ja, sie hat es erwähnt. Die Finanzmakler sitzen alle auf einer Etage, alle anderen ein Stockwerk tiefer?«

Er nickte. »Wir passen nicht alle in eine Etage, aber die Trennung ist ohnehin besser. Die Makler, also die Trader, sitzen zusammen im Großraumbüro und schreien den ganzen Tag rum. Und wenn eine Aktie abstürzt, in die sie stark investiert haben, kann ihre Ausdrucksweise schon mal ziemlich grob sein.«

»Das kann ich mir vorstellen.« Die Türen schlossen sich, und ich spürte Merricks Gegenwart deutlich, obwohl er in angemessenem Abstand zu mir in der Aufzugskabine stand. »Kommen Sie jeden Tag früh ins Büro, um zu laufen?«

»Ich wohne in diesem Gebäude. In den oberen Etagen sind Wohnungen.«

»Oh, wow. Das spart Zeit beim Arbeitsweg. Das erklärt auch, wo alle Ihre Papiere und Fotos sind.«

»Papiere und Fotos?«

»Ihr Schreibtisch ist so ordentlich. Ich war zweimal in Ihrem Büro, und beide Male lagen nirgendwo Haftnotizen, Notizblöcke, Akten oder sonstige Papiere herum. Und auf Ihrem Sideboard standen keine persönlichen Gegenstände wie gerahmte Fotos oder signierte Baseballs oder so etwas.«

»Ich hab es gern ordentlich. Meine Akten befinden sich in Schubladen, und meine Haftnotizen sind elektronisch.«

Ich schnaubte. »Dann wird Ihnen mein Büro nicht gefallen.«

Merrick hob eine Augenbraue, sagte jedoch nichts. Der Aufzug hielt in der vierunddreißigsten Etage, und Merrick führte mich eine Reihe von Fluren hinunter. Erst, als wir das Büro erreichten, von dem er sagte, es sei meines, fiel mir auf, dass alle anderen Büros Glaswände hatten. In meinem waren sie mattiert, sodass man nicht hineinsehen konnte.

Er schloss die Tür auf und ließ mich zuerst eintreten, woraufhin automatisch das Licht anging.

Ich atmete ein paarmal ein. »Riechen Sie das?«

Er zeigte auf das Glas. »Das ist der Kleber von der Folie, die wir als Sichtschutz haben anbringen lassen. Das wurde erst am Wochenende gemacht. Die Personalabteilung fand es wichtig, Mitarbeiter bei Terminen mit Ihnen vor neugierigen Blicken zu schützen.«

Ich nickte. »Danke. Privatsphäre ist wichtig. Ohne sie trauen sich die Klienten nicht, sich zu öffnen.«

Merrick deutete mit dem Daumen auf die Tür. »Der Kaffeeraum ist ein paar Türen weiter, die Toiletten sind ein Stück dahinter. Ich glaube, Ihr Schreibtisch wurde mit dem Nötigsten ausgestattet. Sie haben dort einen Laptop, und ich sehe, dass die Handbücher der Personalabteilung hinter Ihnen im Regal stehen. Joan wird Ihnen alles zeigen, sobald sie hier ist. Ich gehe jetzt hoch, zum Duschen, aber wenn Sie etwas brauchen, Sie wissen ja, wo mein Büro ist.«

»Okay, super. Vielen Dank. Ich kann es kaum erwarten anzufangen. Haben Sie später vielleicht etwas Zeit für mich? Ich würde gern die Unternehmenskultur kennenlernen.«

»Ich bin sicher, darüber kann Sie die Personalabteilung informieren.«

»Eigentlich würde ich es lieber von Ihnen hören. Dinge wie Werte und Prioritäten werden in der Regel oben festgelegt und sickern dann nach unten durch. Aber ich möchte auch mit Ihnen über die Erwartungen an die Kommunikation zwischen dem Management und mir sprechen, da ich einiges von den Mitarbeitern erfahre.«

Merrick runzelte die Stirn und sah auf seine Uhr. »Gut. Ich komme vorbei, wenn ich oben fertig bin.«

»Danke.«

Beim Hinausgehen warf ich einen kurzen Blick auf Mr Griesgrams Rückseite. Seine Laufshorts spannten sich über seinen Gesäßmuskeln, während er mit langen Schritten zur Tür ging. Guter Gott, sogar der Hintern dieses Mannes war durchtrainiert – er erinnerte mich daran, dass ich meinen eigenen Hintern wieder ins Fitnessstudio bewegen musste. Allerdings hatte ich keins mehr. Bei der Wohnung, die ich mit Christian geteilt hatte, gab es ein Fitnessstudio im Haus – eine weitere Sache, die ich im Hochzeits-Armageddon verloren hatte.

Während ich diesem Gedanken nachhing, klebte mein Blick noch am Hintern meines Chefs, da drehte sich dieser plötzlich um. Das leichte Grinsen in seinem Mundwinkel verriet mir, dass ich ertappt worden war.

»Sie sollten vielleicht die Tür offen lassen, damit der Geruch weggeht. Ich möchte nicht, dass Sie gleich am ersten Tag von Leimdämpfen berauscht werden.«

Ich nickte und versuchte, mir meine Verlegenheit nicht anmerken zu lassen. »Das mach ich.«

Nachdem er gegangen war, holte ich tief Luft und sah mich in meinem neuen Zuhause um. Dieses Büro war größer als mein vorheriges im Unternehmen von Christians Familie. Und die Fenster auf der Rückseite boten eine gute Aussicht auf die Stadt. Alles in allem hatte ich das Gefühl, eine richtige Entscheidung getroffen zu haben. Vielleicht war an Kittys Ratschlag etwas dran, dass ich etwas für mein Glück tun musste …

Ich war in das Mitarbeiterhandbuch vertieft, als ich Schritte näher kommen hörte. Ich blickte auf, und dort stand Merrick, der jetzt komplett anders aussah als vorhin. Sein Haar war zurückgekämmt, noch nass von der Dusche, und die Spitzen, die sich beim Trocknen kräuseln würden, streiften den Kragen seines marineblauen Sakkos. Der Bartschatten war verschwunden und sein Gesicht glatt rasiert, was die gemeißelte Linie seines Kiefers noch betonte.

Gott, er war einfach zu gut aussehend.

Allerdings nur, bis er sprach …

»Wissen Sie, vielleicht ist der Klebstoffgeruch hier drinnen ja ganz hilfreich. Keiner wird etwas merken, falls Ihr Deo versagt.«

Ich warf ihm einen Blick zu. »Süß.«

»Das sagen alle Frauen über mich. Aber Sie sollten aufpassen. Sexuelle Belästigung verursacht Stress am Arbeitsplatz, wissen Sie.«

Ich schüttelte den Kopf. »Wie ich schon sagte, der Fisch stinkt meist vom Kopf her.«

Merrick deutete auf die Tür. »Wie wäre es, wenn Sie mich in meinem Büro analysieren, damit ich mich einrichten kann?«

Ich schnappte mir ein Notizbuch aus der Schublade und stand auf. »Wie Sie wollen.«

In seinem Büro schaltete er alle elektronischen Geräte ein, und während sie zum Leben erwachten, lehnte er sich in seinem Stuhl zurück. »Ich war mir nicht sicher, ob Sie den Job annehmen würden.«

»Ich habe eine Weile überlegt.«

»Was hat den Ausschlag gegeben?«

»Eigentlich etwas, das Kitty gesagt hat.«

»Ah … meine Großmutter. Die Frau kann sehr überzeugend sein.«

»Allerdings.« Ich legte den Kopf schief. »Haben Sie mich deshalb eingestellt? Wegen meiner Beziehung zu Kitty?«

Merrick schüttelte den Kopf. »Um ehrlich zu sein, wusste ich nicht, wer Sie sind, als Sie zu den Vorstellungsgesprächen hier waren. Nur dass Sie sich auf die Stelle beworben haben. Von Ihrer Beziehung zu Kitty habe ich erst im Nachhinein erfahren.«

»Dann haben Sie mich also eingestellt, weil ich die am wenigsten qualifizierte Bewerberin war?«

Er sah mich einen Moment lang an, dann richtete er sich auf und faltete die Hände auf dem Schreibtisch. »Ich habe Sie eingestellt, weil mein Bauchgefühl es mir geraten hat. Ich verlasse mich oft auf meinen Instinkt.«

Ich ließ das einen Moment sacken, dann nickte ich. »Okay. Danke.«

»Haben Sie noch Fragen dazu, warum Sie eingestellt wurden, oder sollen wir anfangen?«

Ich klappte das Notizheft auf und machte meinen Stift bereit. »Von mir aus gern. Können Sie mir als Erstes etwas dazu sagen, warum der Vorstand es für nötig hielt, einen Stresstherapeuten einzustellen? Das habe ich Sie schon bei unserem ersten Gespräch gefragt, aber Sie haben es nicht näher erläutert. Es wäre hilfreich, die Einzelheiten zu kennen.«

Merrick seufzte. »Wir wurden zivilrechtlich verklagt.«

»Weshalb?«

»Emotionale Belastung. Ich glaube, der juristische Begriff war *fahrlässige Erzeugung emotionaler Bedrängnis.*«

Ich machte mir ein paar Notizen. »Ist der Fall abgeschlossen, oder handelt es sich um ein laufendes Verfahren?«

»Mehrere Verfahren.«

Ich hob eine Augenbraue. »Wie viele?«

»Vier. Zwei haben wir gewonnen, in einem haben wir einen Vergleich geschlossen, weil es günstiger war als ein Gerichtsverfahren, und der letzte Fall befindet sich noch in einem frühen Stadium. Aber dieser Fall ist Blödsinn. Der Kerl ist einfach nur faul, aber er ist mit dem Mann befreundet, mit dem wir einen Vergleich geschlossen haben, und denkt, er könnte aus unserer Großzügigkeit ebenfalls Kapital schlagen.«

»Gibt es sonst noch etwas, das ich wissen sollte?«

»Ich sollte wohl auch erwähnen, dass es hier im Büro kürzlich eine kleine Schlägerei gab. Der Vorstand hat dies als ausschlaggebenden Faktor für die Anordnung genannt, jemanden einzustellen«.

»Klein? Also zwei Mitarbeiter?«

Merricks Lippen zuckten. »Acht. Aber es fing mit zweien an. Die anderen kamen dazu und haben Partei ergriffen.«

»Wissen Sie, worum es bei dem Streit ging?«

»Boni, wer die höhere Gewinnrate hatte, ob ein Geschäft eine gute Investition war oder nicht.« Er schüttelte den Kopf. »Irgendetwas ist immer, und der Ursprung ist immer Konkurrenzdenken. Die Leute auf der Etage verdienen alle gut. Die meisten von ihnen könnten mit dreißig in Rente gehen, wenn sie wollten. Es ist nicht das Geld, das sie antreibt, sie wollen der Beste sein.«

»Und was macht jemanden zum Besten? Ich meine nicht, wie man feststellt, wer der Beste war – das lässt sich anhand von Zahlen klären. Aber welche Qualitäten braucht man, um der beste Trader zu werden?«

Merrick nickte. »Das ist eine gute Frage. Intelligenz ist eine Voraussetzung. Die meisten Trader auf der Etage haben Ivy-League-Universitäten besucht und gehörten zu den Besten ihres Jahrgangs. Was zeichnet die Besten aus? Ich würde sagen, Nerven aus Stahl. Man muss in der Lage sein, den Lärm um sich herum auszublenden, an manchen Tagen den Kurs halten und an anderen ein Risiko eingehen, das einen alles kosten könnte. Kennen Sie das Sprichwort ›Hartes Ei oder weiche Kartoffel, beides wird im selben Wasser gekocht‹?« Er tippte sich mit den Fingern an die Brust. »Es geht darum, was in einem steckt, nicht um die Umstände.«

Ich lächelte. »Ich weiß, Sie waren dagegen, diese Stelle einzurichten. Das Zitat spricht allerdings eigentlich dafür, jemanden einzustellen, der die Mitarbeiter unterstützt, denn jeder geht anders mit Stress um.«

»Oder ich könnte einfach die weichen Kartoffeln feuern und die harten Eier behalten.«

Ich lachte. »Apropos, wie hoch ist Ihre Verbleibquote?«

»Die Finanzdienstleistungsbranche hat eine der höchsten Fluktuationsraten. Unsere liegt tendenziell etwas über dem Durchschnitt.«

»Was ist etwas?«

»Zehn bis fünfzehn Prozent. Es ist kein Zufall, dass auch unsere Gewinne überdurchschnittlich sind. Wir sind seit drei Jahren in Folge das leistungsstärkste Unternehmen, weil ich nur die Besten beschäftige.«

»Verstehe ich es richtig, dass Sie viele Leute entlassen?«

Merrick zuckte mit den Schultern. »Für gewöhnlich kündigen sie, wenn sie nicht mithalten können.«

Ich machte mir noch ein paar Notizen und nickte dann. »Okay. Und wie viele Stunden, würden Sie sagen, arbeiten Ihre Mitarbeiter im Durchschnitt?«

»Die meisten sind um sieben Uhr morgens da und gehen um sieben oder acht am Abend wieder, es sei denn, es ist etwas los.«

»Jeden Tag?«

»Wochentags, wenn der Markt offen ist.«

»Arbeiten sie auch am Wochenende?«

»Normalerweise. Aber nicht so wie unter der Woche. Die Analysten arbeiten an den Wochenenden, wenn es ruhig ist, mehr als die Trader. Die Trader arbeiten vielleicht den halben Samstag und verschwinden dann bis zum nächsten Abend. In der Regel kommen sie am Sonntagabend zurück, wenn die internationalen Märkte öffnen.«

»Also zwölf bis dreizehn Stunden am Tag, fünf Tage die Woche, und dann fünf bis sechs Stunden jeweils am Wochenende? Ist das richtig?«

Ich rechnete nach, während er darüber nachdachte und nickte.

»Also siebzig bis achtzig Stunden pro Woche wäre die Norm?«

Er zuckte mit den Schultern. »Ich denke schon.«

»Und Sie?«

»Ich?«

»Wie viele Stunden arbeiten Sie?«

»Ich bin immer der Erste und meist einer der Letzten, die gehen.«

»Darf ich Ihnen eine persönliche Frage stellen?«

»Das kommt auf die Frage an.«

»Sind Sie verheiratet?«

»Nein.«

»Waren Sie es jemals?«

Merrick schüttelte den Kopf. »Einmal verlobt. Nicht mehr.«

»Ist es nicht schwierig, eine Beziehung aufrechtzuerhalten, wenn man so viel arbeitet?«

»Die Scheidungsrate in diesem Land liegt bei einundfünfzig Prozent. Ich denke, die meisten Menschen finden es schwierig, eine Beziehung aufrechtzuerhalten, und die meisten von ihnen arbeiten von neun bis fünf. Aber, um Ihre Frage zu beantworten: Nein. Es ist nicht unmöglich, eine Beziehung zu haben. Beide Seiten müssen nur realistische Erwartungen haben, wie viel Zeit ihnen gemeinsam zur Verfügung steht.« Er lehnte sich vor. »Bei diesem Job geht es nur um Erwartungen. Man muss lernen, sie zu wecken und zu erfüllen. Der Job ist nicht einfach. Die zeitliche Belastung ist nicht für jeden etwas. Aber es ist eine Entscheidung. Und wenn man es nicht schafft? Dann geht man. Aber verklagen Sie mich nicht, wenn Sie gehen, weil Sie die Arbeit nicht geschafft haben.«

Ich tippte mit dem Stift in meiner Hand auf den Deckel des Notizbuchs, das ich vor zehn Minuten geschlossen hatte. »Sie denken also, die einzigen Leute, die etwas Hilfe im Umgang mit ihrem Stress brauchen, sind die Leute, die den Job nicht packen?«

»Ich glaube, das ist überwiegend der Fall, ja.«

Ich lächelte. »Ich glaube, wir haben die Wurzel des Problems gefunden.«

»Und vermutlich sind Sie immer noch der Ansicht, dass ich das bin? Nach … sind Sie schon eine Stunde hier?«

»Sie bestimmen in diesem Büro. Es muss schwierig sein, wenn nicht gar unmöglich, Ihren Ansprüchen gerecht zu werden. Das überträgt sich zwangsläufig auf allen Ebenen auf die Mitarbeiter.«

»Ich soll also meine Ansprüche senken, damit es angenehmer ist, hier zu arbeiten?« Er sah mir in die Augen. »Ich verbiege mich nicht. Die Leute müssen etwas erreichen.«

»Waren Sie jemals bei einem Therapeuten?«

Merrick lehnte sich in seinem Stuhl zurück. »Sie werden mich nicht therapieren, Ms Vaughn.«

»*Doktor* Vaughn. Und ich dachte, alle Angestellten müssten einmal im Monat eine Sitzung nehmen.«

»Ich bin kein Angestellter. Ich bin Inhaber der Firma. Und wenn Sie die Vorstandsprotokolle durchlesen, werden Sie sehen, dass ich ausdrücklich ausgeschlossen habe, dass sich Ihr Therapieauftrag auch auf mich bezieht.« Er schaltete die beiden Bildschirme auf seinem Schreibtisch ein und blickte auf seine Armbanduhr. »Wenn Sie keine weiteren Fragen haben, ich müsste jetzt anfangen.«

Ich nickte und stand auf. »Danke für Ihre Zeit.« Doch als ich die Tür erreichte, richtete Merrick erneut das Wort an mich.

»Evie?«

Ich drehte mich um. »Endlich nennt er mich Evie und nicht Ms Vaughn …«

Seine Mundwinkel zuckten. »Ich wollte nur sagen, dass ich zwar eigensinnig bin, aber auch zugeben kann, wenn ich mich geirrt habe … und das habe ich. Ich hätte Sie nicht einstellen sollen.«

Ich machte ein langes Gesicht.

»Ich wollte jemanden Inkompetentes einstellen, um zu beweisen, dass ich recht hatte. Aber ich weiß jetzt schon, dass Sie nicht inkompetent sind.«

»Ich glaube, da war irgendwo ein Kompliment vergraben, ist das möglich?«

Merrick schien ein Lächeln zu unterdrücken, aber es gelang ihm nicht, er schüttelte den Kopf und wandte sich seinen Monitoren zu. »Versuchen Sie, meine Truppen an Ihrem ersten Tag nicht zu sehr aufzuweichen.«

7. Kapitel

Merrick

Es war schon fast acht, als ich Feierabend machte. Auf dem Weg nach draußen nahm ich die Treppe in das untere Stockwerk, um ein Paket in der Poststelle abzugeben. Die Flurbeleuchtung wurde auf beiden Etagen über Bewegungsmelder gesteuert, sodass die meisten Flure dunkel waren. Der Großteil der Mitarbeiter war bereits gegangen. Doch als ich nach links abbog, bemerkte ich Licht in einem ansonsten dunklen Flur zu meiner Rechten. Es sah aus, als könnte es Evies Büro sein, also machte ich einen Schlenker und ging bei ihr vorbei.

Sie telefonierte gerade mit ihrem Handy, lächelte aber und hob einen Finger, als ich stehen blieb.

»Dave, hm? Was steckt dahinter?«, sagte sie ins Telefon. Während sie zuhörte, wuchs Evies Lächeln. Ihre Augen funkelten. »O mein Gott.« Sie lachte und schlug sich eine Hand vor den Mund. »Das ist saukomisch. Und du hast recht, es ist gut, diese Information in der Hinterhand zu haben.« Nach einer weiteren Minute sagte sie: »Ich muss Schluss machen. Mein Chef ist gerade gekommen. Aber danke, dass du angerufen hast.« Sie lachte erneut, bevor sie sich verabschiedete und das Handy auf den Schreibtisch warf.

»Das klang interessant«, sagte ich.

Sie grinste. »Oh, das war es. Das war Kitty.«

Ich brauchte ein paar Sekunden, um das Gespräch zurückzuverfolgen, aber dann wurde mir klar, worüber sie gesprochen hatten. *Dave.* Ich schloss die Augen und ließ den Kopf hängen. »*Verdammt.*«

Evie lachte. »Ich habe noch nie gehört, dass jemand Angst vor Dave Thomas hat. Was hat der Kerl denn sonst noch gemacht, außer Wendy's zu gründen?«

»Ich werde meine verdammte Großmutter umbringen.«

Sie lächelte. »Im Ernst. Warum hatten Sie als kleiner Junge Angst vor ihm?«

»Ich habe keine verdammte Ahnung. Ich habe ihn einmal in einem Werbespot gesehen, und er sah für mich wohl irgendwie unheimlich aus. Ich war gerade mal drei Jahre alt. Meine Schwester machte es noch schlimmer. Sie drohte mir, ihn anzurufen, wenn ich nicht täte, was sie sagte. Warum musste Kitty Ihnen diesen Quatsch erzählen?«

»Sie hat angerufen, um zu fragen, wie mein erster Tag gelaufen ist. Sie sagte, so wie sie Sie kennt, könnte ich sicher ein paar Tipps gebrauchen, wie ich Sie unter Kontrolle halte.«

»Tipps? Mehrzahl? Das heißt, Dave war nicht das Einzige, was sie ausgeplaudert hat?«

»Der Rest war auch nicht schlecht.«

»Erzählen Sie.«

»Sie hat gesagt, wenn ich mich bei Ihnen durchsetzen will, soll ich irgendwas mit Erdnussbutter backen – Kekse, Kuchen, Brownies …«

»Wenn Sie einen Erdnussbutterkuchen wie Kitty backen können, könnte es hier vielleicht doch mit Ihnen klappen.« In der Tasche klingelte mein Handy, und ich holte es heraus, um nachzusehen, ob es wichtig war. Kopfschüttelnd zeigte ich ihr das Display, auf dem Kittys Name aufleuchtete. »Ich habe nur das Ende Ihres Gesprächs gehört. Bekomme ich jetzt eine Rüge für etwas, das Sie ihr erzählt haben?«

»Nein. Ich habe ihr gesagt, dass Sie ganz reizend waren.« Sie zwinkerte. »Im Grunde habe ich gelogen.«

Ich setzte eine finstere Miene auf und nahm das Gespräch an, ohne mich von der Tür wegzubewegen. »Hallo, liebste Großmutter.«

»Was hast du zu Abend gegessen?«

»Zu Abend? Nichts. Ich habe noch nichts gegessen.«

»Gut. Meine Everly auch nicht. Sie ist immer noch im Büro, also geh mit ihr einen Happen essen. Und sei nett. Du hast es ihr nicht leicht gemacht, das weiß ich. Auch wenn sie dich deckt.«

Ich sah auf und begegnete Evies Blick. »Woher weißt du, dass sie lügt, wenn sie sagt, dass ich nett bin?«

»Sie hat übertrieben und dich reizend genannt. Wir wissen beide, dass das totaler Quatsch ist. Also, machst du das jetzt für mich oder nicht?«

»Hast du nicht einen Cousin vierzehnten Grades, den du nerven kannst?«

»Ja, und wenn du noch länger in diesem Ton mit mir sprichst, könnte ich ihn in mein Testament aufnehmen. Ach, und wenn ihr beim Essen seid, nenn Everly den Namen eines knallharten Anwalts. Sie braucht einen.«

»Bis dann, Grams.«

»Bis dann, du Dussel.«

Sie legte auf, ich nahm kopfschüttelnd das Telefon vom Ohr. »Werden Menschen im Alter nicht angeblich milder?«

»Nicht Kitty, und sie würde Sie fertigmachen, wenn sie gehört hätte, dass Sie sie als alt bezeichnet haben.«

Ich lächelte und steckte mein Handy zurück in die Tasche. »Wie war Ihr erster Tag?«

»Gut. Ich glaube, ich habe eine Menge geschafft. Ich bin herumgegangen und habe alle kennengelernt, habe angefangen, die Mitarbeiterakten zu lesen, und meine ersten Termine vereinbart.«

»Gut.« Ich nickte und deutete mit dem Daumen hinter mich. »Ich sollte jetzt gehen. Machen Sie nicht zu lange.«

»Mach ich nicht. Ich habe gerade aufgeräumt, um zu gehen.«

»Bis morgen.« Ich drehte mich um, aber Evies Stimme hielt mich nach dem ersten Schritt auf.

»Außerdem werde ich Kitty sagen, dass Sie nicht mit mir einen Happen essen gegangen sind.«

Ich blinzelte. »Das haben Sie gehört?«

Evie zuckte mit den Schultern. »Kitty redet laut am Telefon.«

»Wollen Sie ein Essen von mir erpressen?«

Sie öffnete eine Schublade, zog ihr Portemonnaie heraus und klappte ihren Laptop zu. »Ich sterbe vor Hunger und bin pleite. Außerdem habe ich Fragen zur Hierarchie hier in der Firma und zur Vergütungsstruktur. Ich würde gern verstehen, woher der unterschiedliche Druck kommt.«

»Was, wenn ich sage, dass es nicht angemessen ist, dass wir zusammen zu Abend essen?«

Sie rollte mit den Augen. »Sie haben mich im BH gesehen und mir gesagt, Sie hätten mich eingestellt, weil ich am wenigsten qualifiziert sei. Außerdem ist dies ein Geschäftsessen, kein Vergnügen. Sie sind nicht mein Typ.«

Seltsamerweise kränkte mich das. »Warum nicht?«

»Weil Sie einen Penis haben. Zumindest nehme ich das an. Und ich habe Ihresgleichen noch nicht alles Unrecht verziehen, das sie verursacht haben.«

Ich konnte mir ein Lächeln nicht verkneifen. »Gut. Sie sind auch nicht mein Typ.«

Sie klimperte mit den Wimpern. »Stehen Sie nicht auf heiße Frauen, die total verrückt sind?«

Ich grinste. »Eindeutig nicht.«

»Perfekt. Dann gehen wir.« Sie zeigte ein hämisches Lächeln und bewegte sich auf die Tür zu. Ich machte einen Schritt zur Seite, um sie zuerst durchzulassen, doch sie blieb vor mir stehen. »Wenn Sie zu Wendy's gehen wollen, lade ich Sie ein.«

»Los jetzt, Klugscheißer.«

»Was hat Sie nach Ihrem Schulabschluss im Süden nach New York geführt?«, fragte ich, nachdem der Kellner unsere Getränke gebracht hatte.

Evie zuckte mit den Schultern. »Mein Ex-Verlobter – na ja, sozusagen. Christian und ich haben uns beim Studium an der Emory kennengelernt. Ich habe mich für mein Promotions-Praktikum in New York beworben, weil er zurückziehen und für das Unternehmen seiner Familie arbeiten wollte, das seinen Sitz in Midtown hat. Meine Schwester lebt auch hier oben, darum hat es damals gut gepasst.«

»Ist sie noch hier?«

Evie nickte. »Sie und ihr Mann wohnen in Morningside Heights. Aber als Kinder haben wir ein paar Jahre in New York gelebt. Meine Mutter ist mit uns ziemlich oft umgezogen. Vor meinem dreizehnten Lebensjahr habe ich in elf verschiedenen Staaten gewohnt.«

»Wow. Ist sie aus beruflichen Gründen umgezogen?«

Sie schüttelte den Kopf. »Nein, normalerweise sind wir umgezogen, wenn meine Mutter meinen Vater verlassen hat, was alle paar Monate der Fall war.«

Ich zog die Brauen zusammen. »Haben sie sich nicht gut verstanden?«

»Oh, sorry. Ich dachte, das wüssten Sie, weil Kitty und meine Großmutter sich so nah standen. Kitty war diejenige, die meine Mutter schließlich dazu gebracht hat, meinen Vater endgültig zu verlassen. Vor fast dreißig Jahren suchte meine Mutter zum ersten Mal Schutz in Kittys Frauenhaus. Mein Vater war gewalttätig. Meine Großmutter wusste nicht, was damals vor sich ging. Meine Mutter verheimlichte es vor allen, bis Kitty sie ermutigte, mit ihrer Familie zu sprechen. Nachdem sie das getan hatte, kam meine Großmutter ins Frauenhaus, um meine Mutter abzuholen, und sie und Kitty verstanden sich auf Anhieb. Sie wurden Freundinnen, und ein oder zwei Jahre später stand das Haus neben Kitty zum Verkauf. Meine Großmutter war auf der Suche nach einem Haus, und so kaufte sie es. Von da an waren die beiden unzertrennlich.«

Shit. Evies Mutter war eine der Frauen aus dem Frauenhaus, das meine Großmutter fast ihr ganzes Leben lang geleitet hatte? »Ich wusste, dass Ihre Großmutter Kittys Nachbarin und enge Freundin war, aber sie hat nie erwähnt, dass Ihre Mutter …«

Evie lächelte traurig. »Misshandelt wurde. Es ist in Ordnung, es auszusprechen. Das gehört zu den Dingen, die Kitty mir beigebracht hat, als ich während der Promotion neben ihr gewohnt habe. Es ist nichts, wofür ich mich schäme. Kitty hat mir klargemacht, je mehr Menschen offen über häusliche Gewalt sprechen, desto weniger Opfer haben das Gefühl, dass sie es verheimlichen müssen. Jedenfalls wohnten wir, als ich zehn war, etwa neun Monate lang bei meiner Großmutter. Sie hatte jahrelang versucht, meine Mutter dazu zu bewegen, meinen Vater zu verlassen, aber Kitty war diejenige, die schließlich zu ihr durchdrang. Dieser Sommer gehört zu meinen schönsten Kindheitserinnerungen, und als ich bei einigen Promotionsprogrammen angenommen worden war, entschied ich mich für das Emory College, um bei meiner Großmutter wohnen zu können. In meinem dritten Jahr wurde bei ihr ein aggressiver metastasierender Krebs diagnostiziert, an dem sie nur wenige Monate später starb. Ihre Großmutter und ich waren immer befreundet, aber danach sind wir uns sehr nahegekommen.«

Ich nickte. »Sie hat in den letzten Jahren oft von Ihnen gesprochen. Aber sie nennt Sie Everly, also habe ich nicht den Bezug hergestellt, als ich ein Vorstellungsgespräch mit Evie hatte.«

Sie nippte grinsend an ihrem Wein. »Vielleicht wären Sie etwas netter gewesen, wenn Sie das gewusst hätten.«

»Oder vielleicht, wenn wir uns nicht begegnet wären, als Sie in der Herrenumkleide an Ihrer Achselhöhle gerochen haben …« Ich unterdrückte ein Lächeln.

»Ich hatte nie Gelegenheit, das zu erklären. Mir war eine Kirsche auf meine Bluse gefallen, sie hatte einen Fleck, dann steckte ich zwei Stunden lang in einer heißen Subway fest und musste mir schnell eine neue Bluse kaufen. Als ich mich umzog, fiel mir auf, dass ich mich etwas frisch machen sollte, aber ich hatte nur ein Erfrischungstuch dabei. Als Sie hereinkamen, wollte ich feststellen, ob sich der Zitronenduft auf meine Haut übertragen hat.«

»Erstens: Sie haben die Tür nicht verschlossen. Und zweitens waren Sie in der Herrenumkleide.«

Sie machte eine wegwerfende Handbewegung. »Unwichtig. Trotzdem haben Sie sich auf meine Kosten amüsiert. Sie haben mich zappeln lassen, während ich mich gefragt habe, ob Sie mich erkannt haben oder nicht.«

»Es war nicht gerade einer meiner besten Momente. Wir

hatten wohl beide einen schlechten Tag. Zu meiner Verteidigung muss ich sagen, dass ich am Abend zuvor in einer Sitzung versucht hatte, dem Vorstand auszureden, mir diese Stelle aufzuzwingen. Dort wurde ich dann darüber informiert, dass uns gerade morgens eine weitere Klage zugestellt worden war. Jede Chance, die Dinge in meinem Sinne zu beeinflussen, hatte sich damit natürlich erledigt.«

»Wie wäre es, wenn wir einen Deal machen? Sie erwähnen nicht mehr, was Sie in der Umkleide gesehen haben, und ich werde Dave Thomas nicht mehr erwähnen?« Sie streckte ihre Hand aus. »So eine Art Neuanfang.«

Ich lächelte und griff über den Tisch, wobei mir das Gefühl ihrer zierlichen Hand in meiner etwas zu sehr gefiel. »Abgemacht.«

Evie schob sich eine Haarsträhne hinters Ohr, wodurch ihr schlanker Hals zum Vorschein kam. Sofort stellte sich mein verdorbenes Gehirn vor, wie ich über ihre glatte Haut leckte. Ich musste mich zwingen, woanders hinzusehen, und räusperte mich. »Übrigens sagte meine Großmutter, ich sollte Ihnen den Namen eines knallharten Anwalts geben. Brauchen Sie tatsächlich einen?«

Sie seufzte. »Ja, tatsächlich.«

»Was für einen Anwalt?«

»Um mich in einem Zivilprozess zu vertreten. Mein Ex verklagt mich.«

»Will er den Verlobungsring zurückhaben?«

»Nein, den habe ich zurückgegeben. Vielmehr habe ich ihn ihm vor die Füße geworfen. Aber er behauptet, ich hätte mit meinem Handeln seinem Ruf geschadet.«

»Etwa mit dem Video von der Hochzeit?«

Evie runzelte die Stirn. »Haben Sie es gesehen?«

Ich wollte nicht zugeben, dass ich es in letzter Zeit gleich mehrmals gesehen hatte. Also zuckte ich mit den Schultern. »Ich habe hier und da mal Ausschnitte davon gesehen.«

Sie atmete tief ein und aus. »Okay, tja, das macht es irgendwie einfacher. Zumindest muss ich weniger erklären. Mein Ex, Christian, und seine Familie verklagen mich wegen Betrugs und Verleumdung. Er behauptet, ich hätte von der Affäre schon länger gewusst und in betrügerischer Absicht unnötig Rechnungen für die Hochzeit verursacht. Er behauptet auch, dass ich seinen Ruf geschädigt habe, als das Video im Internet auftauchte.«

»Wie lange wussten Sie schon von der Affäre?«

»Zwölf Stunden vielleicht? Ich habe es am Abend vor der Hochzeit erfahren. Wir hatten in dem Hotel eingecheckt, in dem unsere Feier stattfinden sollte. Bei unserer Verlobung hatte Christians Vater ihm eine Geldklammer geschenkt, die er wiederum von seiner Mutter zu ihrer Hochzeit erhalten hatte. Sie war mit dem Hochzeitsdatum und einer liebevollen Botschaft graviert. Ich hatte sie heimlich aus seiner Schublade genommen und unser Hochzeitsdatum und eine Notiz unter den Namen und der Botschaft seiner Eltern eingravieren lassen. Ich dachte, es könnte ein schönes Familienerbstück werden. Etwas, das über Generationen weitergegeben wird und dem immer neue Daten hinzugefügt werden. Jedenfalls wollte ich seine Reaktion bei der Übergabe filmen, darum hatte ich eine Kamera in der Flitterwochensuite aufgestellt und Christian gesagt, er solle mich dort treffen. Aber während ich auf ihn wartete, rief meine Schwester an, um mir mitzuteilen, dass ein Taxifahrer gerade über den Bordstein und ihrem Mann über den Fuß gefahren war. Ich machte mich auf den Weg ins Krankenhaus, um ein paar Stunden bei ihr zu sein, und vergaß darüber ganz die Kamera und die Aufzeichnung. Als ich später am Abend zurückkam, gab ich Christian die Geldklammer, danach verabschiedeten wir uns für die Nacht, da wir in getrennten Zimmern schliefen – der Bräutigam darf die Braut vor der Hochzeit nicht sehen, das bringt bekanntlich Unglück.« Evie rollte mit den Augen. »Als ob es noch schlimmer hätte kommen können. Auf jeden Fall hatte ich die Kamera ganz vergessen, bis er weg war. Ich dachte, sie hätte wahrscheinlich schon vor Stunden aufgehört aufzuzeichnen, aber ich sah trotzdem nach und erlebte die Überraschung meines Lebens: Christian beim Sex mit meiner besten Freundin und Trauzeugin Mia.«

»Meine Güte.« Ich schüttelte den Kopf. »Und bis zu dem Punkt hatten Sie keine Ahnung, dass zwischen ihnen etwas lief?«

»Nein. Nun, damals nicht, aber im Nachhinein gab es einige Hinweise, die mir entgangen waren. Zum Beispiel tauchte Mias Name einmal auf seinem Handy auf, und in der Nachricht stand etwas von einem Treffen. Aber als ich Christian darauf ansprach, sagte er, ich solle nicht so neugierig sein, sonst würde ich noch die Überraschung für meine Brautparty verderben. Ein anderes Mal fand ich Mias Handy zwischen den Kissen unserer Couch, und sie war schon seit ein paar Wochen nicht mehr da gewesen. Sie sagte, sie müsse es bei ihrem letzten Besuch verloren haben und habe schon überall danach gesucht. Aber ich fand es seltsam, dass sie es nie erwähnt hatte, wenn es direkt nach ihrem Besuch bei mir verschwunden war. Wir hängen alle dermaßen an unseren Handys, und ein neues kostet ungefähr tausend Dollar.« Sie seufzte und runzelte die Stirn. »Aber nicht in einer Million Jahren hätte ich gedacht, dass die beiden mir das antun würden. Selbst nachdem ich das Video gefunden hatte, wollte ich es nicht gleich glauben. Ich hielt es zuerst für einen Scherz.«

»Der Kerl hat ganz schön Nerven, Sie zu verklagen, nach dem, was er getan hat. Selbst wenn Sie davon gewusst und die Sache nicht abgeblasen hätten, damit er auf den Kosten sitzen bleibt, hat er es verdammt noch mal verdient. Und wie kann er Sie wegen Verleumdung verklagen? Die Verteidigung gegen eine solche Klage ist die Wahrheit.«

Sie lächelte halbherzig. »Ich glaube, er will sich rächen, weil ich ihn öffentlich gedemütigt habe. Seine Familie verfügt über einen Stab von Hausanwälten, für ihn entstehen also keine Kosten. Aber ich bin sicher, mich wird es ein Vermögen kosten, das ich nicht habe. Das Ironische daran ist, dass ich nicht einmal eine große, teure Hochzeit wollte. Christian und seine Familie wollten das. Es standen mehr von ihren Geschäftspartnern auf der Gästeliste als Freunde und Familie von mir.«

»Tut mir leid. Das ist übel. Aber ich kann Ihnen einen guten Anwalt empfehlen, und er schuldet mir noch ein oder zwei Gefallen. Ich werde ihn morgen anrufen und sehen, was er tun kann.«

»Danke. Das wüsste ich sehr zu schätzen.«

Ich nickte. »Kein Problem.«

Die Kellnerin brachte unser Essen. Ich hatte den Lachs bestellt, Evie die Hähnchen Piccata. Sie leckte sich über die Lippen und blickte auf meinen Teller. »Ihrs sieht gut aus. Teilen Sie?«

Ich schüttelte lachend den Kopf. »Klar. Möchten Sie sonst noch etwas?«

Evie griff nach meinem Teller. Sie lächelte, während sie ein Stück von meinem Lachs abschnitt und es durch ein Stück von ihrem Hähnchen ersetzte. »Ehrlich gesagt, schon.«

»Warum bin ich nicht überrascht …«

»Ach, halten Sie die Luft an. Ich möchte Ihnen nur ein paar Fragen zum Büro stellen.«

Ich nahm meinen Teller zurück. »Was wollen Sie wissen?«

In der nächsten halben Stunde löcherte sie mich mit Fragen über den Aktienhandel, vor allem über den Ablauf der Geschäfte und wozu meine Angestellten befugt und nicht befugt waren. Sie schien ein ziemlich gutes Verständnis für viele Fachbegriffe der Branche zu haben.

»Sie haben keine Erfahrung in einem Finanzmaklerbüro«, sagte ich. »Trotzdem scheinen Sie die Prozesse ziemlich gut zu verstehen.«

»Als mir die Stelle angeboten wurde, habe ich einen Haufen Bücher gelesen.«

Ich nickte. »Möchten Sie sonst noch etwas wissen?«

»Eigentlich …« Sie trommelte mit den Fingern auf den Tisch. »Als ich mich über Ihr Unternehmen informiert habe, bin ich auf einen alten Artikel gestoßen, aus dem Gründungsjahr. Darin hieß es, Sie hätten einen Teilhaber. Aber ich habe die letzten Prospekte gelesen, und der Name ist aus dem Aktionärsbereich verschwunden. Amelia … Evans, glaube ich?«

Ich wandte den Blick ab. »Das ist richtig.«

»Was ist mit ihr passiert?«

Ich sah mich nach der Kellnerin um. Als ich ihre Aufmerksamkeit hatte, winkte ich sie heran und wandte mich wieder Evie zu. »Ich glaube nicht, dass das für die Aufgabe relevant ist, für die Sie eingestellt wurden.« Als die Kellnerin kam, verlangte ich die Rechnung.

Sie holte eine Ledermappe aus ihrer Schürzentasche und legte sie auf den Tisch. »Ich bin jederzeit bereit, wenn Sie wollen.«

»Ich würde gern jetzt zahlen.« Ich holte meine Brieftasche heraus und steckte eine Kreditkarte in die dafür vorgesehene Tasche, dann reichte ich ihr die Mappe zurück.

»Okay. Ich bin gleich wieder da.«

Evie wartete, bis die Kellnerin verschwunden war, dann knüpfte sie sofort wieder dort an, wo wir aufgehört hatten. »Ich frage, weil ein Wechsel in der Geschäftsführung oft große Auswirkungen auf die Mitarbeiter hat.«

»Wenn überhaupt, dann hat Amelias Weggang Stress reduziert, nicht verstärkt. Sie leitete die IPO-Abteilung, die Unternehmen an der Börse einführt. Diese Art von Geschäften ist mit einer Menge Risiken verbunden. Das machen wir jetzt nicht mehr.«

»Ah … okay. Wie lange ist es her, dass sie die Firma verlassen hat?«

»Drei Jahre.«

»Ist jemand von den Angestellten mit ihr weggegangen?«

Ich schüttelte den Kopf. »Nein.«

»War die Trennung einvernehmlich? Hat sie ihre eigene Firma gegründet?«

Die Kellnerin kam mit der Kreditkartenquittung zurück, und ich unterschrieb sie. Als ich aufblickte, wartete Evie immer noch auf eine Antwort. Also gab ich ihr eine.

»Es gab keine Trennung. Amelia Evans ist gestorben.«

8. Kapitel

Merrick

Vor neun Jahren

»Wer springt heute Abend für Decker ein?« Ich riss die Budweiser-Pappe auf und beugte mich vor, um den Mini-Kühlschrank zu füllen – der im Wohnzimmer neben dem Kartentisch stand, weil wir alle zu faul waren, aufzustehen und die zehn Stufen zur Küche hinaufzugehen.

»Jemand aus meinem Statistikkurs«, sagte Travis. »Sie heißt Amelia. Wenn sie spielen darf, lässt sie mich am Dienstag bei der Zwischenprüfung abschreiben.«

Ich riss den Kopf herum. »Sie? Du hast ein Mädchen eingeladen, mit uns Karten zu spielen?«

Travis zuckte mit den Schultern. »Ich muss diesen verdammten Test bestehen. Außerdem haben wir keine Regel aufgestellt, dass Mädchen nicht mitspielen dürfen.«

Vielleicht nicht. Aber wir vier spielten seit dem ersten Studienjahr einmal pro Woche zusammen Karten. Dreieinhalb Jahre lang war es ein Männerabend gewesen. Wenn einer von uns nicht konnte, fanden wir einen Ersatzspieler. Bis heute war das immer ein Mann gewesen. Einer von uns vieren machte dieses Semester ein Auslandssemester, also hatten wir abwechselnd jede Woche einen Ersatz besorgt. »Wir haben wohl nie eine Regel gebraucht, weil wir uns alle stillschweigend einig waren.«

Unser Freund Will Silver kam herein und stellte eine Flasche Jack in die Mitte des Kartentischs.

»Hey, Will«, sagte ich. »Wie kommt es, dass du nie ein Mädchen eingeladen hast, mit uns Karten zu spielen?«

»Keine Ahnung.« Er zuckte mit den Schultern. »Es ist ein Männerabend.«

Ich sah zu Trav. »Siehst du?«

Er machte eine wegwerfende Handbewegung. »Hör auf zu meckern. Wahrscheinlich ist sie eine miese Spielerin, und du kannst etwas leicht verdientes Geld mit nach Hause nehmen. Du solltest mir dankbar sein.«

Will zeigte auf das Bier, das ich gerade in den Kühlschrank stellte. »Wirf mal eins rüber.«

»Die sind warm. Die kalten sind in der Küche.«

»Hast du in den letzten drei Jahren aufgepasst? Es ist mir scheißegal, ob es kalt ist. Gib mir einfach eins.«

Ich warf ihm ein warmes Bier zu.

Will öffnete die Dose mit einem lauten Zischen. »Hat sie wenigstens gute Titten?«

»Ja. Sie hat tolle Titten«, sagte eine unerwartete Stimme hinter uns. »Und wie ist dein Schwanz so?«

Alle drei drehten wir der Frau die Köpfe zu, und im Raum wurde es still. Ich hob mein Bier an die Lippen und stellte fest, dass sie nicht gelogen hatte – ihre Titten waren ziemlich groß. Aber im Gegensatz zu Will war ich klug genug, meine Gedanken für mich zu behalten.

Die Frau hob eine Augenbraue. »Und?«

Sie wartete tatsächlich auf eine Information über Wills

Schwanz. Ich deutete mit meinem Bier auf sein Gemächt. »Sein Schwanz ist ziemlich traurig.«

»Fuck off«, sagte Will. »Ich habe einen Blut-, keinen Fleischpenis.«

Die Frau sah mich an, und ich bemerkte den Anflug eines Lächelns in ihren Mundwinkeln und funkelnden Augen. Sie legte den Kopf schief. »Und wie ist dein Schwanz?«

Ich zuckte mit den Schultern. »Spektakulär. Willst du ihn sehen?«

Ihr Lächeln verstärkte sich. »Vielleicht später. Erst knöpfe ich dir dein ganzes Geld ab.«

Ich hätte dieser Frau auf der Stelle meine Brieftasche gegeben, wenn das alles gewesen wäre, was nötig war. Sie hatte feuerrotes Haar, blasse Haut und Sommersprossen auf der kleinen, kecken Nase. Ganz zu schweigen von dem grünen Tank-Top, das sie trug und das es unmöglich machte, nicht zu starren.

»Klingt nach einem guten Plan«, sagte ich. »Nur bin ich mir ziemlich sicher, dass ich derjenige bin, der heute Abend kassiert.«

Sie grinste. »Wollen wir wetten?«

»Du willst wetten, dass du heute Abend die große Gewinnerin bist, obwohl wir noch nicht einmal die ersten Karten ausgeteilt haben?«

»Ja.«

»Solltest du nicht wenigstens abwarten, wie die Leute spielen, gegen die du antrittst?«

»Nein. Wenn wir so lange warten, lässt du dich nicht auf die Wette ein …«

»Weil du so gut bist?«

Sie rollte mit den Augen. »Haben wir eine Wette oder nicht?«

»Klar. Warum nicht? Um wie viel wetten wir?«

»Hundert Mäuse?«

Meine Freunde pfiffen. Wir spielten jeder nur mit fünfzig Dollar, manchmal weniger, wenn einer pleite war. Aber ich arbeitete und hatte genug Geld. Außerdem kam ich nur auf eine Handvoll Nächte, in denen ich groß verloren hatte. Meistens gewann ich. Ich war gut im Kartenspielen, weil es dabei im Wesentlichen um Zahlen ging. Und mit Zahlen war ich sogar noch besser. Aber ich wollte ihr Geld nicht.

Ich rieb mir mit dem Daumen über die Unterlippe. »Ich gebe dir den Hunderter, wenn du gewinnst. Aber wenn ich gewinne, will ich einen Kuss.«

Amelias Augen funkelten. »Abgemacht. Spielen wir.«

Zwei Stunden später lehnte ich mich in meinem Stuhl zurück und fuhr mir mit der Hand durchs Haar. Travis und Will hatten ihre Karten auf den Tisch geworfen und waren nach draußen gegangen, um einen Joint zu rauchen. »Wie zum Teufel hast du gelernt, so zu spielen?«, fragte ich.

Wir hatten Texas Hold'em, Five-Card Draw, Crazy Eights und sogar Sevens Take All gespielt, und Amelia hatte fast jedes einzelne Blatt gewonnen.

Sie beugte sich vor, um den letzten Rest des Marihuanas auf ihre Seite des Tisches zu harken. »Mein Vater hat gern gespielt. Er hat mir das Kartenzählen beigebracht, als ich vier Jahre alt war, und ich kann gut Menschen lesen.«

»Du zählst Karten? Das ist Betrug.«

»Nein, ist es nicht. Man nutzt sein Gehirn, um sich einen Vorteil zu verschaffen. Betrug ist, wenn man ein paar Asse unter dem Tisch versteckt und sich selbst ein Siegerblatt austeilt. Oder wenn man einem anderen Spieler in die Karten sieht.«

»Aber du hast nicht erwähnt, dass du Karten zählen kannst, bevor wir angefangen haben.«

Sie zuckte mit den Schultern. »Ich habe dir gesagt, dass ich gut im Kartenspielen bin und dir dein Geld abknöpfen würde. Du hast mir nicht geglaubt.« Amelia streckte mir die Hand hin, mit der Handfläche nach oben. »Übrigens, ich nehme meine hundert Dollar jetzt.«

Kopfschüttelnd kramte ich in meiner Hosentasche. »Ich sollte wenigstens den Kuss bekommen, wenn du mich schon gefickt hast.«

»Du hast ihn dir nicht verdient.«

Ich zählte fünf Zwanziger ab und hielt sie ihr hin. Aber als sie versuchte, sie zu nehmen, ließ ich sie nicht los. Ihr Blick glitt von den Scheinen zu meinen Augen.

»Ich will ihn mir auf andere Weise verdienen«, sagte ich. »Gehst du mit mir aus?«

Sie riss mir die Scheine aus der Hand und steckte sie in die Tasche ihrer Jeans. »Nein danke.«

»Warum nicht?«

»Das wäre zu einfach für dich.« Sie nahm ihre Handtasche und streifte den Gurt über ihren Kopf, sodass er schräg über ihrem Körper lag. »Aber ich gebe dir einen Trostpreis.«

»Und was wäre das?«

»Du darfst zusehen, wie ich rausgehe.« Sie drehte sich um und stolzierte auf die Tür zu, wobei sie über die Schulter zurückrief. »Mein Arsch ist noch besser als meine Titten.«

Sie hatte nicht unrecht. Aber ich war immer noch total verwirrt über das, was heute Abend passiert war. »Warte. Was muss ich tun, damit du mit mir ausgehst?«

Sie blieb mit der Hand an der Tür stehen, drehte sich aber nicht um. »Wenn ich dir das sagen würde, wäre es doch ein Kinderspiel, oder? Gute Nacht, Merrick.«

9. Kapitel

Evie

»Andrea!«

Das Gebrüll drang aus Merricks geschlossenem Büro.

Ich war gerade nach oben gekommen, um mit seiner Assistentin einen Termin zu vereinbaren, aber Andrea saß nicht an ihrem Schreibtisch. Ich blickte mich um, aber sie war nirgends zu sehen. Also ging ich zu seinem Büro und winkte, damit er mich sehen konnte, bevor ich den Kopf durch die Tür steckte.

Zwei Personen stritten sich lautstark über die Freisprecheinrichtung auf seinem Schreibtisch. Merrick winkte mich dennoch herein und drückte eine Taste, von der ich annahm, dass sie ihn auf stumm schaltete.

»Tut mir leid, wie ich sehe, sind Sie gerade in einer Telefonkonferenz«, sagte ich. »Ich habe gehört, wie Sie nach Andrea gerufen haben, und wollte Ihnen nur sagen, dass sie nicht an ihrem Platz ist. Ich wollte selbst gerade mit ihr sprechen.«

»Mist.«

»Was ist denn los?«

»Das Gespräch, das ich führe, war in meinem Kalender für heute Mittag eingetragen, nicht für acht Uhr morgens. Ich glaube, sie hat zwei Kunden vertauscht, als sie die Termine eingetragen hat.«

»Oh. Brauchen Sie etwas?«

»Andrea muss nach oben in meine Wohnung laufen und eine Akte mit den Berichten für diesen Anruf holen.«

»Das kann ich doch machen.«

Er zögerte. »Sind Sie sicher, dass sie nicht in der Nähe ist?«

Ich blickte mich um. »Ich sehe sie nirgends. Aber ich kann im Pausenraum nachsehen, und wenn ich sie nicht finde, hole ich Ihnen die Akte.«

»Macht Ihnen das nichts aus?«

»Überhaupt nicht. Ich helfe gern.«

Merrick nickte. »Wenn Sie Andrea nicht finden, die Akte ist auf dem Wohnzimmertisch. Ein Teil des Inhalts liegt wahrscheinlich daneben, schnappen Sie sich einfach, was Sie sehen.« Er zog einen Schlüsselbund hervor. »Oberster Stock, Wohnung zwei.«

»Okay. Bin gleich wieder da.«

Ich sah schnell im Pausenraum und in der Damentoilette nach, aber von seiner Assistentin war keine Spur zu sehen. Also ging ich zum Aufzug und drückte den Knopf für die oberste Etage auf der Tafel.

Oben angekommen stellte ich fest, dass Wohnung zwei eigentlich Penthouse zwei war. Als ich eintrat, staunte ich mit offenem Mund. Merricks Wohnung war riesig, mit einem offenen Grundriss, der sich von der Gourmetküche bis zum Wohn- und Esszimmer erstreckte und nur durch ein paar Stufen getrennt war. Ich machte mich auf den Weg dorthin, wo seinen Angaben zufolge die Akte lag, und warf im Vorbeigehen einen sehnsüchtigen Blick auf die Küche aus Edelstahl und Marmor. Sobald ich den Blick aus dem Wohnzimmer sah, vergaß ich völlig, warum ich hier war. Eine Wand aus deckenhohen Fenstern bot einen Blick auf den Fluss und die Brücke, während die Glaswand daneben eine Skyline aus hohen Gebäuden zeigte. Nachts, wenn sie beleuchtet waren, musste das unglaublich aussehen.

Ich hätte den ganzen Tag weiterstarren können, aber der Chef brauchte seine Akte – und ich brauchte dreißig Sekunden, um den Rest der Wohnung zu erkunden. Am anderen Ende des Wohnzimmers befand sich ein langer Flur, der vermutlich zu den Schlafzimmern führte. Schnell schnappte ich mir die Akte, wegen der ich gekommen war, und die Papiere, die um sie herum lagen, und spionierte den Rest der Wohnung aus.

Im ersten Zimmer befand sich ein Büro mit wunderschönen eingebauten Bücherregalen und einer dieser Leitern, mit denen man von einem Ende zum anderen rollen kann. *Gott, ich wollte schon immer eine Leiter für meine Bücherregale haben.*

Im nächsten Raum war ein Badezimmer, und gegenüber befand sich ein Schlafzimmer. Am Ende des Flurs gab es eine Doppeltür. Als ich sie öffnete und einen Blick in das Hauptschlafzimmer warf, rang ich um Atem. Der Mann hatte eine Terrasse am Schlafzimmer, die genug Platz für eine kleine Party bot. Und das Bett? Es musste ein California King sein – oder noch größer? Gab es etwas Größeres? Die vier geschnitzten Pfosten aus dunklem Holz waren äußerst männlich und passten eindeutig zu dem Boss dort unten.

Apropos … ich musste schnellstens hier verschwinden.

Wie gern hätte ich mich noch etwas länger umgesehen, vielleicht den Schrank und das große Bad besichtigt, aber ich wollte mein Glück nicht herausfordern. Als ich die Schlafzimmertür zuzog, blieb mein Blick an etwas Buntem auf dem Nachttisch auf der anderen Seite des Bettes hängen.

Goldfische?

Ich weiß nicht warum, aber die zwei schlichten, orangefarbenen Goldfische in dem kleinen Becken auf dem Nachttisch kamen mir seltsam vor. Wenn dort ein Zweitausend-Liter-Becken mit exotischen Salzwasserfischen gestanden hätte, wäre es mir nicht seltsam erschienen. Aber zwei einfache Fische, die vielleicht einen Dollar kosteten? Während ich dort stand und über dieses Rätsel sinnierte, klingelte mein Telefon. Die Nummer kam mir bekannt vor, obwohl ich sie nicht zuordnen konnte, bis ich das Gespräch annahm und die Stimme hörte.

»Wo sind Sie?«

Mist. Merrick. »Ich … warte auf den Aufzug.«

»Das Ding ist verdammt langsam. Bitte nehmen Sie die Treppe. Ich brauche die verdammte Akte.«

»Okay. Bin gleich da.«

Ich beendete das Gespräch und eilte aus der Wohnung, wobei ich mich zweimal vergewisserte, dass die Tür hinter mir geschlossen war, und mich zugleich nach dem Treppenhaus umsah. Doch als ich gerade dorthin gehen wollte, kam der Aufzug. Ich entschied mich kurzfristig um und stürzte darauf zu, sobald die Türen auseinanderglitten – fast wäre ich mit einer Frau zusammengestoßen.

»O mein Gott, bitte entschuldigen Sie.«

Mit ihren hohen Absätzen musste die Frau ungefähr eins achtzig groß sein. Und eins fünfzig davon waren Beine.

Sie musterte mich von oben bis unten. »Was machen Sie auf dieser Etage?«

»Ich, ähm …« Ich zeigte über meine Schulter auf Penthouse zwei. »Ich musste eine Akte für Merrick holen.«

Sie legte den Kopf schief und blinzelte. »Und Sie sind?«

»Ich arbeite bei Crawford Investments.«

»Oh.« Die Frau musterte mich ein letztes Mal und schien das

Interesse zu verlieren. Sie trat um mich herum. »Das hätte ich mir denken können.«

Was zum Teufel sollte das heißen? Ich war mir ziemlich sicher, dass es eine Beleidigung war, aber als sich die Fahrstuhltüren langsam schlossen, hatte ich keine Zeit, mir weiter darüber Gedanken zu machen. Ich sprang hinein und warf einen Blick über meine Schulter auf Miss Gazellenbein. Offenbar wohnte sie in Penthouse eins – oder zumindest hatte sie den Schlüssel.

Als ich zurückkam, saß Andrea an ihrem Schreibtisch. Ich erklärte ihr, was passiert war, und sie brachte ihrem Chef schnell die Akte.

Der Rest des Tages verlief ziemlich unauffällig. Ich sah Merrick erst wieder, als mich seine Stimme um sieben Uhr abends aufschrecken ließ. Ich hatte gelesen und nicht gehört, wie er auf meine offene Bürotür zugekommen war.

»Sind Sie wieder in aller Herrgottsfrühe hergekommen?«

Ich lächelte. »Vielleicht etwas später.«

Er trug einen Lederriemen diagonal über der Brust, auf seinem Rücken hing eine volle Aktentasche. Er blickte auf seine Uhr. »Warum gehen Sie nicht nach Hause? Sie müssen nicht zwölf Stunden am Tag arbeiten.«

»Danke. Ich wollte gerade Schluss machen.« Ich deutete mit dem Kinn auf seine Tasche. »Die Tasche sieht aus, als wollten Sie wesentlich länger als zwölf Stunden arbeiten.«

Er nickte. »Ich muss eine Menge aufarbeiten. Leider habe ich zuerst ein Treffen zum Abendessen.«

Merricks Telefon klingelte. Er zog es aus der Tasche, sah auf das Display und nahm stöhnend das Gespräch an.

»Ich bin auf dem Weg.«

Die Person am anderen Ende sagte etwas, das ich nicht verstehen konnte. Daraufhin verdrehte Merrick die Augen. »Ich werde es vermeiden. Vielen Dank. Bis gleich.«

Kopfschüttelnd beendete er das Gespräch. »Werden Sie nicht einer dieser nervigen New Yorker, die jedem sagen müssen, wie er am besten irgendwo hinkommt.«

»Ich glaube, das wird kein Problem. Ich kann kaum rechts von links unterscheiden.«

Merrick lächelte. Es schien mir das erste echte Lächeln zu sein, das er mir schenkte. Ich deutete auf sein Gesicht. »Das sollten Sie öfters machen.«

»Was?«

»Lächeln. Lässt Sie weniger wie einen Oger wirken.«

»Ich bin also ein Oger?«

»Nun, ich glaube, man muss mindestens zwei Meter groß sein, um ein Oger zu sein. Also vielleicht ein Mini-Oger.«

Als er wieder lächelte, auch wenn er es zu verbergen versuchte, bildeten sich winzige Lachfältchen um seine Augen. »Übrigens«, sagte er. »Das erinnert mich daran, ich habe mich noch gar nicht dafür bedankt, dass Sie mich nicht bei Grams verpfiffen haben.«

»Wie meinen Sie das?«

»Sie hat erzählt, Sie hätten mich nach unserem ersten Gespräch als höflich und professionell bezeichnet. Im Nachhinein betrachtet, war ich vielleicht etwas kurz angebunden.«

»Etwas?«

Merrick lächelte noch mehr. Das Telefon vibrierte in seiner Hand, woraufhin er nach unten blickte und dann den Kopf schüttelte. »Jetzt soll ich aus irgendeinem Grund die 144. bei der Convent Avenue meiden.«

Ich nickte. »Ach, das ist zwei Blocks von meiner Unterkunft entfernt. Da ist tatsächlich der ganze Block gesperrt. Irgendwelche Dreharbeiten. Ich habe versucht, etwas zu sehen, als ich heute Morgen vorbeikam.«

»Sie wohnen im Norden?«

»Meine Schwester. Ich wohne bei ihr, bis ich etwas gefunden habe.«

Er deutete mit dem Kopf in Richtung Flur. »Kommen Sie. Ich setze Sie auf dem Weg ab.«

»Nein, schon in Ordnung. Ich kann die Subway nehmen.«

»Ich fahre direkt bei Ihnen vorbei. Unten wartet ein Wagen auf mich.«

»Sind Sie sicher?«

Er nickte. »Überhaupt kein Problem.«

Wir fuhren gemeinsam mit dem Aufzug nach unten, stiegen in die wartende Limousine, und ich nannte dem Fahrer die Adresse meiner Schwester. Als wir losfuhren, klingelte diesmal mein Telefon.

»Würden Sie mich für eine Minute entschuldigen? Es ist meine Schwester.«

»Tun Sie, was Sie tun müssen.« Merrick saß ein Stück von mir entfernt und scrollte durch sein Telefon, während ich abnahm.

»Hey«, sagte Greer. »Ich wollte dir nur sagen, dass ich den Hund von Mrs Aster für dich ausgeführt habe. Ich musste sowieso mit Buddy rausgehen. Außerdem kommst du so spät nach Hause. Ich dachte, ich sag dir Bescheid, falls du auf dem Weg nach oben bei ihr vorbeischauen wolltest.«

»Ach, vielen Dank. Das hättest du nicht tun müssen. Warum bist du schon so früh zu Hause?«

»Ich habe doch jetzt diese Teilzeitkraft, die dienstags und donnerstags abschließt, schon vergessen? Ich kann also auch am Donnerstag mit ihrem Hund Gassi gehen, falls nötig.«

»Danke, aber Mrs Aster ist morgen wieder da. Sie ist bei ihrer Schwester.«

»Du und deine verrückten Tauschgeschäfte. Was gibt sie dir eigentlich als Gegenleistung?«

»Selbst gemachte Katzenleckerlis.«

»Katzenleckerlis? Aber du hast doch gar keine Katze.«

»Ja, aber ich tausche sie mit jemandem, der Websites erstellt. Er macht mir eine für meine Vermietungen. Wenn ich direkt vermiete, kann ich die Airbnb-Gebühren sparen.«

Greer seufzte. »Warum kannst du nicht herausfinden, was man für einen erstklassigen Samenspender eintauschen muss?«

Aus dem Augenwinkel sah ich, wie Merrick zu mir herüberschaute. Mit zusammengezogenen Brauen richtete er den Blick wieder auf sein Telefon.

»Bist du noch im Büro?«, fragte sie.

»Auf dem Heimweg.«

»Okay, sei vorsichtig in der Subway.«

»Ich sitze in einem Auto. Mein Chef musste nach Norden, also hat er mir angeboten, mich unterwegs abzusetzen.«

»Oooh … etwa der scharfe Chef?«

Diesmal zuckte mein Blick zu Merrick. Wenn er es gehört hatte, reagierte er nicht. »Ich muss Schluss machen. Danke, dass du das für mich getan hast. Bis gleich.«

»Besorg mir Sperma von deinem scharfen Chef!«

Jetzt weiteten sich Merricks Augen eindeutig. *Musste sie dabei so schreien?* Ich schloss die Augen. »Bis dann, Greer.« Ich spürte, wie der Mann neben mir mich anstarrte, und seufzte. »Das haben Sie gehört, stimmt's?«

»Soll ich so tun, als hätte ich es nicht gehört?«

Ich nickte. »Das wäre großartig. Vielen Dank.«

Merricks Lippenwinkel zuckten, aber er starrte wieder auf

sein Telefon. Nach ein paar Minuten peinlicher Stille gab ich nach.

»Meine Schwester und ihr Mann haben Probleme, Kinder zu bekommen. Sie suchen gerade einen Samenspender. Und seit ich mich bei Ihnen vorgestellt habe, ist es so eine Art Running Gag, dass sie Ihr Sperma will.«

»Warum?«

»Sie will jemanden mit guten Genen – Sie wissen schon, klug, gut aussehend, erfolgreich.«

»Sind sie und ich uns jemals begegnet?«

Ich schüttelte den Kopf. »Nein.«

»Hat sie irgendwo ein Bild von mir gesehen?«

»Nicht, dass ich wüsste.«

Merricks Mund verzog sich zu einem überheblichen Grinsen. »Dann hat sie die Informationen über mein Aussehen also von ...«

Shit. Ich rollte mit den Augen. »Bilden Sie sich bloß nichts ein. Sie sehen gut aus. Na und? Das tun viele Männer.«

Merrick lachte. »Und der Tauschhandel mit den Katzenleckerlis für die Website?«

»Mann, Sie haben ja wirklich alles gehört, was?«

Er lächelte. »Vielleicht sollten Sie Ihr Handy leiser stellen.«

»Oder ... Sie kümmern sich einfach um Ihren eigenen Kram und tun so, als hätten Sie nicht zugehört.«

»Warum sollte ich das tun, wenn Sie ein so spannendes Gespräch führen? Ihre Schwester tauscht gegen Sperma?«

Ich lachte. »Nein, der Tauschhandel hatte nichts mit dem Sperma zu tun – jedenfalls nicht wirklich. Ich kümmere mich um den Hund der Nachbarin meiner Schwester. Diese Nachbarin stellt Bio-Katzenleckerlis her, die CBD, also Cannabidiol aus der Hanfpflanze, enthalten, und bezahlt mich damit. Ich habe keine Katze, aber der Typ, der die Website für meine Mietobjekte erstellt, hat eine mit schlimmen Angstzuständen, also ergänzt sich das ganz gut.«

Merrick schüttelte den Kopf. »Ich bin nur neugierig. Was könnte ich in dem Handel, den Sie derzeit laufen haben, für Sperma bekommen?«

»Leider kann ich im Moment wahrscheinlich nicht viel mehr als Bio-Katzenleckerlis anbieten. Ich bin noch dabei, mir hier in New York ein Netzwerk aufzubauen. Ich habe ein paar Jahre lang damit aufgehört, weil Christian, mein Ex, es furchtbar fand, wenn ich getauscht habe.«

»Was hatte er dagegen?«

Ich zuckte die Schultern. »Ich glaube, es war ihm peinlich. Er wollte nicht, dass die Leute denken, ich könnte mir irgendetwas nicht leisten. Aber es macht mir Spaß, die Tauschaktionen zu organisieren und Sachen umsonst zu bekommen. Ich finde das irgendwie aufregend. Im Nachhinein betrachtet hätte ich seinen Arsch gegen ein Rückgrat eintauschen und das tun sollen, was mich glücklich macht.«

Merricks Blick glitt über mein Gesicht, und er lächelte. »Erzählen Sie mir, was Sie noch getauscht haben.«

»Alles.« Ich zuckte erneut die Achseln. »Alles. Ich habe Kinder für Vielfliegermeilen gehütet und für einen Ölwechsel der Tochter eines Mechanikers Nachhilfe in Mathe gegeben. Einmal habe ich sogar vierzig Dutzend Kekse gebacken, damit jemand in das Kinderzimmer meiner Freundin ein Wandgemälde von Pete the Cat macht.«

»Wer ist Pete the Cat?«

»Ein Zeichentrickfilm.«

»Wer brauchte vierzig Dutzend Kekse?«

»Ein Paar, das bei seiner Hochzeit jedem Gast eine kleine

Schachtel mit frisch gebackenen Regenbogenkeksen als Abschiedsgeschenk überreichen wollte.«

»Und die machen Sie?«

Ich nickte. »Ich backe viel. Meine Großmutter hatte eine Bäckerei, als ich noch ein kleines Mädchen war.«

»Milly? Das wusste ich gar nicht.«

»Ja. Sie hat sie ein oder zwei Jahre nach dem Tod meines Großvaters verkauft. Sie sagte, es sei nicht dasselbe ohne ihn. Aber sie hat immer noch viel gebacken, und wenn ich sie besuchte, haben wir zusammen gebacken. Ich kann mich nicht erinnern, jemals in ihr Haus gekommen zu sein, ohne dass es nach frischen Keksen oder Kuchen gerochen hätte. Ich bin allerdings eher eine Stimmungsbäckerin als eine normale Bäckerin. Ich backe normalerweise nicht, wenn in meinem Leben gerade alles normal läuft. Aber wenn ich besonders glücklich, wütend oder traurig bin, muss ich mich beschäftigen, dann lande ich in der Küche. Außerdem nasche ich gern, wenn ich nervös bin, und Backen und Naschen ergänzen sich ganz gut. Und …« Ich lachte. »Keine Ahnung, warum ich Ihnen das alles erzähle.«

Merrick lächelte. »Ich bin mir nicht einmal mehr sicher, wie dieses Gespräch begonnen hat.«

»Ah …« Ich hob einen Finger. »Meine Schwester will Ihr Sperma.«

Merricks Telefon vibrierte. »Vielleicht ist es ganz gut, dass wir unterbrochen werden. Gott weiß, wohin dieses Gespräch sonst noch führen würde.«

Er nahm das Gespräch an und hielt sich das Telefon ans Ohr. »Was gibt's, Bree?«

Im Gegensatz zu ihm, der mein ganzes Gespräch mitangehört hatte, konnte ich nicht mehr als ein oder zwei Worte von seinem verstehen. Allerdings gehörte die Stimme am anderen Ende eindeutig einer Frau. Nach einer Minute schüttelte er den Kopf.

»Tut mir leid. Nächste Woche bin ich nicht da, da bin ich auf Geschäftsreise.«

Er hörte wieder zu. Diesmal blickte er zu mir herüber, bevor er sprach. »Danke für das Angebot, aber ich bin jetzt auch nicht zu Hause.«

Stille.

»Wahrscheinlich nicht. Es wird ziemlich spät. Aber trotzdem danke.«

Er beendete das Gespräch und schwieg. Ich konnte einfach nicht anders.

»Ihr Telefon ist so leise gestellt, ich konnte nur Ihre Seite des Gesprächs hören.«

»Das liegt daran, dass ich es leiser gestellt habe, nachdem Sie neulich mein ganzes Gespräch mit Kitty mitbekommen haben.«

Ich drehte mich in meinem Sitz zu ihm um. »Sie wollen mir also nicht verraten, wen Sie gerade haben abblitzen lassen?«

»Woher wissen Sie, dass ich jemanden habe abblitzen lassen, wenn Sie die Person am anderen Ende nicht hören konnten?«

»Eine Frau erkennt so etwas, egal ob es sie selbst oder eine andere Person betrifft. Das ist eine unserer angeborenen Begabungen.«

Merricks Lippen zuckten. »Bree ist meine Nachbarin.«

»Ist sie sehr groß?«

»Ja, warum?«

»Ich glaube, ich bin ihr begegnet, als ich heute Morgen nach oben gegangen bin, um die Akte für Sie zu holen. Ich bin mir ziemlich sicher, dass sie mich beleidigt hat.«

Merrick lächelte. »Ich weiß zwar nicht, was sie gesagt hat,

aber es war sicher eine Beleidigung. Bree ist kein großer Fan von Frauen.«

»Von dem ganzen Geschlecht?«

Er schüttelte den Kopf. »Sie ist Model, und anscheinend herrscht da große Konkurrenz.«

»Sie ist Model – ein sehr hübsches Model mit tollen Beinen. Also, warum sollten Sie sie abblitzen lassen?«

»Der Fuchs jagt nicht im eigenen Bau, Dr. Vaughn.«

Sein Blick glitt für den Bruchteil einer Sekunde zu meinen Lippen. Hätte ich geblinzelt, hätte ich es verpasst. Dann sah er mir wieder in die Augen. »Sich mit einer Nachbarin einzulassen, ist fast so dumm wie sich mit einer Mitarbeiterin einzulassen.«

Eine seltsame Enttäuschung überkam mich. »Oh … Ja, das klingt logisch.«

Als wir um die Ecke zu meinem Wohnblock bogen, kam meine Schwester mit Buddy an der Leine aus der Haustür. Ich beugte mich vor, um dem Fahrer zu sagen, um welches Gebäude es sich handelte, und wir hielten direkt neben Greer und ihrem Hund. Ich hatte den leisen Verdacht, dass sie nicht zufällig hier draußen war, und einen Blick auf den Mann werfen wollte, der neben mir saß. Schließlich hatte sie gesagt, dass sie gerade erst mit ihrem und dem Nachbarshund draußen gewesen sei.

»Vielen Dank fürs Mitnehmen.«

Merrick nickte. »Gern.«

Ich griff nach dem Türgriff, aber Merrick hielt mich zurück. »Moment. Steigen Sie nicht auf der Seite aus. Das ist eine viel befahrene Straße, und hier passt niemand auf. Ich lasse Sie auf dieser Seite raus.«

»Ähm … Vielleicht möchten Sie doch, dass ich das Risiko

eingehe.« Ich zeigte auf meine Schwester, die grinste wie ein Honigkuchenpferd. »Das ist meine Schwester Greer, die es auf Ihr Sperma abgesehen hat. Ich weiß nicht, ob Sie aussteigen wollen.«

Merrick lachte. »Das dürfte interessant werden.« Er stieg aus dem Wagen und streckte mir seine Hand hin.

Mit funkelnden Augen beobachtete Greer die Szene. Mir blieb nichts anderes übrig, als die beiden einander vorzustellen. »Äh, Merrick, das ist meine Schwester Greer. Greer, das ist mein Chef, Merrick Crawford.«

Die beiden schüttelten sich die Hand, und Greer musterte Merrick von oben bis unten. »Sie sind groß.«

Er lächelte höflich.

»Knapp eins neunzig?«

»Ganz genau. Gut geraten.«

Sie nickte. »Freut mich, Sie kennenzulernen. Ich kenne Ihre Großmutter. Sie ist umwerfend komisch.«

»Das ist sie in der Tat.«

Ich konnte sehen, wie sich die Rädchen im Kopf meiner Schwester drehten. »Wie alt ist sie jetzt? Unsere Großmutter und sie waren ein Jahrgang. Sie muss also fast achtzig sein?«

»Achtundsiebzig. Aber wenn sie neunundsiebzig und dreihundertvierundsechzig Tage alt wäre, würde ich sie trotzdem in ihrer Gegenwart nicht als fast achtzig bezeichnen.«

Greer lächelte. »Langlebigkeit liegt in der Familie. Sie müssen gute Gene haben. Gibt es schwere Krankheiten in Ihrer Familie?«

Oh mein Gott! Ich schob meine Schwester in Richtung Haus und winkte Merrick im Gehen zu. »Wir müssen jetzt wirklich rein. Danke noch mal fürs Mitnehmen, Chef.«

Er grinste.

In der Halle schüttelte ich den Kopf. »Ich kann nicht fassen, dass du das gerade getan hast.«

»Was?«

»Du hast ihn befragt, als wäre er ein ernsthafter Samenspender-Kandidat. Er ist *mein Chef*, Greer.«

»Sorry. Ich habe mich hinreißen lassen. Aber er ist noch besser, als du ihn beschrieben hast. *Diese Wimpern*! Ich zahle achtzig Dollar im Monat, und meine sind nicht annähernd so voll und dunkel. Wenn ich sein Sperma nicht haben kann, solltest du unbedingt welches nehmen.«

»Auf gar keinen Fall.«

»Wirklich? Ignorierst du die Art, wie er dich ansieht?«

Ich zog die Brauen zusammen. »Wovon sprichst du?«

»Ich habe den Mann nur eine Minute erlebt und weiß, dass er scharf auf dich ist.«

»Du bist verrückt.«

Ich drehte mich um und blickte durch die Eingangstür zurück. Merrick stand immer noch vor dem Wagen und beobachtete mich.

Aber das hatte doch nichts zu bedeuten … oder?

10. Kapitel

Evie

Am folgenden Montag hatte ich meinen ersten persönlichen Beratungstermin im Büro. Ich war aufgeregt und nervös, und beides war mir anzumerken – zumindest *ich* merkte es. Ich hatte seit drei Uhr morgens Kekse gebacken, und jetzt war ich im Büro, bevor es überhaupt öffnete.

Ich hatte beschlossen, einige Kekse mitzubringen und sie auf einem hübschen Tablett neben der Patientencouch anzubieten. Joan aus der Personalabteilung hatte mich gewarnt, dass einige der Trader lautstark ihren Unmut geäußert hatten, weil man sie zwang, eine Psychologin zu treffen. Vielleicht waren sie etwas milder gestimmt, wenn sie ein paar Kekse naschen konnten.

Auf dem Weg von der Subway zum Büro war ich mit drei Keksdosen, einer Riesenmilchtüte, einigen Einwegbechern und Papptellern, einem halben Dutzend Akten, die ich gestern Abend zu Hause gelesen hatte, und meiner unnötig großen Handtasche beladen. Als ich gerade versuchte, alles so zu arrangieren, dass ich die Tür öffnen konnte, griff ein Arm um mich herum.

»Vielen Dank, das ist wirklich sehr …« Als ich mich umdrehte, sah ich, dass es mein Chef war. »Oh, Sie schon wieder.«

Er zeigte sein typisches Lächeln, das mehr ein Grinsen war. »Sie klingen so begeistert …«

Merrick trug wieder schwarze Laufklamotten, nur dass er heute ein kurzärmeliges Shirt anhatte. Er griff nach oben, um sich einen Ohrstöpsel aus dem Ohr zu ziehen, und sein kräftiger Bizepsmuskel zog meine Aufmerksamkeit auf sich. Glücklicherweise schien er meinen Blick nicht zu bemerken.

»Was zum Teufel ist in all den Tüten?« Er nahm mir alles ab, was ich im rechten Arm trug.

»Danke. Ich habe ein paar Kekse gebacken, aber dann ist mir eingefallen, dass ich keine Kekse ohne Milch anbieten kann. Denn mit dieser Gewohnheit meiner Landsleute möchte ich nicht brechen. Und ich habe noch nicht die Ausstattung im Pausenraum durchgesehen, also habe ich auch noch ein paar Pappteller und Becher mitgebracht.«

»Sie haben gebacken?«

Ich nickte.

»Ah. Meinetwegen?«

»Wovon reden Sie?«

»Sie sagten, dass Sie backen, wenn Sie wütend sind.«

Ich lachte. »Nein, ich sagte, ich backe, wenn ich aufgedreht bin. Das war fröhliches Backen.«

Merrick warf einen Blick in die Tüte. »Sieht aus wie ein ganzer Haufen Kekse.«

»Und dabei habe ich über die Hälfte zu Hause gelassen.« Ich lächelte. »Ich bin ziemlich nervös.«

Wir erreichten die Aufzüge, und Merrick drückte auf den Knopf. »Warum?«

»Ach, ich weiß nicht … einen Haufen superintelligenter Ivy-League-Millionäre zu coachen, die nicht glauben, dass sie das brauchen.«

»Soll ich Ihnen verraten, wie Sie sie in den Griff bekommen?«

»Logisch – ist das überhaupt eine Frage? *Ja.*«

Die Fahrstuhltüren öffneten sich, und Merrick streckte den Arm aus und ließ mich zuerst eintreten. Obwohl wir allein in der Kabine waren, senkte Merrick die Stimme. »Okay, das ist das Geheimnis. Wenn Sie das Gefühl haben, dass sie Sie herausfordern oder Ihre Autorität anzweifeln, stellen Sie sich hin wie Superman.«

»Wie genau steht Superman?«

»Stellen Sie sich gerade hin, die Füße ein Stück auseinander, und stemmen Sie die Hände auf die Hüften. Vielleicht strecken Sie noch die Brust etwas raus.«

»Das klappt bei Ihnen vermutlich besser, Sie sind schließlich knapp eins neunzig und tatsächlich etwas einschüchternd.«

Merrick tippte sich mit dem Zeigefinger an die Schläfe. »Das hat nichts mit der Größe zu tun. Es geht darum, was hier drin ist. Vertrauen Sie mir. Sie schaffen das.«

Ich war mir nicht sicher, ob er recht hatte. Aber ich war dankbar, dass er es versucht hatte. Zumindest dachte ich das … Es sei denn … »Moment, Sie wollen mich aber nicht sabotieren, oder? Die drehen nicht etwa durch, wenn ich so eine Haltung einnehme?«

Merrick grinste. »Nein, ehrlich nicht.«

Ich seufzte. »Okay. Gut, dann danke für den Tipp.«

Er nickte. »Gern geschehen.«

Als wir auf meiner Etage ankamen, drehte ich mich zu Merrick um. »Geben Sie mir die Tüten. Sie fahren wahrscheinlich nach oben in Ihre Wohnung, oder?«

Mit der freien Hand hielt er die Aufzugstür auf und forderte mich mit einer Kopfbewegung auf, zuerst hinauszugehen.

»Schon okay. Ich wollte mir sowieso eine Akte von einem der Analysten hier unten holen.«

Er folgte mir in mein Büro und stellte die Tüten auf dem Couchtisch im Besprechungsbereich ab. Dann hob er eine Glasscherbe auf, die ich am Freitagabend vergessen hatte, als ich gegangen war. Er sah sich im Zimmer um. »Ist etwas kaputtgegangen?«

»Nein, die habe ich mitgebracht.«

Er drehte sie in seinen Fingern. »Ist das Seeglas?«

Ich nickte.

»Ungewöhnliche Farbe.«

»Türkis ist die zweitseltenste Farbe bei Seeglas. Orange ist die seltenste.«

Merrick zog eine Augenbraue hoch. »Seeglas-Expertin?«

»Etwas. Ich sammle es.« Ich ging zu ihm und nahm ihm das Stück aus der Hand. »Ich sollte Ihnen nicht noch mehr Munition liefern, um mich als Quacksalber abzustempeln, aber das ist einer meiner Glücksbringer. Ich wollte ihn neulich Abend zur Sicherheit in meine Schreibtischschublade legen, bevor ich ging.«

Er grinste. »Glücksseeglas, also?«

Ich hob drohend den Finger. »Seien Sie nett.«

»Wer sind Ihre ersten Klienten heute?«

»Ähm … Ich sehe mal nach.« Ich ging zu meinem Schreibtisch und holte meinen Kalender aus der Schublade. »Ich habe mit den Seniorpositionen angefangen, darum kommt Will Silver um neun, Lark Renquist um elf, und heute Nachmittag spreche ich mit Colette Archwood und Marcus Lindey.«

»Will ist ein eingebildeter Mistkerl, aber er hat auch allen Grund dazu. Er ist begabt. Lark wurde letztes Jahr befördert. Er ist jung, und die Älteren berichten nicht gern an ihn, weil sie das Gefühl haben, dass er noch nicht genug geleistet hat. Dass er auch noch jünger aussieht, als er eigentlich ist, macht es nicht gerade besser. Selbst nach einem Achtundvierzig-Stunden-Marathon im Büro hat er keinen Bartschatten. Colette hasst mich aus tiefster Seele. Und Marcus hat sich gerade bei unserem größten Konkurrenten vorgestellt und denkt, ich wüsste das nicht.«

»Oh, wow. Ich weiß die kurze Einführung zu schätzen. Aber warum hasst Colette Sie?«

»Das ist eine lange Geschichte.« Merrick deutete auf die Tüten, die er abgestellt hatte. »Habe ich mir einen Keks verdient?«

Ich lächelte. »Bedienen Sie sich. Es gibt Chocolate-Chip-Cookies und Erdnussbutterkekse.«

Er griff in die Tüte und holte aus den beiden oberen Behältern je einen Keks heraus. Er biss die Hälfte des Erdnussbutterkekses ab und wedelte mit ihm durch die Luft: »Erdnussbutter ist meine Schwäche.«

Vielleicht hatte ich daran gedacht, als ich überlegte, was ich backen sollte. Aber das behielt ich für mich.

Er schob sich den Rest des Kekses in den Mund und sagte kauend: »Sie hätten mir nicht sagen sollen, dass Sie die machen, wenn Sie aufgeregt oder wütend sind. Diese Kekse sind der Hammer, und ich kann ziemlich gut Angestellte verärgern.«

Ich lachte. »Sie können auch einfach fragen.«

Merrick nickte und griff ein zweites Mal in die Tüte. Er nahm noch ein paar Erdnussbutterkekse mit und zwinkerte mir zu, bevor er hinausging. Als er die Tür erreichte, rief ich ihm hinterher.

»Hey, Superman.«

Er drehte sich um.

»Meinen Sie, eine Wonder-Woman-Haltung würde auch funktionieren?«

Sein Blick glitt kurz über meinen Körper, bevor ein dreckiges Grinsen in seinem Gesicht erschien. »Als Kind war ich total in Wonder Woman verknallt. Wer auch immer ihr Outfit entworfen hat, war ein verdammtes Genie.«

»Soll ich mich hinlegen?« Will zeigte auf die Couch.

»Wenn Sie möchten, müssen Sie aber nicht.«

Mit Schwung ließ er sich auf die Couch fallen, streckte die langen Beine aus, stützte den Kopf auf ein Kissen und verschränkte die Hände dahinter. »Ah … das ist irgendwie angenehm. Ich weiß nicht, warum alle stöhnen, weil sie herkommen müssen. Das ist besser als im Kindergarten. Es gibt Milch und Kekse, und dann macht man Mittagsschlaf.«

Ich lächelte. »Na ja, zumindest liegt man. Schlafen sollte man allerdings nicht.«

»Keine Sorge. Ich könnte tagsüber nicht einschlafen, selbst wenn man mich sonst erschießen würde.« Will deutete mit dem Finger auf seinen Kopf und machte eine kreisende Bewegung. »Sobald der Schalter hier umgelegt wird, ist er an, bis er keinen Strom mehr hat, normalerweise gegen zwei Uhr morgens.«

»Zwei Uhr morgens? Ich habe Sie neulich um sieben Uhr morgens hier gesehen.«

»Ich brauche nicht viel Schlaf.«

»Waren Ihre Eltern auch so?«

Will nickte. »Meine Mutter. Sie brauchte nur vier oder fünf Stunden Schlaf pro Nacht, dann war sie fit. Mein Vater sagte immer, sie sei von der Angst getrieben, ein Gespräch zu verpassen.«

»Bei manchen Menschen ist das tatsächlich genetisch bedingt«, sagte ich. »Vor einigen Jahren hat man eine Genmutation entdeckt, die in Familien weitervererbt werden kann. Es handelt sich um das ADRB1-Gen. Es verursacht einen verkürzten Schlafzyklus.«

»Im Ernst? Ich wusste immer, dass ich ein Mutant bin.«

Ich lachte.

Will setzte sich auf und stellte die Füße auf den Boden. »Es fühlt sich komisch an, mit Ihnen zu reden, ohne Sie anzusehen. Warum ist das in Filmen immer so?«

»Freud glaubte, dass die Patienten freier wären, wenn sie keinen Blickkontakt hätten. Sie wären entspannter und sagten alles, was ihnen in den Sinn käme, wenn sie sich nicht beobachtet fühlten.«

»Stimmt das?«

»Bei manchen Menschen. Je nach dem, in welcher Position man sich wohler fühlt.«

Will nickte. »Also, wie funktioniert das? Wo fangen wir an?«

»Ich fange gern so an, dass wir uns erst ein bisschen kennenlernen.«

»Okay. Schießen Sie los. Was wollen Sie wissen?«

Ich nahm Stenoblock und Stift, die ich auf den Tisch neben mir gelegt hatte, und blätterte die erste Seite auf. »Haben Sie schon einmal eine Therapie gemacht?«

»Zählt eine Paarberatung?«

Ich nickte. »Ja. Sind Sie noch in Therapie?«

»Nope.« Er hob die Hand und zeigte mir einen ringlosen Finger. »Glücklich geschieden.«

»Wie lange ist es her, dass Sie geschieden wurden?«

»Vor etwa achtzehn Monaten.«

»Und wie lange waren Sie bei der Therapie?«

»Sechs Sitzungen.«

»Oh. Hatten Sie nicht das Gefühl, dass es hilft?«

»Nein, so lange hat es gedauert, bis meine Ex zugegeben hat, dass sie ein Verhältnis mit dem Nachbarn hatte.«

»Das tut mir leid. Ist es okay für Sie, über Ihre Ehe zu sprechen?«

Will zuckte mit den Schultern. »Ist nicht gerade mein Lieblingsthema, aber klar.«

»Darf ich fragen, ob Sie Eheprobleme hatten, bevor sie die Affäre anfing?«

»Ich dachte nicht, aber anscheinend doch. Ich arbeite viel. Darüber hat Brooke sich beklagt, aber sie mochte auch den Lebensstil, den uns meine Arbeit ermöglicht hat. Ich schlug vor, sie sollte sich ein Hobby suchen. Das tat sie dann auch: den Nachbarn vögeln.«

Ich lächelte traurig. »Wie viele Stunden in der Woche arbeiten Sie?«

»In der Regel bin ich an den Wochentagen von sieben bis sieben im Büro. Samstags arbeite ich einen halben Tag von zu Hause aus.«

»Was machen Sie, wenn Sie abends nach Hause kommen?«

»Jetzt, nachdem ich Single bin? Ich spiele zweimal pro Woche Racquetball. Ansonsten bestelle ich mir etwas zu essen oder hole mir was und lese beim Essen die Zeitung. Vielleicht sehe ich auch ein bisschen fern, beantworte ein paar E-Mails, recherchiere, während ich etwas trinke. Ich kann auch meine Socken auf dem Boden liegen lassen, die Klobrille hochklappen und schnarchen, ohne angeschrien zu werden.«

»Sie arbeiten also etwa sechzig Stunden pro Woche im Büro, plus weitere fünf oder sechs am Samstag zu Hause. Und dann lesen Sie abends noch Wirtschaftsnachrichten, recherchieren und beantworten E-Mails, was wahrscheinlich noch ein paar weitere Stunden pro Tag ausmacht. Wäre es unangemessen zu sagen, dass Sie achtzig Stunden pro Woche arbeiten?«

Will zuckte die Achseln. »Ich liebe meinen Job. Ich bin nicht unglücklich dabei.«

»Was ist mit den Leuten, die Ihnen unterstellt sind? Arbeiten die genauso viel?«

»Einige. Die guten jedenfalls.«

»Ist es unmöglich, in Ihrem Job gut zu sein, wenn man nur etwa fünfzig Stunden pro Woche arbeitet?«

»Das habe ich nicht gesagt. Aber für diesen Beruf braucht man eine Menge Wissen – Wissen über den Markt, Trends, einzelne Branchen und Unternehmen. Und dieses Wissen ändert sich ständig.«

»Können Sie einen Teil dieser Wissensaneignung auslagern und sich nur von jemandem eine Kurzversion geben lassen?«

Will lächelte. »Das ist die Aufgabe der Analysten. Es wäre unmöglich für eine Person, sich so sehr in alles zu vertiefen. Aber schon allein die Zusammenfassungen der verschiedenen Branchenanalysten zu sichten, ist eine Aufgabe.«

»Wie lange sind Sie schon bei Crawford Investments?«

»Vom ersten Tag an. Merrick und ich sind seit dem ersten Jahr auf dem College befreundet. Wir waren zusammen in Princeton.«

»Das wusste ich nicht.«

Er nickte. »Gleich nach dem College haben wir bei Sterling Capital gearbeitet. Nach drei Jahren war er VP und ich immer noch Analyst. Man wird nirgendwo in drei Jahren zum Vize. Aber Merrick war klüger und arbeitete härter als die Besitzer des Ladens. Darum haben sie versucht, ihn schnell zu befördern, um ihn zu halten. Als er sagte, er gehe, haben sie ihm angeboten, Mitinhaber zu werden. Er war noch nicht einmal fünfundzwanzig.«

»Aber das Angebot hat er nicht angenommen?«

Will schüttelte den Kopf. »Nope. Es wäre einfacher für ihn gewesen. Aber die Besitzer mochten Amelia nicht. Sie hat auch bei Sterling gearbeitet. Also machten sich die beiden selbstständig.«

»Warum mochten sie Amelia nicht?«

»Damals sagte Merrick, es läge daran, dass Sterling ein Männerverein sei und Frauen nicht die gleichen Chancen erhielten. Heute würde er das vielleicht anders sehen. Amelia war brillant, aber rücksichtslos. Für diesen Job muss man Eier haben – entschuldigen Sie meine Ausdrucksweise –, aber es gibt auch zu große Eier.«

Interessant. »Merrick und ich haben kurz über Amelia gesprochen«, sagte ich. »Er schien zu glauben, dass ihr Weggang von Crawford Investments keine Auswirkungen auf die Mitarbeiter hatte. Würden Sie das bestätigen?«

»Merrick hat mit Ihnen über Amelia gesprochen? Hat er etwa ihren Namen erwähnt?«

Ich zog die Brauen zusammen. »Ja.«

»Wow. Sie müssen ein guter Seelenklempner sein. Soweit ich weiß, hat der Mann ihren Namen seit drei Jahren nicht mehr in den Mund genommen.«

»Tatsächlich? Nun, wir sind nicht ins Detail gegangen, wir haben nur darüber gesprochen, dass sie Partnerin war und dass sie gestorben ist. Ein Wechsel in der Geschäftsleitung führt oft zu Stress bei den Mitarbeitern.«

Ich vermutete, dass zwischen Merrick und Amelia mehr als nur eine Geschäftspartnerschaft bestanden hatte, aber es stand mir nicht zu, danach zu fragen. »Es scheint keine friedliche Trennung gewesen zu sein, wenn er nicht von ihr spricht?«

Will nickte. »Es hat dem Büro nicht annähernd so viel ausgemacht wie meinem Freund. Sie waren verlobt.«

»Was ist passiert?« So unpassend es auch war, die Frage rutschte mir unwillkürlich raus. Zwischen Wills Augenbrauen bildete sich eine Falte, und er zog die Mundwinkel nach unten.

»Es steht mir nicht zu, darüber zu sprechen. Sagen wir einfach, sie hat meinen besten Freund vernichtet.«

Das hörte sich nicht gut an. Natürlich machte es mich nur noch neugieriger, aber ich wollte die professionellen Grenzen bei seinem ersten Besuch nicht noch weiter ausreizen. Also lenkte ich unser Gespräch wieder zurück auf seine Arbeit. Will schien offen über alles zu sprechen, was seinen Job betraf, und das war gut. Seine Kooperationsbereitschaft trug deutlich dazu bei, meine Nerven zu beruhigen. Ich war froh, dass er heute mein erster Klient war.

Als der Wecker klingelte, den ich gestellt hatte, um an das Ende unserer Sitzung erinnert zu werden, schlug Will sich auf die Oberschenkel. »Und? Habe ich einen Preis gewonnen?«

»Ja, natürlich. Ihre erste Sitzung ist zu Ende. Sie haben einen weiteren Monat Ihre Freiheit zurückgewonnen.«

»Schön. War gar nicht so schlecht.«

Wir hatten hauptsächlich über praktische Aspekte seiner Arbeit und nicht über irgendwelche Gefühle gesprochen, doch ich war froh, dass er die Stunde nicht als unangenehm empfunden hatte. Ich hatte keine Erfahrung mit diesen Leuten und musste mir ihr Vertrauen und ihren Respekt erarbeiten. Doch da Will so locker und freundlich war, wagte ich mich noch weiter vor.

»Darf ich Ihnen noch eine Frage stellen, Will?«

»Klar.«

»Wenn Sie bei Ihrer Ehe noch mal von vorn anfangen könnten, würden Sie weniger arbeiten und versuchen, mehr zu Hause zu sein?«

Er sah mir mit einem traurigen Lächeln in die Augen. »Ja, wahrscheinlich.«

Ich konnte nicht glauben, dass es schon sieben Uhr war. Der Tag war wie im Flug vergangen: Ich hatte meine ersten Klienten getroffen und Zusammenfassungen der Sitzungen geschrieben, außerdem war ich mit der Personalabteilung das Unternehmensorganigramm durchgegangen. Ich schaltete meinen Laptop aus und holte mein Handy heraus, um meiner Schwester eine Nachricht zu schicken und sie zu fragen, ob ich auf dem Heimweg noch etwas besorgen sollte.

Bevor sie antworten konnte, erschien Merrick an meiner Tür. Seine abendlichen Besuche wurden allmählich zur Gewohnheit, und da er in einem anderen Stockwerk arbeitete, fragte ich mich unweigerlich, ob er nur herunterkam, um mich zu sehen. Wie üblich hing über seiner Schulter die abgenutzte Aktentasche aus Leder, und wieder war sie prall gefüllt.

»Und? Haben Sie die Treffen mit den ersten Mitarbeitern gut überstanden?« Er musterte mich von oben bis unten. »Ich sehe keine Schrammen oder blaue Flecken.«

Ich holte meine Handtasche aus einer Schublade und legte sie auf den Schreibtisch. »Ich glaube, ich habe es unbeschadet überstanden.«

»Wie ist es gelaufen?«

»Ziemlich gut sogar. Nur eine Person hat abgesagt, oder vielmehr den Termin verschoben.«

»Sie? Ich nehme an, das war Colette?«

Ich nickte. »Sie musste früher gehen, weil ihrem Sohn in der Schule schlecht geworden war.«

»Aber die anderen haben Sie nicht geärgert?«

»Nein, sie waren sehr freundlich. Wir haben viel geredet.«

»Also kann ich meinem Vorstand sagen, dass wir geheilt sind? Stehen keine weiteren Klagen ins Haus?«

Ich lachte. »Nicht ganz. Aber wo wir gerade von Klagen sprechen, ich habe den Anwalt angerufen, den Sie mir empfohlen haben. Ich treffe ihn morgen Abend.«

»Gut. Ich hoffe, er kann helfen. Barnett ist ein guter Kerl, aber als Anwalt ist er ein harter Knochen.«

»Haben Sie vielleicht auch eine Empfehlung für einen Immobilienmakler?«

Merrick nickte. »Ja. Nick Zimmerman. Er wird wahrscheinlich anderer Meinung sein, wenn Sie ihm sagen, wo Sie wohnen wollen, aber er ist ein großartiger Makler. Ich kann ihm eine E-Mail schicken und den Kontakt herstellen, wenn Sie wollen.«

»Das wäre großartig. Vielen Dank. Und wenn Sie schon so zugänglich sind, könnten wir uns morgen früh auf ein paar Minuten treffen?«

»Ich kann nicht. Ich steige in aller Herrgottsfrühe in den Flieger.«

»Oh. Wie lange sind Sie weg?«

»Fünf Tage. Ist es wichtig?«

»Nein, eigentlich nicht. Ich versuche nur, die Firmenkultur zu verstehen, und kann meine Gedanken oder Meinungen nicht mit dem Personal oder den Angestellten diskutieren. Ich muss neutral bleiben und sie zum Reden ermutigen. Joan von der Personalabteilung war toll, aber sie hat keine eigene Erfahrung damit, diesen Job zu machen, so wie Sie.«

Merrick schaute auf seine Uhr. »Wollen Sie jetzt reden?«

Ich hob abwehrend die Hände. »Nein. Ich soll den Leuten helfen, Stress abzubauen. Ich will Ihnen nicht noch die wenige freie Zeit nehmen, die Sie haben.«

»Schon in Ordnung.« Er deutete mit dem Kopf in Richtung Flur. »Ich laufe schnell nach oben, stelle meine Tasche ab und ziehe mich um. Haben Sie schon gegessen?«

»Nein.«

»Ist ein Essen im Pub okay?«

Ich nickte. »Klingt perfekt.«

»Ein paar Häuser weiter gibt es einen guten Laden. Sie können mich beim Essen in die Zange nehmen.«

»Das wäre wunderbar. Vielen Dank.« Ich lächelte. »Sehen Sie, wir verstehen uns ganz von allein. Ich musste nicht einmal drohen, es Ihrer Großmutter zu sagen.«

Merrick schüttelte den Kopf. »In zehn Minuten am Aufzug, Klugscheißer.«

»Okay.«

Fünfzehn Minuten später saßen wir bereits an einem Tisch. Die Kellnerin brachte uns Speisekarten und fragte, ob wir etwas zu trinken bestellen wollten. Eigentlich wäre mir sehr nach einem Glas Wein zumute gewesen, aber Merrick entschied sich für ein Wasser, und ich folgte seinem Beispiel.

»Also haben meine Manager bestätigt, dass ich der Oger bin, für den Sie mich halten?«

Ich schüttelte den Kopf. »Nein. Natürlich ist alles, was in den Sitzungen gesagt wird, vertraulich, daher kann ich keine Einzelheiten preisgeben. Aber ich kann sagen, dass alle Ihre Leute Sie sehr respektieren.«

»Ah … Dann halten sie Sie also für einen Maulwurf und sagen Ihnen, was ich hören will.«

Ich lachte. »Ich glaube nicht, dass es das ist.«

Merrick lehnte sich zurück und legte die Arme lässig auf die Lehne der Bank ab. »Aber die Leute reden mit Ihnen? Haben es Ihnen heute nicht schwer gemacht?«

»Die heute haben mit mir gesprochen. Ich meine, so eine Beratung fängt immer langsam an, also dränge ich nicht und hake nicht zu sehr bei persönlichen Themen nach. Wir lernen uns einfach ein bisschen kennen.«

»Will mochte Sie.«

»Aha?«

»Wir essen ein paarmal in der Woche zusammen zu Mittag. Er hat gesagt, es sei einfach, mit Ihnen zu reden.«

»Das ist gut zu hören. Ich mochte ihn sehr. Er ist schnell im Kopf und hat einen trockenen Humor.«

»Das kann man wohl sagen. Will wettet gern auf alles Mögliche. Letztes Jahr kam er am Neujahrstag, als sonst niemand hier war. Er sammelte alle persönlichen Fotos von den Schreibtischen der Mitarbeiter ein, scannte sie in Photoshop ein und ersetzte das Gesicht der Kinder, der Ehepartner und der Hunde durch sein eigenes. Er hat mich dazu angestachelt zu wetten, wem es als Letztem auffallen würde.«

»O mein Gott.« Ich brach in schallendes Gelächter aus. »Wer war es?«

Merrick zuckte mit den Schultern. »Ich sage Ihnen Bescheid, wenn wir endlich einen Gewinner haben. Zwei Leute haben es immer noch nicht gemerkt. Es ist fast sieben Monate her.«

»Das ist sehr lustig.«

Die Kellnerin kam und fragte, ob wir bestellen wollten, aber wir hatten noch nicht einmal in die Speisekarte geschaut. Merrick bat sie, in ein paar Minuten wiederzukommen.

»Können Sie was empfehlen?«, fragte ich und blickte in die Speisekarte.

»Normalerweise nehme ich den Pub-Burger oder das Clubsandwich mit Truthahn.«

»Mmm … Klingt beides gut. Wollen wir von beidem eine Portion bestellen und teilen?«

Merrick lächelte. »Klar.« Er trank von seinem Wasser. »Und wie gefällt Ihnen der Job bisher?«

»Es ist eindeutig besser, als ich dachte.«

»Dachten Sie, es würde schlimm werden?«

»Ich dachte, es wäre die Hölle. Der Typ, der mich eingestellt hat, sagte, er habe mir den Job nur angeboten, weil ich unqualifiziert wäre. Einige seiner Mitarbeiter haben sich kürzlich geprügelt und wollten nicht zu einem Psychologen gehen. Nicht gerade rosige Aussichten.«

Merrick legte den Kopf schief. »Trotzdem haben Sie den Job angenommen.«

»Ich dachte, ich könnte vielleicht etwas bewirken.«

»Es muss schön sein, einen Job zu haben, der so befriedigend ist.«

»Wollen Sie damit sagen, dass Sie Ihre Arbeit nicht als befriedigend empfinden?«

»Es ist eine andere Art von Befriedigung. An meinem Job mag ich das Adrenalin. Ein kleines Unternehmen zu entdecken, das Großes vorhat, und an der Entwicklung teilzuhaben. Zu sehen, wie es abhebt. Finanziell unabhängig zu sein, ist eindeutig befriedigend, aber einen Haufen bereits reicher Leute noch reicher zu machen, gibt einem nicht das Gefühl, etwas im Leben bewirkt zu haben.«

»Warum haben Sie sich für den Beruf entschieden?«

»Wenn ich ehrlich bin, habe ich es wegen des Geldes gemacht, und ich liebe den Kitzel des Spiels. Und Sie? Wieso sind Sie Therapeutin geworden?«

»Ich war als Kind bei einem, und er hat mir sehr geholfen. Nachdem meine Mutter meinen Vater endgültig verlassen hatte, brachte sie mich zu einem Therapeuten.«

»Es tut mir leid. Ich wollte nicht neugierig sein.«

»Schon in Ordnung. Ich schäme mich nicht dafür – jedenfalls nicht mehr. Als ich klein war, dachte ich, dass man nur zum Arzt geht, wenn etwas mit einem nicht stimmt. Aber als ich älter wurde, habe ich gemerkt, dass es einen nicht schwach macht, wenn man sich Hilfe holt, sondern stark. Die Einstellung zur Therapie muss sich ändern. Menschen, die wegen ihrer psychischen Gesundheit behandelt werden müssen, sind stigmatisiert, und das hält viele Menschen davon ab, sich Hilfe zu suchen. Wenn jemand zum Zahnarzt oder Kardiologen geht, sehen wir ihn nicht anders an als sonst, aber wenn jemand einen Psychiater oder Psychologen aufsucht, schon – als ob nur bestimmte Teile des Körpers behandelt werden dürften.«

»Stimmt. Aber ich hätte Sie auch nicht darum gebeten, über Ihren Termin beim Kardiologen zu sprechen. Ich habe mich dafür entschuldigt, dass ich zu persönlich geworden bin, nicht, weil Sie zum Psychiater gegangen sind.«

»Oh.« Ich lächelte. »Vielleicht habe ich überflüssigerweise einen Vortrag gehalten.«

Die Kellnerin kam zurück und nahm unsere Bestellung auf. Nachdem sie gegangen war, sprachen wir wieder übers Büro, und ich ließ mir von Merrick die Befugnisse der einzelnen Trader und die verschiedenen Genehmigungsstufen erläutern, die es gab. Außerdem ließ ich mir von ihm erklären, wer wen einstellen und entlassen durfte und welche Beförderungen in letzter Zeit vorgenommen worden waren. Ich versuchte, verschiedene Stressauslöser zu ermitteln, um schließlich herauszufinden, wie man sie bewältigen konnte.

»Wollen Sie sonst noch etwas wissen?«

»Eigentlich hätte ich noch eine Frage. Sie ist aber eher persönlich und hat nichts mit dem Organisationsaufbau zu tun«

»Okay …«

»Wie viele Wochen Urlaub haben Sie letztes Jahr genommen?«

»Ich weiß es nicht genau. Warum?«

»Die Ersten, mit denen ich heute gesprochen habe, habe ich gefragt, wo sie letztes Jahr Urlaub gemacht haben. Ich wollte ein bisschen plaudern und die Leute zu einem offenen Gespräch anregen. Überraschenderweise war keiner von ihnen länger irgendwo, sie haben nur ein oder zwei Wochenendtrips gemacht. Die Leute in Ihrem Team haben hoch dotierte Jobs, und Leute mit siebenstelligen Gehältern oder mehr geben für gewöhnlich Geld für luxuriöse Urlaube und große Häuser aus.«

Merrick nickte. »Um wirklich Urlaub zu machen, muss man abschalten können. Das bedeutet, man muss jemand anderem die Verwaltung seines Portfolios anvertrauen, solange man weg ist. Das ist nicht einfach. Oder man muss im Urlaub arbeiten, und das kommt nicht gut an, wenn man eigentlich mit der Familie unterwegs ist.«

»Aber dann haben sie nie eine Pause vom Stress, und wir wissen, dass chronischer Stress zu Gedächtnisstörungen führt. Wenn man nicht abschalten kann, lässt die Produktivität mit der Zeit nach. Ich habe mir erlaubt, Joan aus der Personalabteilung um eine Liste zu bitten, aus der hervorgeht, wie viele Urlaubstage den Mitarbeitern zustehen und wie viele sie davon im vergangenen Jahr genommen haben. Was schätzen Sie, wie viel Prozent der ihnen zustehenden Urlaubstage die Mitarbeiter im Durchschnitt nehmen?«

Merrick zuckte mit den Schultern. »Ich weiß nicht. Fünfzig … vielleicht sechzig Prozent?«

»Neunzehn.«

»Shit. Ich wusste nicht, dass es so schlimm ist.«

»Der Durchschnittsmitarbeiter hat fünf Wochen Urlaub und nimmt weniger als eine.«

»Was soll ich denn tun? Ich kann sie doch nicht zwingen zu verreisen.«

»Nein, das können Sie nicht. Aber Sie können sie zwingen, ihren Urlaub zu nehmen. Sie können eine Vorschrift einführen, die besagt, dass alle Mitarbeiter den Großteil ihrer Urlaubstage nehmen müssen. Sie könnten ihnen in dieser Zeit sogar den Zugang zu den Systemen des Unternehmens verweigern.«

»Ich weiß nicht, ob ich ihnen den Zugang verweigern sollte. Ich glaube, die meisten würden ausflippen. Aber vielleicht könnte man den Urlaub zur Pflicht machen.«

»Ich denke, das wäre ein guter Anfang. Allerdings sollten Sie, wie bei den meisten Dingen, mit gutem Beispiel vorangehen. Sie können nicht von Ihren Mitarbeitern erwarten, dass sie es in Ordnung finden, ein oder zwei Wochen am Stück abzuschalten, wenn der Chef es nicht tut.«

Merrick nickte. »Verstehe.«

»Darf ich Sie noch etwas Persönliches fragen?«

Er schüttelte den Kopf. »Nein, es wäre mir lieber, wenn nicht.«

»Ah … okay.«

»War nur ein Witz. Ich wollte sehen, wie Sie reagieren.«

Ich sah ihn aus schmalen Augen an. »So wie bei meinem Vorstellungsgespräch, als Sie sich einen Spaß daraus gemacht haben, so zu tun, als wüssten Sie nicht, dass ich die Frau aus der Umkleidekabine bin?«

Er lächelte. »Wie lautet Ihre Frage?«

»Sind Sie mit jemandem zusammen?«

»Fragen Sie, weil Sie an der Position interessiert sind, falls ich Nein sage?«

Ich spürte, wie mir die Hitze in die Wangen schoss. »O nein … Ich wollte damit nicht andeuten …«

»Entspannen Sie sich, nur ein Scherz. Sie werden ja tatsächlich rot, Dr. Vaughn.«

Es war schrecklich, dass mein Gesicht mich immer verraten musste. Ich berührte meine warme Wange und schüttelte den Kopf. »Tja, es ist etwas peinlich, wenn der Chef denkt, man würde ihn in der zweiten Woche anbaggern.« Merrick schien sich prächtig zu amüsieren. »Es macht Ihnen wirklich Spaß, mich in Verlegenheit zu bringen, oder?«

Er schien einen Moment darüber nachzudenken, bevor er antwortete. »Seltsamerweise, ja.«

»Machen Sie das mit allen Ihren Angestellten?«

Merrick schüttelte langsam den Kopf. »Nur bei Ihnen.«

»Warum?«

Er zuckte mit den Schultern. »Ich habe keine verdammte Ahnung. Aber um Ihre Frage zu beantworten, nicht ernsthaft, nein.«

»O mein Gott, jetzt erinnere ich mich nicht einmal mehr an die Frage.«

Er grinste. »Sie wollten wissen, ob ich mit jemandem zusammen bin.«

»Stimmt.« Ich schüttelte den Kopf. »Meine Frage bezog sich darauf, dass Sie so wenig Urlaub machen. Sie haben gesagt, es sei schwierig, abzuschalten. Aber ich denke, wenn man jemanden hat, der einen fesselt, sollte es das nicht sein. Ich denke, wir alle brauchen etwas, das uns von unserer Arbeit ablenkt.«

Merricks Blick zuckte zu meinen Lippen und verursachte ein Flattern tief in meinem Bauch. Er führte sein Wasser zum Mund. »Das werde ich mir merken.«

Zum Glück kam in dem Moment unser Essen. Ich tauschte die Hälfte meines Sandwiches gegen die Hälfte seines Burgers und nahm ihn schnell in die Hand. Irgendwie hatte ich das Bedürfnis, mich von den Gefühlen abzulenken, die mein Chef in mir auslöste.

»Wenn Sie sich mal eine Auszeit nehmen wollen, ich kenne da übrigens ein tolles Glamping-Airbnb.«

Er zwinkerte mir zu. »Ich glaube, ich bin eher der Typ für ein Baumhaus.«

»Im Ernst: Ich weiß, dass Sie von der Pflicht zur Beratung befreit sind, aber wir können alle eine Auszeit gebrauchen, um uns zu entspannen. Wie kann man entspannen, wenn man sich nicht einmal freinimmt?«

»Es gibt viele Möglichkeiten, Stress abzubauen, ohne sich wochenlang freizunehmen. Ich bin mir allerdings nicht sicher, ob die Personalabteilung will, dass ich Ihnen meine persönlichen Favoriten nenne.«

»Ah. Ich glaube, die kommen für mich nicht infrage, ist schon zu lange her.«

Kurze Zeit später verließen wir gemeinsam das Restaurant. Zur Subway musste ich nach links gehen, Merrick zu dem Gebäude, in dem er lebte und arbeitete, nach rechts.

»Nochmals vielen Dank, dass Sie sich die Zeit genommen haben, meine ganzen Fragen zu beantworten – und für das Abendessen«, sagte ich.

»Kein Problem.«

»Na dann, gute Reise.« Ich deutete mit dem Kopf in Richtung Subway. »Ich muss da lang.«

»Nein, müssen Sie nicht.« Merrick deutete mit dem Kopf in eine Richtung. »Sie gehen da lang.«

Ich war verwirrt, folgte aber seiner Blickrichtung. Die dunkle Limousine, mit der er mich neulich Abend abgesetzt hatte, wartete am Bordstein. Der Fahrer stieg aus und öffnete die Hintertür.

»Es ist schon nach acht. Wenn sie so lange arbeiten, nehmen meine Mitarbeiter einen Fahrdienst nach Hause.«

»Das ist sehr großzügig von Ihnen, aber ich fahre gern mit der Subway.«

»Ganz bestimmt, aber nehmen Sie trotzdem den Wagen.«

Ich blinzelte. »Offenbar müssen Sie mich jetzt wieder herumkommandieren.«

»Offenbar müssen Sie mir jetzt wieder auf die Nerven gehen.« Er versuchte, ein strenges Gesicht zu machen, konnte die Belustigung in seinen Augen jedoch nicht verbergen. »Gute Nacht, Ms Vaughn.«

»*Doktor* Vaughn.«

Seine Lippen zuckten, aber er sagte nichts mehr. Also ging ich zu dem Wagen. Bevor ich einstieg, drehte ich mich um, um mich zu verabschieden, und sah, dass Merricks Blick auf meinem Hintern klebte. Ich erwartete einen verlegenen Gesichtsausdruck oder dass er zumindest so tat, als wäre es ihm peinlich – so wie mir neulich, als er mich dabei erwischt hatte.

Doch davon war keine Spur zu sehen.

11. Kapitel

Merrick

»Sie ist verdammt heiß«, sagte Will, aber ich hatte nicht richtig zugehört. Wie so oft in den letzten Wochen war ich mit den Gedanken woanders gewesen.

»Was?«

Mit dem Kinn deutete er in Richtung Flur, wo Evie ein Stück von meiner Tür entfernt mit Joan von der Personalabteilung sprach. »Der Doc. Sie ist heiß. Normalerweise stehe ich eher auf Frauen, die zeigen, was sie haben. Du kennst meinen Typ – gefärbte Blondinen, üppiges Dekolleté, viel Make-up. Auf solche, die sich nicht scheuen, ihre Reize zu betonen. Aber der Doc? Sie hat den Sexappeal einer Bibliothekarin. Sie sollte die dicke Brille und die Pumps unbedingt anbehalten, wenn ich ihr die Kleider vom Leib reiße.«

»Sei kein Idiot. Sie arbeitet hier, verdammt.«

»Im Ernst? Du hast sie gerade angestarrt. Jedes Mal, wenn sie vorbeigeht, verlierst du den Faden. Weißt du, woran mich das erinnert? Als mein kleiner Bruder zwei oder drei Jahre alt war, bekamen wir einen Hund – einen Husky mit zwei verschiedenfarbigen Augen. Das Vieh war wunderschön. Jedenfalls übte Jared zu der Zeit gerade, aufs Töpfchen zu gehen, und er war besessen von dem Hund. Immer, wenn er vor der Toilette stand, hörte ich piesel, piesel, piesel. Dann ging der Hund vorbei, und man hörte nichts mehr, bis der Hund an der Tür vorbei war. Dann ging es wieder los – piesel, piesel, piesel. Jedes verdammte Mal. Er pisste den ganzen Boden voll, so abgelenkt war er.«

Will nahm eine Pommes frites in die Hand und wedelte damit in Richtung Flur. »Sie ist dein Husky. Vermutlich sollte ich froh sein, dass wir sie von der Herrentoilette aus nicht sehen können, sonst würdest du mir noch auf die Schuhe pissen, wenn ich neben dir am Pissoir stehe.«

Ich musterte ihn finster. »Was zum Teufel ist los mit dir?«

»Ich habe doch nur gesagt, was du denkst.«

»Du weißt nicht, wovon du redest.«

»Ach ja? Es macht dir also nichts aus, wenn ich Evie um ein Date bitte?«

Ich biss die Zähne zusammen. »Es würde mir nichts ausmachen. Aber unsere Unternehmenspolitik spricht dagegen.«

Will grinste. »Ach ja? Warte mal eine Sekunde.« Joan und Evie hatten ihr Gespräch beendet und entfernten sich. Will bildete mit den Händen einen Trichter um seinen Mund und rief: »Hey, Joan!«

Die Leiterin der Personalabteilung blickte in mein Büro, und Will winkte sie herein.

Sie öffnete die Tür einen Spalt breit. »Brauchst du etwas?« Will nickte. »Kannst du mir auf die Sprünge helfen? Was sagt unsere Firmenpolitik zu Beziehungen unter Kollegen?«

»Es ist gegen die Regeln, sich mit einem Untergebenen zu verabreden.«

»Und warum haben wir diese Regel noch mal?«

»Damit ein Mitarbeiter nicht in eine unangenehme Lage gerät. Jemand könnte sich verpflichtet fühlen, aus Angst vor Konsequenzen Ja zu etwas zu sagen. Umgekehrt, wenn eine Mitarbeiterin mit ihrem Chef ausgeht, wie sieht es dann aus, wenn diese Mitarbeiterin befördert wird?«

»Es ist also keine unternehmensweite Regel, richtig? Wenn jemand in einer anderen Abteilung arbeitet, können zwei Mitarbeiter zusammenkommen?«

Joan zuckte mit den Schultern. »Ich wüsste nicht, warum nicht. John Uptons Frau Allison hat früher in der Buchhaltung gearbeitet. Er ist Trader, und sie war für die Kreditorenbuchhaltung zuständig, es gab also keinen Interessenkonflikt. Viele Paare lernen sich bei der Arbeit kennen.«

Will lehnte sich auf seinem Stuhl zurück und verschränkte in einer selbstgefälligen Geste die Hände hinter dem Kopf. »Danke, Joan.«

»Klar. Sonst noch was?«

Er schüttelte den Kopf. »Nein. Du hast uns sehr geholfen.«

Als sie die Tür schloss, wurde Wills hämisches Grinsen noch breiter. »Also, wie ich schon sagte … Es macht dir doch nichts aus, wenn ich sie um ein Date bitte? Diesen Freitagabend ist diese Wohltätigkeitsveranstaltung, und ich habe noch keine Begleitung.«

»Meinetwegen«, brummte ich. »Halt einfach die Klappe und iss. Ich habe jede Menge zu tun.«

Am folgenden Freitagnachmittag hatte ich Wills Versuch, mich zu provozieren, ganz vergessen. Ich hatte mir eingeredet, dass er Evie nicht ernsthaft um ein Date bitten wollte – bis sie an meine Bürotür klopfte.

»Hallo. Haben Sie eine Minute Zeit?«, fragte sie.

»Klar. Der Markt hat gerade geschlossen.«

Sie lächelte. »Ich weiß. Ich habe so lange abgewartet.«

»Was gibt's?«

»Also, ich habe mich diese Woche mit einer Reihe weiterer Mitarbeiter getroffen. Und zwei Punkte, die immer wieder auftauchen, sind mangelndes Vertrauen und mangelnde Erreichbarkeit der Unternehmensleitung.«

»Wie meinen Sie das?«

»Einige Angestellte haben nicht das Gefühl, dass ihr vorgesetzter Manager ihnen vertraut. Sie machen zum Beispiel einen Handel, und ein paar Minuten später kommt ihr Vorgesetzter vorbei und stellt ihre Entscheidung infrage. Sie haben dann das Gefühl, dass ihr Urteilsvermögen angezweifelt wird.«

»Es ist die Aufgabe des vorgesetzten Managers, die Transaktionen zu überwachen und mögliche Probleme zu erkennen.«

»Aber wenn man jemanden zu etwas befragt, das er bereits getan hat, bekommt das Gespräch automatisch von Anfang an einen negativen Ton.«

»Was schlagen Sie also vor? Manager sind nur sinnvoll, wenn sie Aktionen überwachen.«

»Könnte man dem vielleicht eine positivere Richtung geben? Vielleicht könnten sich Manager und Mitarbeiter zu Beginn des Tages treffen, um geplante Transaktionen durchzusprechen. Wenn dann eine fragwürdige Transaktion durchgeführt wird, versteht der Vorgesetzte bereits, warum, und muss die Entscheidung des Mitarbeiters nicht mehr hinterfragen. Das Ergebnis ist dasselbe, aber der Mitarbeiter fühlt sich nicht mehr überwacht, sondern gehört.«

»Lassen Sie mich raten. Die Beschwerden beziehen sich alle auf einen Manager: Lark Renquist? Ich habe Ihnen doch gesagt, dass die alten Hasen nicht gern einem Mann unterstellt sind, der ihr Sohn sein könnte. Sie hätten kein Problem damit, sich von einem Vorgesetzten kritisieren zu lassen, der schon länger dabei ist.«

»Ich bin nicht hier, um jemanden anzuschwärzen, noch möchte ich Details preisgeben und das Vertrauen der Mitarbeiter verletzen. Aber ich habe es oft genug gehört, um zu vermuten, dass es die Ursache für unnötigen Stress sein könnte.«

»Gut. Ich rede mit den Managern. Ist das alles?«

»Mein Eindruck ist, dass die Leute das Gefühl haben, die obere Etage wäre nicht erreichbar.«

»Sprechen Sie von mir?«

»Von Ihnen und Ihrem Führungsteam.«

»Ich bin jeden Tag hier, und mein Team ist es auch. Ich habe eine Glastür, meine Güte. Die Leute können sehen, ob ich beschäftigt bin, und vorbeikommen, wenn ich es nicht bin.«

»Vielleicht ist ›erreichbar‹ nicht das richtige Wort. Nahbar?« Sie nickte. »Ich denke, so kann man es besser ausdrücken. Sie mögen hier im Büro sein, aber es kommt mir nicht so vor, als hätten die Leute ein gutes Gefühl, wenn sie auf Sie und andere zugehen.«

»Und das ist meine Schuld? Ich kann keine Gedanken lesen und weiß nicht, wann jemand mit mir sprechen will. Also gehe ich nicht hin und beginne ein Gespräch.«

»Ich glaube nicht, dass es Ihre Schuld ist. Ich glaube, Sie sind einfach von Natur aus einschüchternd.«

Ich schüttelte den Kopf. »Das klingt, als wäre das deren Problem, nicht meins.«

Sie lächelte. »Könnten Sie sich vorstellen, monatliche Treffen in der Art einer öffentlichen Fragestunde einzurichten? Vielleicht im Großraumbüro, wo die meisten der Belegschaft sitzen? Sie könnten die Gelegenheit nutzen, den Mitarbeitern ein paar aktuelle Informationen mitteilen und Fragen beantworten. Auch eine Art Teambuilding-Workshop, der außerhalb der Firma stattfindet, wäre eine gute Idee.«

»Sie meinen, wo sich einer fallen lässt und der andere ihn auffängt?«

»So ähnlich.«

»Glauben Sie, das wird die Leute davon abhalten, mich zu verklagen, wenn sie es hier nicht packen, und sich zu prügeln, wenn es hoch hergeht?«

Evie zuckte mit den Schultern. »Lassen Sie mich nur machen. Ich kann das alles mit Joan organisieren.«

Ich seufzte. »Sonst noch was? Soll ich mir ein paar Babys suchen, die ich küssen könnte, oder ein paar Kätzchen retten, die auf einem Baum festsitzen?«

Evie stand auf. »Danke, Chef.«

»Ja, ja, ja.«

Sie ging zur Tür. »Sehen wir uns später?«

Als sie gekommen war, hatte ich gerade gehen wollen, und so stand ich auf. »Eigentlich will ich hier heute pünktlich verschwinden. Ich muss mich für eine Wohltätigkeitsveranstaltung umziehen.«

»Oh, das habe ich gemeint. Ich gehe auch jetzt, um mich fertigzumachen. Wenn ich mich nicht beeile, ist Will noch vor mir bei mir.«

Ich erstarrte. *Dieser Scheißkerl.* Er hatte sie also doch um ein Date gebeten.

Ich unterhielt mich gerade mit Erin Foster, der Leiterin des Home-Start-Programms, das bedürftige Kinder und Familien unterstützte und für das wir heute Abend Geld sammeln wollten, als Evie und Will hereinkamen. Die Veranstaltung hatte bereits vor einer Stunde begonnen, und ich dachte schon, Will hätte Evie angestiftet, nur so zu tun, als würde sie kommen, um mich zu ärgern – das ergab zwar nicht wirklich Sinn, aber meine

Gefühle, wenn ich mir die beiden zusammen vorstellte, genauso wenig.

Evie und Will standen zusammen an der Bar und warteten auf ihre Getränke. Aus einiger Entfernung beobachtete ich, wie Wills Blick durch den Raum flog. Als er mich entdeckte, verzog er die Lippen zu einem teuflischen Grinsen, und seine Hand wanderte zu Evies Rücken. Sie trug ein rotes Kleid mit tiefem Rückenausschnitt, sodass seine Finger ihre nackte Haut berührten. Ich starrte ihn derart durchdringend an, dass ein unbeteiligter Beobachter meinen könnte, ich wollte eine Art Jedi-Gedankentrick bei ihm anwenden.

»Merrick?«, fragte Erin. Sie drehte sich um und blickte in die Richtung, in die ich starrte. »Ist alles okay?«

Ich blinzelte ein paarmal und schüttelte den Kopf. »Ja, tut mir leid. Ich wollte nur ... Entschuldigen Sie. Was haben Sie gesagt?«

»Ich habe Ihnen gerade von unserer neuen Initiative erzählt, die sehr erfolgreich ist. Wir haben unsere Unternehmenssponsoren und Partner gebeten, eine Spendenseite auf ihrer Website einzurichten. Wir stellen den gesamten Text, die Grafiken und den HTML-Code zur Verfügung, sodass Ihr Webmaster die Seite ganz leicht einfügen kann. So zeigen Sie Ihren Kunden, dass Ihr Unternehmen ein soziales Bewusstsein hat, und wir haben die Möglichkeit, potenziellen Spendern zu erklären, wer wir sind und was wir tun. Ein Unternehmen für Finanzbuchhaltung hat eine Spendenseite eingerichtet und einen kleinen Button auf der Homepage platziert, über den sich Kunden anmelden können. In dem Monat hatten wir eins der höchsten Spendenaufkommen bislang, obwohl wir niemanden direkt angesprochen haben. Glauben Sie, Crawford Investments könnte so etwas für uns tun?«

Ich nickte. »Sicher. Ich spreche mit meinem IT-Mitarbeiter und lasse Sie wissen, wie wir am besten vorgehen.«

Erin klatschte leise in die Hände. »Danke!«

Mein Blick wanderte zurück zur Bar. Will und Evie unterhielten sich gerade mit einem Banker, dem ich schon ein paarmal begegnet war. Sie stand mit dem Gesicht zu mir und sah Tom oder Tim oder Tucker – oder wie hieß der Kerl noch mal? – an. Ich kam nicht drauf, kein Wunder, ich konnte den Blick nicht von ihr losreißen und deswegen keinen klaren Gedanken fassen. Ihr Kleid hatte einen V-Ausschnitt, der ihre Kurven umschmeichelte. Sie zeigte definitiv mehr Haut als im Büro, aber sie sah immer noch edel und elegant aus. Als sie sich nach vorn beugte, um jemandem die Hand zu schütteln, lugte ein Hauch ihres Oberschenkels aus dem hohen Schlitz ihres Kleides hervor. *Verdammt*! Sie hatte tolle Beine.

Ich dachte, ich wäre diskret gewesen, aber als ich meinen Blick von Evie löste und meine Aufmerksamkeit wieder auf Erin richtete, grinste sie. »Sie ist sehr schön. Wie heißt sie?«

Ich versuchte, mich dumm zu stellen, und hob mein Getränk an die Lippen. »Wer?«

»Die Frau in dem roten Kleid, von der Sie nicht den Blick losreißen konnten.«

Ich sah mich um, als wüsste ich nicht, wen sie meinte. Vielleicht übertrieb ich ein bisschen. »Ich weiß nicht, von wem Sie sprechen.«

Sie lächelte. »Mmmh.« Sie deutete auf Will und Evie. »Nun, Sie werden es wohl gleich herausfinden, denn sie ist auf dem Weg hierher.«

Und tatsächlich, Will und Evie waren auf halbem Weg durch den Raum und steuerten direkt auf uns zu. Will hatte immer noch dieses blöde Grinsen im Gesicht.

»Wie läuft's, Chef?« Er wippte auf den Ballen.

Ich nickte beiden kurz zu. »Will. Evie.«

»Ich glaube, wir kennen uns noch nicht.« Erin streckte Evie die Hand hin. »Ich bin Erin Foster. Ich leite Home Start.«

Evie schüttelte ihr die Hand. »Freut mich sehr, Sie kennenzulernen. Will hat mir gerade auf dem Weg hierher von Ihrem Programm erzählt. Meine Mutter war ein Opfer häuslicher Gewalt, und wir waren im Laufe der Jahre auf eine Menge vorübergehender Unterkünfte angewiesen. Opfern bei der Suche nach einer dauerhaften Bleibe zu helfen, wie Sie es tun, wo sie Wurzeln schlagen können, ist sehr wichtig.«

»Auf jeden Fall. Kurzfristig die Menschen in Sicherheit zu bringen, hat verständlicherweise bei den meisten Organisationen gegen häusliche Gewalt Priorität. Aber wir konzentrieren uns auf das, was danach kommt. Bei Opfern von Missbrauch und Gewalt, die ein eigenes Haus besitzen, liegt die Wahrscheinlichkeit bei dreiundneunzig Prozent, dass sie nicht mehr zurückkehren. Unser Ziel ist es also, Frauen den Erwerb von Wohneigentum zu erleichtern, indem wir sie bei der Anzahlung unterstützen und ihnen zinsgünstige Darlehen von Partnerbanken besorgen.«

»Das ist toll. Ich weiß nicht, wie ich helfen könnte, aber ich stehe Ihnen gern zur Verfügung.«

»Sind Sie Maklerin?«

Evie schüttelte den Kopf. »Nein. Ich bin Psychologin.«

»O mein Gott, ich muss Sie unbedingt Genie vorstellen. Sie leitet eine Gruppe, die Menschen beim Übergang in ihr neues Leben begleitet. Ich bin mir absolut sicher, dass sie Ihre Unterstützung gebrauchen kann.«

Evie lächelte. »Okay.«

Erin warf einen Blick auf Will und dann auf mich. »Ich hoffe, es macht Ihnen nichts aus, wenn ich sie für ein paar Minuten entführe.«

Wir zuckten beide mit den Schultern, aber es war Will, der sprach. »Entführen Sie sie.«

Erin hakte sich bei Evie ein, und die beiden plauderten im Weggehen weiter. Will und ich beobachteten, wie sie zu einer Gruppe von Frauen an einem Tisch traten.

Will lehnte sich zu mir. »Piesel, piesel, piesel.«

Ich sah ihn an, als ob er zwei Köpfe hätte. »Was zum Teufel?«

»Genau wie mein Bruder beim Pinkeln mit dem Hund.« Will nippte mit einem hämischen Grinsen an seinem Drink.

Ich rollte mit den Augen.

»Ich kann es dir nicht verdenken«, sagte er. »Mein Date sieht heute Abend wahnsinnig heiß aus, stimmt's?«

»Sei kein Arsch.«

»Warum bin ich ein Arsch?«

Ich ignorierte ihn. »Warum kommt ihr so spät?«

Er grinste wie ein Honigkuchenpferd. »Evie brauchte etwas Hilfe, um in ihr Kleid zu kommen.«

Ich sah ihn finster an. Zum Glück meldete sich der Moderator über die Lautsprecher und bat alle, sich an ihren Platz zu begeben. Wir hatten für die Veranstaltung einen Zwölfertisch gekauft, und so blieb mir nichts anderes übrig, als mich zu Will zu setzen. Vier andere Mitarbeiter von Crawford und ihre Begleitungen saßen bereits, und ich machte die Runde und begrüßte alle, bevor ich meinen Platz einnahm. Der Stuhl zwischen Will und mir war noch leer, als Evie ein paar Minuten später zu uns kam. Ich stand auf und zog ihn für sie heraus, denn ihr Begleiter flirtete derart intensiv mit einer Frau vom Nebentisch, dass er ihre Rückkehr überhaupt nicht bemerkte.

»Danke«, sagte Evie, als ich ihren Stuhl an den Tisch schob.

Der Moderator betrat die Bühne, und in der nächsten halben Stunde hörten wir uns Reden über alles an, was Home Start im letzten Jahr erreicht hatte. Nun, die meisten von uns hörten zu. Will war zu sehr damit beschäftigt, in sein Telefon zu tippen. Den Blicken nach zu urteilen, war ich mir ziemlich sicher, dass er sich mit der Frau vom Nachbartisch schrieb. Zum Glück schien seine Begleiterin das nicht zu bemerken. Als die Reden endlich zu Ende waren, wurde die Tanzfläche eröffnet, und es hieß, in Kürze werde das Abendessen serviert.

Will verlor keine Zeit, sich vom Tisch zurückzuziehen und stand umgehend auf. »Ich gehe tanzen.«

Ich spannte den Kiefer an, sicher, dass er mit der Frau tanzen wollte, die er heute Abend mitgebracht hatte. Stattdessen ging er zum Nebentisch und nahm die Hand der Frau, mit der er geflirtet hatte.

Ich runzelte die Stirn, aber Evie tat zumindest so, als würde es ihr nichts ausmachen. Lächelnd beobachtete sie, wie Will eine Show hinlegte und die andere Frau über die Tanzfläche wirbelte. Als ein neuer Song begann und Will seine Partnerin dicht an sich zog, fühlte ich mich unwohl, darum versuchte ich, Evie abzulenken.

»Ich hätte Sie vor Erin warnen sollen. Man braucht nur einen Blick in ihre Richtung zu werfen, und im nächsten Moment hat sie einem entweder Geld aus der Tasche gezogen, oder man arbeitet für sie.«

»Oh, nein. Ich helfe gern ehrenamtlich. Home Smart ist eine tolle Organisation. So etwas fehlt mir in meinem Leben.« Evie lächelte. »Danke, dass Sie mich eingeladen haben.«

Seltsam, dass sie sich bei mir bedankte, denn ich hatte sie nicht eingeladen. Aber wahrscheinlich dachte sie, die Firma hätte alle Plätze bezahlt, was stimmte. »Meine Großmutter hat mir von dem Programm erzählt«, sagte ich. »Einige der Leute, mit denen sie gearbeitet hat, haben durch Home Start Wohnungen gefunden.«

»Ah. Ich hätte wissen müssen, dass Kitty irgendwie ihre Finger im Spiel hat.« Sie lächelte. »Es tut mir leid, dass wir meinetwegen zu spät gekommen sind. Will war es schrecklich unangenehm, dass er mein Kleid zerrissen hat.«

»Er … hat Ihr Kleid zerrissen?«

»Oh, ich dachte, das wüssten Sie. Er sagte, er würde Ihnen eine Nachricht schicken und Ihnen Bescheid sagen, dass wir uns verspäten. Ich war angezogen und bereit, aber ich musste noch zur Toilette, bevor wir gingen. Mein Reißverschluss klemmte, also bat ich Will nachzusehen, ob er ihn öffnen könnte. Das konnte er zwar, dabei hat er ihn allerdings aus der Naht gerissen. Ich habe kein anderes Kleid bei meiner Schwester, der Großteil meiner Kleider ist noch eingelagert. Also musste ich warten, bis sie nach Hause kam und den Riss genäht hat. Ich habe kein Talent zum Nähen, schon gar nicht bei einem so empfindlichen Stoff. Als sie es endlich repariert hatte und wir gehen wollten, ist eine meiner Kontaktlinsen herausgesprungen.« Sie schüttelte den Kopf. »Es war also gut, dass Sie Will gebeten haben, mich abzuholen. Sonst wären Sie auch zu spät gekommen.«

»Ich habe Will gebeten, Sie abzuholen?«

Als Evie meine Frage hörte, hielt sie inne und zog die Brauen zusammen. »Er sagte, Sie müssten früher hier sein, und wir würden Sie hier treffen.«

Mir war irgendetwas entgangen. Zuerst hatte sie gesagt, ich hätte sie eingeladen, und jetzt dachte sie, ich hätte Will gebeten, sie abzuholen. Irgendetwas stimmte nicht, aber ich war schon lange mit Will befreundet und wusste, dass ich am besten fuhr, wenn ich mitspielte.

Also nickte ich. »Genau. Einige der Sponsoren kommen früh, um an der Tür zu stehen und die Leute mit den Mitarbeitern von Home Start zu begrüßen.«

Als der zweite Song zu Ende war, entschuldigte sich Evie, um zur Damentoilette zu gehen. Eine Minute später kam Will an den Tisch zurück. Er setzte sich auf Evies Stuhl neben mir und raunte mir zu: »Ich mache mich früher aus dem Staub.«

»Wovon zum Teufel redest du?«

Er deutete über seine Schulter auf die Frau, mit der er getanzt hatte. Sie wartete bereits mit ihrer Tasche in der Hand. »Carly hat vorgeschlagen, in den anderen Raum zu gehen, damit wir nicht gegen die Musik anreden müssen. Ich habe vorgeschlagen, stattdessen in meine Wohnung zu gehen. Sie ist dabei, also bin ich weg.«

»Was ist mit deiner Begleitung?«

»Welcher Begleitung?«

»Du bist doch mit Evie gekommen, oder?«

Will lächelte. »Bruder vor Luder, Mann. Denkst du wirklich, ich würde mit der Frau ausgehen, auf die du scharf bist?«

»Was redest du denn da? Sie hat mir gerade erzählt, du hättest sie abgeholt, und ich habe euch zusammen hereinkommen sehen.«

»Ich habe Evie gesagt, dass *du* sie eingeladen hättest.« Er zuckte mit den Schultern. »Dass alle Führungskräfte da wären und du mich gebeten hättest, sie im Wagen mitzunehmen und sie einzuführen, weil du früher kommen müsstest.«

»Warum solltest du das tun?«

»Weil du ein verdammter Idiot bist und sie nicht selbst fragen würdest.«

»Hast du vielleicht mal daran gedacht, dass das damit zu tun hat, dass ich sie nicht fragen *will*?«

»Nicht eine Sekunde lang. Du magst sie, das wissen wir beide. Du hältst es nur für eine schlechte Idee, weil sie für deine Firma arbeitet.«

»Vielleicht, weil es eine schlechte Idee *ist*.«

»Einige der besten Zeiten im Leben beginnen mit einer schlechten Idee, mein Freund.«

Will schlug sich aufs Knie und stand auf. »Wenn man vom Teufel spricht.« Er streckte Evie die Hand hin, ich hatte sie gar nicht kommen sehen. »Ich werde diesen Ort verlassen. Merrick bringt Sie nach Hause.«

»Ah, okay. Aber ich kann mir auch später ein Uber rufen. Kein Problem.«

Will grinste in meine Richtung. »Ich bin sicher, der Chef wird darauf bestehen. Viel Spaß, ihr zwei.«

Evie schien über die plötzliche Wendung der Ereignisse etwas verwirrt zu sein. Dass Will ging, störte sie aber offenbar nicht im Geringsten. Sie lachte. »Ihnen auch, Will. Und danke, dass Sie mein Kleid kaputt gemacht haben.«

Er zwinkerte ihr zu, dann verschwand er. »Jederzeit, Schönheit.«

12. Kapitel

Evie

Ich bemerkte erst, dass ich ihn angestarrt hatte, als ein laszives, sexy Lächeln auf Merricks Gesicht erschien.

Er stand ein Stück entfernt und sprach mit zwei Männern. Zu meiner Verteidigung muss ich sagen, dass er im Grunde direkt in meinem Blickfeld stand, wie konnte ich ihn da nicht ansehen? Es hatte nichts damit zu tun, wie gut er in dem schwarzen Smoking aussah oder wie lässig er eine Hand in die Hosentasche schob, wobei er den Daumen außen einhakte. Und es hatte ganz sicher nichts damit zu tun, wie breit seine Schultern in dem Anzug wirkten oder wie sich das Hemd zu seiner schmalen Taille hin verjüngte. Nein. Er stand einfach genau da, wo zufällig mein Blick hinfiel. Zumindest hatte er dort gestanden, denn jetzt kam er direkt auf mich zu.

Er legte eine Hand auf die Rückenlehne von Wills leerem Stuhl. »Sie haben den ganzen Abend noch nicht getanzt.«

»Ich habe Sie auch noch nicht auf der Tanzfläche gesehen.«

Er streckte eine Hand aus. »Wollen wir das gleich ändern?«

Ich zögerte, aber dann wurde mir klar, dass ich mich lächerlich verhielt. Die Kollegen hatten den ganzen Abend zusammen getanzt. Dies war eine geschäftliche Veranstaltung, kein Date. Also legte ich meine Hand in seine und lächelte. »Klar.«

Merrick führte mich auf die Tanzfläche und zog mich an sich. Plötzlich wurde mir bewusst, dass er der erste Mann war, mit dem ich seit dem Hochzeitsfiasko tanzte. Auf der Feier hatte ich mit Christian tanzen müssen – zehn Minuten, bevor die Hölle losbrach.

Merrick musste meinen Gesichtsausdruck bemerkt haben. Er lockerte seinen Griff und rückte etwas von mir ab. »Wir müssen nicht tanzen.«

»Doch, doch.« Ich schüttelte den Kopf. »Ich möchte tanzen. Ich war nur gerade mit den Gedanken woanders.«

Er sah mir in die Augen. »Sind Sie sicher?«

Ich nickte. »Absolut.«

Ich hatte nicht das Gefühl, dass er mir glaubte, aber er nickte dennoch, und wir setzten unseren Tanz fort. Nach einer Minute peinlichen Schweigens seufzte ich.

»Das letzte Mal habe ich auf meiner Hochzeit getanzt.« Ich lächelte traurig. »Ich tanze für mein Leben gern. Es hat mich nur gerade an das Fiasko erinnert. Das ist alles.«

Ein verständnisvoller Ausdruck strich über Merricks Gesicht, und er nickte. Er öffnete den Mund, um etwas zu sagen, schloss ihn jedoch wieder und wandte den Blick ab.

»Was?«, fragte ich.

»Nichts.«

Ich nahm an, dass er eine Bemerkung über meine Hochzeit machen wollte, also hakte ich nach. »Doch, Sie wollten etwas sagen und haben es sich verkniffen. Ich will wissen, was es war.«

Merrick runzelte die Stirn. »Ich wollte gerade sagen, dass Sie heute Abend wunderschön aussehen.«

Das war eindeutig nicht das, womit ich gerechnet hatte. »Und warum haben Sie es sich verkniffen?«

»Ich wollte mich nicht unangemessen verhalten.«

»Muss ich Sie noch einmal daran erinnern, dass Sie mich nur einstellen wollten, weil ich unqualifiziert bin?«

»Das werden Sie wohl nie vergessen, oder?«

»Ich bezweifle es.« Ich lächelte. »Aber danke für das Kompliment. Sie sehen auch nicht übel aus.«

Merricks Augen funkelten: »Habe ich Sie deshalb ein paarmal dabei erwischt, wie Sie mich angestarrt haben?«

»O mein Gott.« Ich lachte. »Sie sind ganz schön von sich überzeugt, oder? Sie haben direkt vor mir gestanden.«

»Aha.«

»Und ich wollte Ihnen doch gerade auch noch ein Kompliment zu Ihrem Cologne machen. Aber dann denken Sie wahrscheinlich, ich wollte Sie heiraten.«

Merrick wirbelte mich über die Tanzfläche. »Nein. Dass Sie mit mir knutschen wollen, heiraten noch nicht.«

Wir lachten beide.

Seine Neckerei war genau, was ich brauchte, um meinen letzten Tanz zu vergessen. »Übrigens, danke, dass Sie den Kontakt zu Nick, dem Immobilienmakler, hergestellt haben. Ich werde mir bald ein paar Wohnungen mit ihm ansehen. Er ist witzig, und Sie hatten recht. Ich habe ihm die Gegenden genannt, die mich interessieren würden, und bis auf zwei hat er alle ausgeschlossen.«

Merrick nickte. »Er hält mit seiner Meinung nicht hinterm Berg, aber er verschwendet auch keine Zeit damit, einem Mist zu zeigen, den man nicht haben will. Allerdings kann er auch versuchen, einen mit Gewalt von Dingen abzubringen, die er nicht für Volltreffer hält, da müssen Sie standhaft bleiben. Er wollte auf keinen Fall, dass ich in dem Gebäude wohne, in dem ich arbeite, aber für mich funktioniert es.«

Ich nickte. »Ja, ich habe auf einem haustierfreundlichen Haus bestanden. Ich habe ihm erklärt, dass ich eine Wohnung bräuchte, in der Haustiere erlaubt sind, weil ich mir irgendwann einen Hund zulegen möchte. Daraufhin schickte er mir einen Artikel mit dem Titel ›Neunundneunzig Gründe, warum man in New York City kein Haustier halten sollte‹. Ich sagte ihm, das wäre ein Dealbreaker.«

Merrick lächelte. »Ich sagte ihm, ich hätte schon ein Haustier, als ich meine Wohnung gesucht habe. Er schickte mir eine Liste von Tierheimen, die Haustiere von Menschen aufnehmen, die sie wegen eines Umzugs abgeben müssen.«

»Zählen Fische als Haustiere?« Kaum hatte ich die Worte ausgesprochen, wurde mir klar, dass ich in ein Fettnäpfchen getreten war. Merrick sah mit schief gelegtem Kopf zu mir herunter.

Ich schloss die Augen. »Könnten wir … einfach so tun, als hätte ich das gar nicht gefragt?«

»Auf keinen Fall.«

Wenigstens klang er amüsiert und nicht ärgerlich. Ich öffnete ein Auge, um zu sehen, ob seine Miene zu seinem Tonfall passte, und er hob eine Augenbraue. Das Grinsen, das jetzt in seinem Gesicht erschien, war wesentlich leichter zu durchschauen als sonst – es sagte, dass er eine Katze war, die gerade eine Maus gefangen hatte und mit ihr spielen wollte, bevor er entschied, ob er sie gehen lassen oder ihr den Kopf abbeißen würde.

Seufzend schüttelte ich den Kopf. »Mir fällt noch nicht mal eine Ausrede ein, die ich selbst glauben würde, und dabei bin ich viel leichtgläubiger als Sie. Also gebe ich einfach zu, dass ich mich in Ihrer Wohnung umgesehen habe, und nehme meine Strafe hin.«

Merrick grinste noch breiter. »Sie waren in meinem Schlafzimmer.«

Ich spürte, wie meine Wangen brannten. »Es tut mir leid. Ich bin nicht wirklich hineingegangen – ich schwöre es. Ich habe nur … Ich weiß nicht. Es hat höchstens dreißig Sekunden gedauert oder weniger. Ihre Wohnung ist umwerfend, und ich konnte nicht anders.«

Merrick entließ mich noch nicht. Er blickte mich einfach weiter schweigend an, woraufhin ich losplapperte, um die Stille zu füllen. »Was für eine Bettgröße ist das überhaupt? Es muss größer sein als ein Kingsize-Bett. Vielleicht ein kalifornisches Kingsize-Bett, aber es schien noch größer zu sein. Auf dem Ding könnte man eine Party feiern.« Ich schloss erneut die Augen. »Bitte sagen Sie nicht, dass ich gerade angedeutet habe, mein Chef hätte mehrere Personen zugleich in seinem Bett.«

»Ich glaube, haben Sie.«

Ich schüttelte den Kopf. »Ich halte für den Rest des Songs die Klappe. Apropos, wann zum Teufel ist er endlich zu Ende, damit ich mich in ein Loch verkriechen kann?«

Merrick lächelte und zog mich näher an sich. »Schon in Ordnung. Solange Sie nicht in den Nachttisch gesehen haben.«

Ich zog die Nase kraus. »Was ist in dem Nachttisch?«

Er lachte, und ich boxte ihn scherzhaft gegen die Brust. »Sie nehmen mich nur auf den Arm, oder?«

»Ja, aber jetzt wollen Sie nachsehen, was in dem Nachttisch ist, stimmt's?«

Ich grinste. »Natürlich. Aber ich sage Ihnen was … Ich werde nie wieder erwähnen, dass Sie mich nur eingestellt haben, weil ich die am wenigsten qualifizierte Bewerberin war, wenn Sie unsere Unterhaltung der letzten Minuten vergessen.«

»Haben wir nicht schon eine Abmachung, dass ich den Vorfall in der Umkleidekabine nicht erwähnen darf und Sie nicht einen bestimmten Wendy's-Gründer?«

»Stimmt. Das ist unser zweiter Deal.«

Merrick zog mich wieder an sich. »Was immer Sie glücklich macht.«

Einige Sekunden später endete das Lied, und der Moderator verkündete, dass es Zeit für den Nachtisch sei. Obwohl ich mich gerade bis auf die Knochen blamiert hatte und mich am liebsten versteckt hätte, spürte ich auch einen Anflug von Enttäuschung, als Merrick mich losließ.

Zurück am Tisch wurden wir beide in Gespräche mit verschiedenen Leuten hineingezogen, und etwas später, als sich einige zu verabschieden begannen, beugte sich Merrick zu mir.

»Wenn Sie möchten, können wir gehen«, sagte er.

»Ach, das ist schon in Ordnung. Ich muss ganz in den Norden und Sie nach Downtown. Ich kann mir ein Uber rufen.«

»Kein Problem. Ich setze Sie ab.«

Ich beschloss, nicht zu widersprechen.

Draußen fuhr Merricks übliche schwarze Limousine vor. Er bedeutete dem Fahrer, sitzen zu bleiben, und öffnete mir selbst die Tür. Mit Will war ich in einer Stretchlimousine hergekommen, doch der Big Boss fuhr in einer normalen Limousine.

»Der Wagen Ihres Mitarbeiters auf dem Weg hierher war protziger«, stichelte ich und rutschte rüber, um Merrick Platz zu machen.

Nachdem er eingestiegen war, zog er die Tür zu. »Ist das eine Überraschung, nach dem, was Sie über Will wissen?«

»Ich glaube nicht.«

»Ich denke, bei den meisten Leuten passt die Wahl ihres Autos zu ihrer Persönlichkeit. Will ist eindeutig eine Stretchlimousine. Wahrscheinlich eine mit Schiebedach und Whirlpool.«

Ich lachte. »Na ja, er mag Aufmerksamkeit, und er hat ein dickes Ego.« Mir kam ein lustiger Gedanke. »O mein Gott, das Auto Ihrer Großmutter – Kitty fährt dieses aufgemotzte rote Dodge Charger Cabrio. Ich fand immer, dass es ein seltsames Auto für eine ältere Frau ist, aber jetzt, wo ich darüber nachdenke, Sie haben recht. Es passt perfekt zu ihrer Persönlichkeit.«

»Als sie ihn gekauft hat, gab es ihn serienmäßig nicht als Cabrio. Sie ließ ihn von einer Werkstatt in ein Cabrio umbauen. Davor fuhr sie einen Ford Mustang. Sie hatte immer ein Auto mit Power und in einer leuchtenden Farbe.« Merrick zuckte mit den Schultern. »Passt zu ihr.«

»Oh, Mist.« Ich schlug mir lachend die Hand vor den Mund. »Vor meinem Umzug nach New York bin ich einen Prius gefahren.«

Merrick lächelte. »Sparsam und praktisch. Passt zu einer Frau, die Dinge tauscht, würde ich sagen. Oder etwa nicht?«

»Vermutlich schon … Aber ein Prius ist so hässlich und unsexy.«

Merricks Blick zuckte zu meinen Beinen, bevor er ihn wieder anhob und einen Herzschlag zu lange auf meinem Mund verweilen ließ. Er schluckte. »Es passt zur Persönlichkeit. Nicht zum Aussehen.«

Ich spürte, wie ich rot wurde, und war dankbar für die Dunkelheit. »Besitzen Sie ein Auto, abgesehen von dieser Limousine, in der Sie anscheinend immer gefahren werden?«

»Ja.«

»Was für eins?« Ich schüttelte den Kopf. »Nein, Moment – lassen Sie mich raten.«

»Das dürfte interessant werden …«

Ich tippte mit dem Finger an meine Lippen. »Hmmm … mal sehen … Ich glaube, etwas Teures, aber nicht so auffällig wie ein Ferrari oder ein Lamborghini. Das ist eher Wills Stil.«

»Von seinem ersten großen Bonus hat er sich einen kirschroten Ferrari gekauft.«

Ich lachte. »Na, klar. Aber so sind Sie nicht. Ich denke, ein Auto wie dieses würde zu Ihnen passen – ein einfacher Mercedes oder ein BMW oder eine Luxusklasse. Aber irgendwie habe ich das Gefühl, das stimmt nicht. Liege ich falsch?«

Er schüttelte den Kopf. »Schon ziemlich warm …«

Ich lächelte. »Ich ziehe es vor, heiß genannt zu werden, aber ich nehme es an. Egal, jedenfalls denke ich, Sie haben Ihr Auto nicht nur, um damit durch die Stadt zu fahren. Dafür benutzen Sie diese Limousine. Was immer Sie also fahren, hat wahrscheinlich eine Bedeutung.« Ich hielt inne. »Oh, ich weiß es! Es ist ein Oldtimer.«

»Machen Sie weiter …«

Ich rieb die Hände aneinander. »Ich kenne mich mit Autos nicht sonderlich gut aus, deshalb kann ich Ihnen wahrscheinlich keine Marke und auch kein Modell nennen. Aber ich stelle mir Sie in einem dieser Autos vor, die man aus alten Filmen kennt. Sie wissen schon, mit denen man in Kalifornien sonntags Ausfahrten unternimmt, die Frau mit einer großen Sonnenbrille und einem hübschen Schal um den Kopf wie ein Filmstar. Vielleicht ist es ein Cabrio. Wahrscheinlich eine dunkle Farbe und innen sattelbraunes Leder.«

Merrick lehnte sich zur Seite und zog sein Handy aus der Tasche. Er drückte einige Tasten und drehte das Display in meine Richtung. »So einer wie der hier?«

Ich zeigte auf sein Handy. »Genau so. Was ist das für einer?«

»Ein Jaguar Cabrio von 1957.«

»Okay. In so einem Wagen kann ich mir Sie vorstellen.«

Er schüttelte den Kopf. »Das ist ein Bild von meinem Auto. Es steht in einer Garage nicht weit vom Büro entfernt.«

Meine Augen weiteten sich. »Unmöglich.«

Er rief seine Foto-App auf und wischte durch eine Reihe von Bildern, bevor er mir erneut das Display hinhielt. Das Bild war schwarz-weiß, aber es schien der gleiche Wagentyp zu sein. Zwei Männer standen stolz und mit verschränkten Armen davor.

»Das sind mein Großvater und sein Freund.«

Ich nahm ihm das Telefon aus der Hand. »Ist das Kittys Redmond?«

»Genau. Sie hat ihn vermutlich erwähnt?«

»Nur in jedem zweiten Satz.«

»Mein Großvater hat meiner Großmutter das Auto zur Hochzeit geschenkt. Es war gebraucht und etwas ramponiert, aber sie hat es geliebt. Er ist ziemlich früh gestorben, und sie hatte keine Garage. Damals waren Autos noch aus Stahl, und so rostete er im Laufe der Jahre vor sich hin. Eines Tages klopfte ein Mann an ihre Tür und bot ihr mehr, als es wert war, also verkaufte sie es. Das ist jetzt dreißig Jahre her. Zufälligerweise war es das Geld, von dem sie das erste Frauenhaus eröffnet hat. Sie behauptet, sie hätte ein paar Wochen vorher beschlossen, dass so das nächste Kapitel ihres Lebens aussehen sollte, und habe die Pläne in ihr Tagebuch geschrieben – obwohl sie keine Ahnung hatte, wie sie das finanzieren sollte.« Merrick schüttelte den Kopf. »Die Frau ist alles andere als abergläubisch, aber sie glaubt, sie hätte diesen Typen, der an ihre Tür geklopft hat, ›beim Universum bestellt‹, um ihren Plan möglich zu machen.«

Ich lächelte. »Ich habe Kittys Bestell-dein-Glück-beim Universum-Theorie auch schon ein paarmal gehört.«

Merrick lachte. »Da bin ich mir sicher. Jedenfalls wusste ich von dem Auto nur durch das Bild, das ich Ihnen gerade gezeigt habe, und aus Erzählungen meiner Großmutter. Ich habe es nie wirklich gesehen.«

Er starrte einen Moment lang auf das Foto. »Vor zehn Jahren, als ich meine erste große Bonuszahlung erhielt, ging ich zu einer Autobörse. Ich war nicht konkret auf der Suche nach etwas, aber ich dachte, vielleicht würde mir ja etwas ins Auge springen. Es war ein Jaguar Cabrio von 1957 ausgestellt, und das Ding glänzte. Er sah nagelneu aus. Ich wollte ihn kaufen, aber er war bereits verkauft. Der Verkäufer war jedoch ein netter Kerl, und wir kamen ins Gespräch. Er erwähnte, dass ein Freund von ihm das gleiche Auto hätte, allerdings nicht annähernd in so gutem Zustand, sodass ich es selbst restaurieren lassen müsste. Ein paar Wochen später fuhr ich hin, um es mir anzusehen.« Er schüttelte den Kopf. »Das Teil musste nicht nur ein bisschen restauriert werden, es war eine Katastrophe. Ich wollte gerade sagen, ich sei nicht interessiert, als der Typ erwähnte, dass er es vor fast zwei Jahrzehnten von einer Frau in Atlanta bekommen hatte.«

Meine Augen weiteten sich. »Nein!«

Merrick nickte. »Es stellte sich heraus, dass es genau das Auto war. Es war einfach ein zu großer Zufall, ich konnte es nicht dort lassen, also habe ich es gekauft. Die Reparaturen waren wahrscheinlich teurer, als wenn ich einen komplett restaurierten Wagen gekauft hätte, aber ich liebe dieses verdammte Auto. Vor ein paar Jahren wollte ich es meiner Großmutter zum fünfundsiebzigsten Geburtstag schenken, aber sie bestand darauf, mein Großvater hätte gewollt, dass ich es behalte. Dann sagte sie, wenn ich viel Geld ausgeben wollte, ihr Haus gegen häusliche Gewalt könnte eine neue Verkleidung gebrauchen.«

Ich lachte. Das klang ganz nach Kitty. »Wow. Das ist eine wirklich coole Geschichte. Ich würde sagen, das Auto war eindeutig für Sie bestimmt.«

Er nickte. »Wie sind Sie darauf gekommen, dass das Auto zu meiner Persönlichkeit passt?«

»Ich weiß nicht. Ich denke, es ist eine Art versnobtes Auto für reiche Leute, aber gleichzeitig unauffällig und ruhig.«

»Versnobt, aha?«

Ich lächelte. »Was denken Sie, wie ich mich fühle? Ich bin ein verdammter Prius.«

Wir lachten, und ein paar Minuten später fuhren wir vor dem Haus meiner Schwester vor.

Merrick sagte dem Fahrer, er solle warten, und begleitete mich bis zum Aufzug in die Halle.

Ich drückte den Knopf. »Nochmals vielen Dank für die Einladung«, sagte ich. »Ich habe mich schon lange nicht mehr schick gemacht und bin ausgegangen.«

Er blickte mit einer seltsam schüchternen Geste auf seine Füße hinunter. »Nun, es steht Ihnen gut, Sie sollten es öfter tun.«

»Danke. Ich würde dasselbe zu Ihnen sagen, aber ehrlich gesagt, sehen Sie immer gut aus.«

Merricks Augenbrauen schossen nach oben.

Ich verdrehte die Augen. »Lassen Sie es sich nicht zu Kopf steigen. Sie wissen, dass Sie gut aussehen.«

»Sie sprechen so ziemlich alles einfach aus, was Ihnen durch den Kopf geht, oder?«

Ich zuckte mit den Schultern und holte meine Schlüssel heraus. »Kann schon sein. Solange ich niemanden verletze. Sie nicht?«

Merricks Blick glitt zu meinen Lippen, bevor er mir wieder in die Augen sah, woraufhin sich mein Magen leicht zusammenzog. *O je.*

»Ich glaube, ich filtere einige Dinge, um sicher zu sein, dass sie angemessen sind«, sagte er.

Schüchtern legte ich den Kopf schief. »Das ist schade. Manchmal sind die unangemessenen Dinge die interessantesten.«

Bei diesen Worten glitten die Fahrstuhltüren auf. Ich trat ein, drehte mich zu Merrick um und versuchte, mir nicht anmerken zu lassen, wie durcheinander ich war. »Bis Montag?«

»Nein, ich bin wieder die ganze Woche auf Reisen.«

»Oh.«

Merrick zwinkerte mir zu. »Ich bin auch enttäuscht, dass ich Sie nicht sehe.«

»Ich habe nicht gesagt, dass ich enttäuscht bin.«

»Mussten Sie auch nicht. Ihr Gesicht hat es mir verraten.«

Ich verdrehte die Augen, als ob er verrückt wäre. Zum Glück gingen ein paar Sekunden später die Türen zu. Ich winkte ihm mit den Fingern zu. »Gute Nacht, Boss. Süße Träume.«

»Oh, die werde ich haben, Dr. Vaughn.«

Am nächsten Morgen backte ich wie eine Wilde. Meine Schwester tappte aus dem Schlafzimmer und blinzelte gegen die Sonne an, die durch das Küchenfenster hereinschien, als sei sie ihr Erzfeind.

»Warum machst du immer die Jalousien so weit auf?«

»Ähm … Um etwas Sonnenschein hereinzulassen? Du hättest ein Vampir werden sollen. Es ist fast zehn.«

Greer ging zum Fenster und zog die Jalousien zu, bevor sie sich von der anderen Seite über die Küchentheke lehnte. Sie griff nach dem Teller mit den Cupcakes, die gerade abkühlten und noch keine Glasur hatten, aber ich schob sie weg. »Die sind für Mr Duncan.«

»Wer zum Teufel ist Mr Duncan, und lässt er dich mietfrei bei sich wohnen?«

»Okay. Nimm einen. Aber nicht mehr. Mr Duncan wohnt in 4B. Er hat diese süße, kleine vierjährige Tochter, die immer Zöpfe trägt und eine Baseballkappe verkehrt herum auf dem Kopf hat.«

Meine Schwester verzog nachdenklich das Gesicht. »Wohne ich im selben Haus wie du?«

Ich lachte. »Kennst du hier überhaupt irgendjemanden?«

»Das ist New York. Wir schließen keine Freundschaften mit unseren Nachbarn. Wir setzen unsere AirPods ein und vermeiden jeden Blickkontakt, wenn wir im Flur an anderen Menschen vorbeigehen.«

»Also, ich nicht. Ich bin ihm ein paarmal im Aufzug begegnet. Er ist alleinerziehender Vater. Ihm gehört die Handy-Reparaturwerkstatt ein paar Häuser weiter. Wie auch immer, morgen hat seine Tochter Geburtstag, und sie will Cupcakes in den Kindergarten mitnehmen. Er sagte, er sei ein furchtbarer Bäcker, also habe ich ihm zwei Dutzend im Tausch gegen eine Displayreparatur gebacken.«

»Ist bei deinem Handy auch das Display kaputt?«

»Nein, ich benutze eine Schutzhülle, damit das nicht passiert. Im Gegensatz zu dir. Die Reparatur ist für dich, Dummerchen. Er sagte, es dauert etwa zehn Minuten. Geh einfach hin und sag ihm, dass du meine Schwester bist.«

»Oh, großartig. Ich danke dir.« Sie seufzte und lehnte sich zurück. »Ich wünschte, ich hätte deine Energie. Ich muss in Vorbereitung auf die nächste In-vitro-Behandlung eine neue

Ladung Hormone nehmen, und die saugen die ganze Kraft aus mir raus.«

Ich sah sie mitfühlend an. »Tut mir leid.«

Greer machte eine wegwerfende Handbewegung. »Ist ja nicht deine Schuld. Hey – neulich meinte jemand, Männer mit einer niedrigen Spermienzahl seien ein bisschen wie E-Autos mit geringer Reichweite.«

Ich lachte. »Ich hoffe, das hast du deinem lieben Mann nicht erzählt.«

Sie schob sich den Rest des Cupcakes in den Mund. »Doch, natürlich. Und da wir gerade bei Sperma sind, wie war dein Date gestern Abend? Dieser Will war auch scharf. Gibt es da, wo du arbeitest, nur scharfe Typen?«

»Ich hab dir doch gesagt, es war kein Date.«

»Er hat dich abgeholt und deinen Reißverschluss kaputt gemacht. Wie nennt man das sonst, eine schnelle Nummer?«

Ich schüttelte den Kopf. »So war das nicht. Der Reißverschluss klemmte, und ich habe ihn gefragt, ob er versuchen könnte, ihn zu öffnen. Dabei hat er das Kleid zerrissen. Wir waren einfach nur zusammen auf einer geschäftlichen Veranstaltung. Ich bin neu, also hat der Chef ihn gebeten, mit mir zu fahren, damit er mich bei unserer Ankunft einigen Personen vorstellen konnte. Er ist schon nach einer Stunde mit einer Frau abgezogen, die ihm vom ersten Moment an schöne Augen gemacht hat, als wir reinkamen. Außerdem ist er nicht mein Typ.«

»Ah …« Sie nickte. »Also ist er treu und kein Idiot?«

»Erinnere mich nicht an Christian. Ich habe in letzter Zeit tatsächlich nicht mehr viel an ihn nachgedacht.«

»Na, das ist gut. Vielleicht ist es dann an der Zeit, nach vorn zu schauen. Du weißt schon, dich wieder hinauszuwagen.«

Sofort wanderten meine Gedanken zu Merrick. Mehr als einmal war sein Blick gestern zu meinen Lippen geglitten. »Ich möchte dich etwas fragen. Wenn der Blick eines Mannes an deinen Lippen hängt, bedeutet das immer, dass er dich küssen will?«

»Definitiv nicht.«

Ich stutzte. »Oh.«

»Hattest du Lippenstift aufgetragen?«

»Ja.«

»Könnte es sein, dass du etwas davon auf deine Zähne geschmiert hattest?«

»Nein, das glaube ich nicht. Ich habe in den Spiegel gesehen, nachdem ich ihn aufgetragen hatte.«

Sie zeigte auf ihre Zähne. »Hattest du Spinat gegessen?«

Ich schüttelte den Kopf.

»Kann er nicht hören?«

Ich lachte. »Nein.«

Greer zuckte mit den Schultern. »Dann ja, er hat darüber nachgedacht, deine Lippen als Kissen für seinen Schwanz zu benutzen.«

Ich lachte. »Und ich dachte schon, es bedeutet, dass er mich küssen will.«

»Nein. Frauen denken ans Küssen. Männer denken an Blowjobs.«

Ich seufzte.

Greer ging zum Kühlschrank und holte den Orangensaft heraus. »Wer hat von deinem Mund geträumt?«

»Ich weiß nicht, ob er etwas geträumt hat, aber mir ist aufgefallen, dass Merricks Blick ein paarmal an meinen Lippen hing.«

»Was? Dein idiotischer, scharfer Chef? Der, bei dem mir

gleich aufgefallen ist, dass er dich auf diese Art ansieht, obwohl ich ihn nur zwei Minuten lang beobachtet habe?«

Ich nickte.

»O Mann. Ich weiß, ich habe dich damit aufgezogen, wie heiß er ist, aber hältst du das für eine gute Idee?«

Ich schüttelte den Kopf. »Ganz bestimmt nicht. Er ist mein Chef. Das hatte ich schon. Aber ich fühle mich unbestreitbar zu ihm hingezogen. Er ist viel weicher geworden, seit wir uns das erste Mal begegnet sind. Ich weiß nicht, was es ist – abgesehen davon, dass er offensichtlich sehr gut aussieht –, aber er zieht mich an. Nach außen hin ist er irgendwie hart und streng, aber ab und zu sieht man seine weiche Seite. Wenn ich in seiner Nähe bin, erwacht irgendetwas in mir. Es hat mir bewusst gemacht, wie tot meine Beziehung zu Christian war, lange bevor er uns begraben hat.«

»Hat er eine Freundin?«

»Nicht, dass ich wüsste – er hat gesagt, er sei mit niemandem zusammen. Allerdings ist er ziemlich verschlossen, was sein Privatleben angeht. Ich weiß, dass er mit der Frau verlobt war, mit der er die Firma gegründet hat. Sie ist anscheinend gestorben, aber Will hat einmal erwähnt, sie hätte ihn vernichtet – was auch immer das heißen mag. Ich weiß nicht, was da passiert ist.«

»Gut, ich will, dass du wieder am Leben teilnimmst und es genießt. Du verdienst es, glücklich zu sein. Aber vielleicht solltest du es mit dem Typen vorsichtig angehen lassen. Das Einzige, was noch problematischer ist als eine Beziehung mit deinem Chef, ist eine Beziehung mit einem Mann, der einen Geist mit sich herumträgt.«

13. Kapitel

Merrick

Vor neun Jahren

»Hey, warte mal!« Ich joggte, um Amelia einzuholen. Ich hatte seit einer Woche auf dem ganzen Campus nach ihr gesucht.

Während ich neben ihr herging, wurde sie keinen Deut langsamer. »Du?«, fragte sie. »Willst du mich zu einer weiteren Kartenrunde einladen oder mir nur beim Gehen auf den Hintern starren?«

Ich zuckte mit den Schultern. »Beides?«

Sie kicherte. »Warum solltest du mit mir Karten spielen wollen, wenn du weißt, dass ich dich fertigmache und dir wieder dein ganzes Geld abnehme?«

»Gehst du stattdessen mit mir aus?«

Sie schüttelte den Kopf.

»Na ja, dann bleibt es vorerst bei Karten.«

»Vorerst?« Sie rollte mit den Augen, aber in ihnen lag ein unverkennbares Funkeln. »Wann ist das Spiel?«

»Heute Abend um sieben.«

»Wo?«

»In meiner Wohnung.«

Sie blieb abrupt stehen. »Wenn ich in deiner Wohnung auftauche und du bist der Einzige dort, und da findet gar keine Kartenrunde statt …« Sie schüttelte den Kopf. »Ich habe einen Taser in meiner Handtasche. Ich werde ihn bereithalten.«

»Wir spielen Karten.«

»Gut.« Sie ging weiter. »Wo wohnst du?«

Ich ratterte meine Adresse herunter. Als ich fertig war, blieb sie wieder stehen und hielt diesmal ihre Hand hoch. »Hier findet mein nächstes Seminar statt. Du bleibst hier und genießt die Aussicht.«

Verwirrt legte ich die Stirn in Falten, begriff jedoch schnell, was sie meinte, als ich sah, wie sie hüftschwingend die Treppe zu dem altehrwürdigen Universitätsgebäude hinaufstieg. Ich wartete, bis sie drinnen verschwunden war, dann holte ich mein Handy heraus und schrieb meinen Freunden:

Notfall-Kartenspiel heute Abend. Wer ist dabei?

»Ich kann nicht glauben, dass du mich dazu zwingst.« Ich zog zwei Zwanziger und einen Zehner aus dem Bündel Bargeld, das ich aus meiner Tasche geholt hatte, und drückte sie Travis in die Hand.

Er zuckte mit den Schultern. »Ich habe nicht das Geld, so schnell wieder zu verlieren. Wenn du mich so dringend zum Kartenspielen brauchst, musst du mir dein Geld geben.« Er schüttelte den Kopf. »Ich kann nicht glauben, dass dieses Mädchen dich dazu bringt, Bargeld zu verteilen.«

»Sie will nicht mit mir ausgehen. Sie zum Kartenspielen einzuladen, war die einzige Möglichkeit, sie zu sehen.«

»Hast du jemals daran gedacht, dass sie vielleicht nicht mit dir ausgehen will, weil sie dich beim Kartenspielen entmannt hat? Vielleicht törnt es sie beim zweiten Mal nur noch mehr ab.«

»Dann muss ich sie wohl fertigmachen und ihr zeigen, wer der Boss ist.«

Hinter mir ertönte Amelias Stimme. »Ähm … wen willst du fertigmachen?«

Ich blickte zur Tür, die nun hinter ihr geschlossen war. Ich hatte kein Klopfen gehört.

Sie lächelte. »Es war offen, also habe ich mich selbst reingelassen. Ich dachte, wenn ich dich tasern muss, ist es besser, ich nutze das Überraschungsmoment.« Amelia blickte zu Travis und dem Kartentisch. »Ich bin froh, dass es ein richtiges Pokerspiel gibt.«

Travis deutete mit dem Daumen auf mich. »Ich spiele mit seinem Geld. Ich hatte kein Geld für einen Einsatz, also hat er mir welches gegeben, damit ich komme. Er ist ziemlich verzweifelt, weil er unbedingt mit dir abhängen will.«

Amelia sah mich mit einem süffisanten Lächeln an.

Ich schloss die Augen. »Danke, Kumpel. Schön, dass du so grundehrlich bist.«

Travis lachte. »Gern geschehen. Willst du ein Bier, Amelia?«

»Ja, das wäre toll. Danke.«

Wenige Minuten später klopfte es an der Tür, dann trat Will ein. Er kam immer als Letzter. Er nahm sich ein Bier, und wir setzten uns alle um meinen Küchentisch. Travis warf das Geld, das ich ihm gegeben hatte, über den Tisch, um es gegen Chips einzutauschen, und Will griff in seine Tasche. Aber Amelia hielt ihn auf, bevor er mir das Geld reichen konnte.

Sie deutete auf mich. »Dein Spiel geht heute Abend auf Merrick, Will.«

»Äh, nein«, sagte ich.

»Warum nicht? Deinen anderen Freund hast du doch auch fürs Spielen bezahlt.«

Will sah zwischen Amelia und mir hin und her. »Meint sie das ernst?«

»Travis hatte kein Bargeld«, sagte ich.

»Kartenspielen ist die einzige Möglichkeit, wie er mich dazu bringen kann, mit ihm abzuhängen.« Amelia zuckte mit den Schultern. »Wenn wir nicht vier Leute sind, können wir nicht spielen, und ich gehe.«

Will steckte sein Geld zurück in die Tasche. »Danke für die Info.« Er deutete mit dem Kinn auf mich. »Ich nehme, was immer du für Trav hingelegt hast. Oder es gibt wohl kein Spiel, und Amelia hier wird sich wieder auf den Weg machen.«

Ich sah Amelia aus schmalen Augen an, sie schien verdammt stolz auf sich zu sein. Aber ich kannte Will. Wahrscheinlich hatte er heute an der Börse zwischen den Seminaren zwei Tausender verdient. Nachdem er aber wusste, dass ich in der Klemme steckte, wollte er kein Geld ausgeben. Stöhnend zog ich fünfzig Dollar heraus und warf sie auf den Haufen.

»Danke, Leute. Ich kann es kaum erwarten, bis einer von euch mal Unterstützung braucht.«

Ein paar Stunden später hatte ich nicht nur mein ganzes Geld verloren, sondern auch noch das, was ich für Travis und Will hingelegt hatte. Wieder einmal hatte Amelia uns fertiggemacht.

Noch immer kopfschüttelnd lehnte ich mich auf meinem Stuhl zurück. Ich war ein verdammt guter Kartenspieler und musste nur selten eine Niederlage einstecken. Aber Amelia hatte mindestens siebzig Prozent der Blätter gewonnen.

»Das verstehe ich nicht. Du hast gesagt, du zählst Karten, aber ich habe es nachgeschlagen. Beim Pokern kann man keine Karten zählen so wie beim Black Jack. Man muss die Gewinnwahrscheinlichkeit mit allen verschiedenen Blattkombinationen einschätzen und dann mit dem vergleichen, was man von jedem anderen Spieler auf dem Tisch sieht.«

Sie zuckte mit den Schultern. »Das ist richtig.«

»Und das machst du?«

»Das ist nicht schwer. Ich bin gut mit Zahlen.«

»Ich bin auch gut mit Zahlen. In ein paar Jahren werde ich meine eigene Finanzmaklerfirma gründen. Vielleicht stelle ich dich dann ein.«

Sie lächelte. »Vielleicht stelle ich *dich* ein.«

Die anderen Jungs lachten und standen auf. Nach einer kurzen Verabschiedungsrunde waren nur noch Amelia und ich übrig. Sie steckte den Gewinn in ihre Tasche, und es sah so aus, als wollte sie ebenfalls gehen.

»Bleibst du noch ein bisschen?«, fragte ich.

»Warum?«

»Weil ich mit dir zusammen sein will.«

»Warum?«

»Ist ›warum‹ dein Lieblingswort?«

Sie stand auf. »Ich bin kein sehr vertrauensvoller Mensch.«

Ich grinste. »Warum?«

Sie versuchte, ein Lächeln zu unterdrücken, was ihr jedoch nicht gelang.

Ich nahm ihre Hand. »Weil du offensichtlich klug bist. Du spielst gern Karten. Du kannst mit meinen Kumpels mithalten. Und … du bist heiß.«

Amelia sah mir forschend in die Augen, so wie sie die Jungs beim Kartenspielen ansah, um herauszufinden, ob einer von ihnen bluffte. »Hast du eine Freundin?«

»Wenn ich eine hätte, würde ich dich nicht fragen, ob du mit mir ausgehst.«

»Also ist das ein Nein?«

»Das ist definitiv ein Nein.«

Sie verschränkte die Arme vor der Brust. »Ich habe Vertrauensprobleme. Wenn ich den Verdacht habe, dass du mich anlügst, durchsuche ich wahrscheinlich dein Telefon, sobald du nicht aufpasst. Ich überprüfe die Fakten – wenn du sagst, du warst irgendwo, solltest du besser dort gewesen sein, denn wenn nicht, finde ich es heraus. Wenn ich schlecht drauf bin, suche ich Streit. Von den meisten Menschen nehme ich das Schlimmste an. Mein Vater sitzt im Gefängnis, und ich weiß nicht einmal mehr, in welchem Bundesstaat meine Mutter lebt.« Sie hielt meinen Blick fest. »Willst du immer noch mit mir ausgehen?«

Ich nickte. »Ja.«

Sie schüttelte den Kopf, hängte sich ihre Handtasche über die Schulter und ging zur Tür. Ich dachte, ich hätte den Test, mit dem sie mich abschrecken wollte, nicht bestanden. Aber auf halbem Weg zur Tür blieb sie stehen, ohne sich umzudrehen. »Ich mag ausländische Filme mit Untertiteln. Freitag um sieben. Wir treffen uns hier, aber draußen.«

Ich blinzelte ein paarmal, verwirrt über die plötzliche Wendung der Ereignisse, aber ich wollte ihr keine Chance geben, es sich anders zu überlegen. »Kann es kaum erwarten. Um sieben.«

14. Kapitel

Evie

Am folgenden Freitagnachmittag war ich in einer Sitzung mit einem der Trader, als die Empfangsdame an meine Tür klopfte.

»Es tut mir sehr leid, dass ich stören muss, aber Sie haben einen Anruf. Der Herr sagte, es sei dringend, aber Ihr Telefon ist auf ›stumm‹ gestellt.«

Ich deutete auf Derek, meinen Klienten. »Ich schalte es aus, wenn ich in einer Sitzung bin. Wissen Sie, wer es ist?«

»Marvin Wendall. Er hat zuerst nach Merrick gefragt, aber als ich ihm sagte, er sei außer Landes, wollte er mit Ihnen sprechen.«

Ich zog die Stirn kraus. Ich würde denken, dass Will der nächste Ansprechpartner für alle geschäftlichen Angelegenheiten war. Aber okay … »Danke, Regina.« Ich sah zu Derek hinüber. »Es tut mir leid. Würden Sie mich wohl einen Moment entschuldigen? Ich bin gleich wieder da.«

Er nickte. »Kein Problem. Lassen Sie sich Zeit.«

An meinem Schreibtisch nahm ich den Hörer ab. »Evie Vaughn.«

»Hallo, Evie. Hier ist Marvin. Ich bin ein Freund von Kitty Harrington.«

»Oh. Hallo, Marvin. Ist alles in Ordnung?«

»Nicht wirklich. Deshalb rufe ich an. Ich mache mir etwas Sorgen um Kitty. Ich habe versucht, ihren Enkel zu erreichen, aber man sagte mir, er sei außer Landes. Sie spricht viel von Ihnen und hat erwähnt, dass Sie Ärztin sind und jetzt bei Merrick in der Firma arbeiten, also dachte ich, ich spreche mit Ihnen, wenn ich ihn nicht erreichen kann.«

»Merrick ist auf einer Geschäftsreise in China. Ich glaube, er fliegt morgen oder übermorgen zurück. Aber sagen Sie, was ist los?«

»Nun, Kitty hat sich einen Knöchel gebrochen und den anderen umgeknickt.«

»Oh, das ist ja furchtbar. Wie ist das denn passiert?«

»Das ist eine lange Geschichte. Aber wir sind Rollschuh gelaufen und …«

»*Rollschuh?*«

»Wir sind alt, Missy. Nicht tot. Wie auch immer, irgendein kleiner Scheißhaufen hat sie umgeworfen, und sie hat sich den Knöchel umgeknickt. Ich habe ihr aufgeholfen, aber als sie versucht hat, ihn zu belasten, ist sie erneut gestürzt, und jemand rollte über den anderen Knöchel. Da habe ich es knacken gehört.«

Ich verzog das Gesicht. »Ach du meine Güte.«

»Aber das ist noch nicht das Schlimmste.«

»Nein?«

»Nein. Wir sind in die Notaufnahme gefahren, und da hat man sie geröntgt und ihr Blut abgenommen, reine Routine. Aber sie ist anämisch. Es stellte sich heraus, dass sie irgendwelche Frauenprobleme hat und sich nicht hat untersuchen lassen – offenbar hatte sie starke Blutungen. Also wurde sie von einem Spezialisten untersucht, und der sagte, sie müsse operiert werden. Sie wollten sie im Krankenhaus behalten, aber Sie kennen ja Kitty. Die Frau lässt sich nichts sagen. Ich fürchte, sie hat sich selbst entlassen. Jetzt sitzt sie im Rollstuhl, hat zwei kaputte Knöchel und ein Frauenproblem und will nicht mit mir darüber reden. Ich wusste nicht, was ich sonst tun sollte. Sie wird mir in den Hintern treten, wenn sie herausfindet, dass ich ihr Telefon genommen und Sie angerufen habe. Zumindest kann sie im Moment nicht rennen, um mich zu fangen, also habe ich etwas Zeit, mir darüber Gedanken zu machen.«

Ich atmete tief durch. »Sie haben genau das Richtige getan, Marvin. Ich bin froh, dass Sie angerufen haben. Ich werde mit ihr reden.«

»Die Frau ist eine der faszinierendsten Personen, die mir je begegnet sind. Aber sie ist auch ein Dickkopf.«

Ich lächelte. »Wie ich sehe, haben Sie Kitty schon ziemlich gut kennengelernt.«

»Es tut mir leid, dass ich Sie damit überfalle. Aber ich würde es mir nie verzeihen, wenn ihr etwas zustieße und ich nicht alles getan hätte.«

»Ja, natürlich. Ich bin gerade in einer Therapiesitzung, aber ich rufe Kitty in etwa einer halben Stunde an.«

»Danke, Liebes.«

Nachdem ich meine Sitzung mit Derek beendet hatte, setzte ich mich an den Schreibtisch, um Kitty anzurufen. Ich dachte darüber nach, wie ich am besten zu ihr durchdringen könnte. Dabei wurde mir etwas klar: Wenn ich sie dazu brächte, wieder ins Krankenhaus zu gehen, müsste jemand bei ihr sein und sie bei ihren Entscheidungen unterstützen. Und wenn sie sich weigerte, wieder ins Krankenhaus zu gehen, würde niemand ihre Werte überprüfen und merken, ob sich ihre Anämie verschlimmerte – ganz zu schweigen davon, dass sie zwei verletzte Knöchel hatte und sicher nicht sehr gut klarkam.

Anstatt anzurufen, beschloss ich, mich persönlich darum zu kümmern. Ich überlegte, Merrick zu fragen, was er tun wollte, aber als ich die Uhrzeit in China googelte, wurde mir klar, dass zwei Uhr nachmittags am Freitag hier bedeutete, dass es dort drei Uhr morgens war. Ich wusste nicht, wann er nach Hause fliegen würde, also rief ich seine Assistentin an.

»Hey, Andrea. Können Sie mir sagen, wann Merrick aus China zurückkommt? Ich muss mit ihm über etwas Wichtiges sprechen.«

»Ja, natürlich. Ich rufe seinen Reiseplan auf.« Ich hörte das Klackern ihrer Tastatur, dann meldete sie sich wieder. »Er fliegt morgen früh um neun Uhr nach chinesischer Zeit zurück. Aber durch die zwanzig Stunden Flugzeit und die Zeitumstellung kommt er am Samstag gegen vier Uhr nachmittags am JFK an.«

Mist. Selbst wenn er einen anderen Flug nehmen würde, käme er bei zwanzig Stunden Flugzeit bestenfalls erst am späten Samstagabend in Atlanta an. Diese Sache schien mir keinen Aufschub zu dulden. Also beschloss ich, einfach hinzufliegen. Außerdem würde es Kitty womöglich leichter fallen, mit einer anderen Frau über ihre Probleme zu sprechen als mit ihrem Enkel. Und meine Großmutter würde wollen, dass ich mich um Kitty kümmerte. Also beschloss ich, in ein Flugzeug zu steigen und Merrick erst nach seiner Landung zu informieren. Es hatte keinen Sinn, dass er sich zwanzig Flugstunden lang Sorgen machte, wenn er sowieso nichts tun konnte, bis er hier ankam. Wenn ich heute Abend hinunterflog, wüsste ich bis dahin auch mehr.

»Soll ich sein Hotel kontaktieren oder irgendetwas anderes für Sie tun?«, fragte Andrea.

»Nein.« Ich schüttelte den Kopf. »Ich rede mit ihm, wenn er wieder da ist. Aber danke.«

»Kein Problem. Ich schicke Ihnen seinen Reiseplan per E-Mail, falls Sie ihn brauchen, wenn ich weg bin.«

»Danke. Ich wünsche Ihnen ein schönes Wochenende, Andrea.«

»Ihnen auch, Evie.«

Nachdem ich aufgelegt hatte, suchte ich nach Flügen.

Es gab einen um sechs, der um halb neun landete. Solange ich nur Handgepäck mitnahm, wäre ich um halb zehn heute Abend bei Kitty. Die späteren Flüge würden zu spät eintreffen, um noch bei Kitty zu klingeln. Ich wollte nicht ihre Ruhe stören. Ich könnte auch bis morgen warten, aber ich würde mich besser fühlen, wenn ich jetzt flog. Also buchte ich und ließ Joan in der Personalabteilung wissen, dass ich etwas früher gehen musste. Ich hatte das Gefühl, das Richtige zu tun, und hoffte, dass Merrick nicht anderer Meinung war.

Am Samstagabend begann ich mir Sorgen zu machen, weil ich noch nichts von Merrick gehört hatte. Ich war gestern zu Kitty geflogen und hatte die Nacht bei ihr verbracht. Sie war stabil, und es ging ihr gut. Heute Nachmittag hatte ich Merrick eine lange E-Mail geschickt, in der ich ihm berichtete, was in den letzten anderthalb Tagen passiert war. Ich hatte mit dem Absenden bis zwei Stunden vor der planmäßigen Ankunft seines Fluges gewartet. Als er jedoch mehr als zwei Stunden, nachdem sein Flug gelandet war, noch nicht geantwortet hatte, rief ich ihn an. Mein Anruf ging direkt auf die Mailbox. Eine weitere Stunde später versuchte ich es erneut und schrieb ihm eine Nachricht. Immer noch keine Antwort.

Um neun Uhr abends überprüfte ich ein letztes Mal mein Handy, bevor ich nach Kitty sah. Von den Schmerztabletten, die der Arzt in der Notaufnahme ihr verschrieben hatte, war sie sehr müde und schlief. Also schnappte ich mir ein Handtuch und nahm eine heiße Dusche, in der Hoffnung, mich dadurch zu entspannen, damit ich schlafen konnte. Doch als ich aus der Dusche kam, hörte ich in der Küche ein Geräusch, als wäre ein Glas zerbrochen. Ich nahm an, dass Kitty aufgewacht war und sich etwas zu trinken holen wollte, doch als ich an ihrem Zimmer vorbeikam, schlief sie noch tief und fest.

Oh, Mist. War es etwa kein Glas, sondern ein Fenster gewesen? Könnte es ein Einbrecher sein? Oder vielleicht hatte Marvin einen Schlüssel und sich selbst Zutritt verschafft, um nach Kitty zu sehen … Doch er war vorhin zum Abendessen hier gewesen und wusste, dass ich da war. Ich war mir nicht sicher, aber ich wollte auch nicht mit leeren Händen dastehen und sah mich nach etwas um, mit dem ich mich verteidigen konnte. Das Einzige, was ich finden konnte, war die Klobürste. Das musste genügen, denn es war ganz sicher jemand in der Küche – ich konnte jetzt sogar durch die geschlossene Tür ein Rascheln hören.

Mit hämmerndem Herzen ging ich auf die Tür zu. Wenn es tatsächlich Marvin war, hoffte ich, dass der alte Mann keinen Herzinfarkt bekam. Ich wollte das Überraschungsmoment zu meinem Vorteil nutzen und kündigte mich nicht an. Stattdessen holte ich tief Luft und stieß die Tür auf, die jedoch abrupt stoppte, als sie gegen etwas stieß.

Alles, was danach kam, schien sich im Schnelldurchlauf abzuspielen.

Eine Person kauerte auf allen vieren auf dem Boden.

Ich stürzte mit der Klobürste in der Hand nach vorn und schlug sie dem Eindringling mit einem lauten Klatschen auf den Hinterkopf.

Er schrie auf.

Ich verlor das Gleichgewicht, stolperte über den Mann und flog hin.

Erst als ich auf meinem Hintern landete, wurde mir klar, was ich getan hatte.

O mein Gott! Shit!

»Merrick! Es tut mir so leid!«

Er rieb sich den Kopf. »Was zum Teufel? Womit haben Sie mich geschlagen?«

Ich hielt die Toilettenbürste hoch, von der jetzt der Kopf fehlte. »Das. Das ist …« Ich zeigte auf den Borstenkopf, der in der Nähe auf dem Boden lag. »Ich glaube, ich habe das Ding an Ihnen kaputt gemacht. Das ist alles, was ich finden konnte. Ich dachte, Sie wären ein Einbrecher. Es tut mir so leid. Ist alles in Ordnung?«

Er schüttelte den Kopf. »Mir geht es gut.«

»Was haben Sie auf dem Boden gemacht?«

»Ich habe ein Glas zerbrochen und wollte die Scherben wegräumen. Ich habe kein Licht angemacht, weil ich die Dusche laufen hörte und Sie nicht erschrecken wollte. Das hat ja super geklappt, was?«

Er stand auf, beugte sich zu mir und reichte mir die Hand, um mir beim Aufstehen zu helfen. »Geht es Ihnen gut?«

»Ja, ich glaube schon.« Aber sobald ich aufgestanden war, merkte ich, dass etwas in meinen Hintern zwickte. Ich drehte mich um und blickte über meine Schulter, dann tastete ich meinen Hintern ab. Als ich eine Stelle an meiner linken Pobacke berührte, spürte ich den Schmerz erneut.

Merrick beobachtete mich mit zusammengezogenen Brauen. »Was ist los?«

»Ich glaube, ich bin auf einer Glasscherbe gelandet.«

»Das soll wohl ein Scherz sein.«

Ich tastete erneut nach meinem Hintern, und diesmal spürte ich ein wenig Nässe. Es war ein Hauch von Blut an meinen Fingerspitzen. »Shit … ich blute.«

»Lassen Sie mich mal sehen.«

»Das ist mein Hintern!«

»Und wie wollen Sie sehen, was da los ist?«

»Ich weiß es nicht. Mit einem Spiegel vielleicht?«

Merrick sah auf meine nackten Füße hinunter und seufzte. »Rühren Sie sich nicht vom Fleck. Da sind wahrscheinlich noch überall Splitter. Ich war noch nicht fertig.«

»Nun, könnten Sie …« Bevor ich den Satz beenden konnte, hob er mich in die Luft und setzte mich erst im Wohnzimmer wieder ab.

Ich strich mein Shirt glatt, das hochgerutscht war. »Eine kurze Vorwarnung, was Sie vorhatten, wäre nett gewesen.«

»Ich wollte keine Zeit mit Diskussionen verschwenden.« Er hob das Kinn an. »Bringen Sie Ihren Hintern in Ordnung.«

Zwanzig Minuten später klopfte es leise an der Badezimmertür. Ich seufzte und öffnete sie so weit, dass ich den Kopf hinausstecken konnte.

»Alles in Ordnung da drin?«, fragte Merrick.

Ich verzog das Gesicht. »Nein. Ich kriege ihn nicht zu fassen. Ich fühle ihn, aber er ist nicht weit genug draußen, dass ich ihn mit meiner Pinzette herausziehen kann. Ich glaube, der Splitter steckt ziemlich tief drin.«

»Lassen Sie mich mal sehen.«

Ich schüttelte den Kopf. »Ich lasse ihn einfach drin.«

Merrick stemmte die Hände auf die Hüften. »Sie würden lieber einen Glassplitter in Ihrem Hintern lassen als mir ein bisschen Haut zeigen? Stellen Sie sich vor, Sie hätten einen Badeanzug an. Dann sehen Fremde Ihren halben Hintern.«

»Mir wäre lieber, dass Fremde meinen ganzen Hintern sehen als Sie nur einen Teil davon.«

Merrick deutete mit dem Daumen über seine Schulter. »Ein paar Kilometer weiter gibt es eine Unterführung, da lebt ein Haufen Leute in Zelten. Soll ich einen von denen holen, um Ihre Pobacke zu untersuchen?«

Ich kniff die Augen zusammen. »Das ist nicht lustig. Das ist alles Ihre Schuld.«

»Würden Sie sich besser fühlen, wenn ich Ihnen zuerst meinen Hintern zeige?«

Nachdenklich tippte ich mit dem Finger an meine Lippe. »Vielleicht?«

Er lachte. »Lassen Sie mich einfach rein.«

»Gut.« Seufzend öffnete ich die Tür.

Merrick kam ins Bad und zeigte auf den Duschvorhang, der mit der Stange zusammen auf dem Boden der Wanne lag. »Was ist da passiert?«

»Oh. Um meinen Hintern zu sehen, musste ich auf die Toilette steigen. Irgendwann habe ich das Gleichgewicht verloren und mich am Duschvorhang festgehalten, und dann kam alles runter.«

Merricks Mundwinkel zuckten. »Klingt, als hätten Sie alles unter Kontrolle.«

Ich blinzelte. »Halten Sie einfach die Klappe und sehen Sie sich meinen Hintern an.«

»Ja, Ma'am.«

Merrick setzte sich auf den Rand der Badewanne, und ich drehte mich um. Ich war schon bettfertig gewesen, als ich das Geräusch gehört hatte, darum trug ich dünne Pyjamashorts. Ich hob sie an, um meine linke Pobacke zu entblößen.

»Sehen Sie was?«

»Ich sehe viel Rot, und ich vermute, das kommt von Ihrem Versuch, ihn herauszuziehen. Ich werde die Stelle berühren, okay? Mal sehen, ob ich etwas fühle.«

Ich nickte. »Ja, machen Sie.«

Warme Finger strichen sanft über meine Haut. *O Gott.* Das gefiel meinem verräterischen Körper.

Zum Glück stand ich nicht mit dem Gesicht zu ihm, so konnte er wenigstens nicht sehen, wie mir die Hitze ins Gesicht kroch.

»Ist da irgendetwas?«, fragte ich mit zittriger Stimme.

»Hab's noch nicht gefunden. Ich muss etwas fester drücken, okay?«

Drück ruhig fester. Meine Güte. Er musste aufhören, so zu reden. Ich stieß die Luft aus. »Tun Sie einfach, was Sie tun müssen.«

Wieder strich er mit seinen Fingern über meinen Hintern, diesmal übte er dabei etwas mehr Druck aus.

»Au!«

»Ja. Ich fühle ihn genau da. Es ist auf jeden Fall ganz unter der Haut. Ich muss ihn herausdrücken.«

Ich holte tief Luft und nickte. »Gut. Los.«

Seine Finger bewegten sich ein paar Sekunden lang über die Stelle, dann hielt er inne. »Können Sie … sich über mein Knie legen?«

»Ich lege mich nicht über Ihr Knie!«

»Ich brauche einen Hebel, und wenn Sie stehen, ist es schwierig, zu drücken.«

Ich schnaubte. »Vielleicht sollten wir doch die Person unter der Brücke holen.«

Merrick lachte. »Kommen Sie. Ich mache es so schnell ich kann.«

»Gut.« Ich schüttelte den Kopf. »Ich fasse es nicht, dass ich das tue.«

In den nächsten fünf Minuten lag ich mit entblößter Pobacke über dem Knie meines Chefs. Und die Gedanken, die mir dabei unkontrolliert durch den Kopf schossen, waren mir zutiefst unangenehm.

Irgendwie gefällt es mir hier.

Ich frage mich, was er tun würde, wenn ich ihm sage, dass er mir den Hintern versohlen soll?

Er hat so große Hände. Ich wette, der Abdruck, den er auf meiner Haut hinterlassen würde, wäre riesig.

Gott … meine Klitoris fängt an zu kribbeln. *Im Ernst?*

Hör auf, Evie. Hör einfach auf.

Alle Gedanken wurden schließlich abrupt gestoppt, als er so fest zudrückte, dass mir Tränen in die Augen schossen. »Autsch! Das tut weh!«

Er ließ los. »Er ist raus.«

Ich griff nach hinten und rieb mir die Pobacke. »Herrgott. Haben Sie ein Stück Fleisch herausgeschnitten?«

»Er saß tiefer, als ich dachte. Ich musste ziemlich kräftig zudrücken.« Merrick zeigte auf den Schrank unter dem Waschbecken neben uns. »Da drin müsste ein Erste-Hilfe-Kasten sein. Holen Sie ihn raus, dann mache ich etwas Wundsalbe drauf und ein Pflaster.«

Als er fertig war, gab er mir einen kleinen Klaps auf die rechte Pobacke. »So, fertig.«

Ich stand auf und rückte meine Shorts zurecht. »Danke.«

»Kein Problem. Ich glaube, nach diesem Empfang brauche ich einen Drink? Wollen Sie auch einen?«

Ich nickte. »Ja. Ich mache nur noch eben Ordnung.«

Nachdem Merrick das Bad verlassen hatte, brauchte ich ein

paar Minuten, um mich zu sammeln, dann folgte ich ihm ins Wohnzimmer. Er hatte eine Flasche Wein geöffnet und saß auf der Couch.

Ich nahm mir ein Glas Wein, das brauchte ich jetzt dringend.

»Ich finde, nachdem du mit der Klobürste auf mich losgegangen bist und ich dir einen Splitter aus dem Hintern gezogen habe, sollten wir uns duzen«, sagte Merrick.

»Okay.« Ich nickte.

Er zog ein Kissen aus seinem Rücken und warf es mir zu. »Vielleicht möchtest du lieber mehr als eins von denen, um dich darauf zu setzen.«

»Danke«, sagte ich und setzte mich. »Das ist vielleicht das erste Mal, dass ich froh über meinen prallen Hintern bin. Ich spüre es jetzt nicht mehr richtig.«

»Ich wollte eigentlich nichts sagen, aber wenn du es schon ansprichst … Für ein so kleines Ding hast du einen ziemlich prallen Hintern.«

»Den habe ich von meiner Mutter geerbt. Als ich jung war, habe ich ihn gehasst. Aber die Kardashians haben ihn in Mode gebracht, und jetzt weiß ich ihn zu schätzen.«

Merrick führte sein Weinglas an die Lippen. »Ich würde ja sagen, ich weiß ihn auch zu schätzen, aber ich habe Angst, dass ich wieder einen Schlag auf den Kopf bekomme.«

»Das tut mir wirklich leid. Bist du sicher, dass alles okay ist?«

»Mir geht's gut. Mit einer Toilettenbürste aus Plastik kann man nicht viel Schaden anrichten. Nächstes Mal solltest du vielleicht etwas Robusteres nehmen.«

»Das war alles, was ich auf die Schnelle finden konnte. Und darüber solltest du froh sein.«

Merrick lächelte. »Stimmt.« Er nippte an seinem Wein und richtete seinen Blick auf den Couchtisch. Ich hatte beim

Duschen ein Stück orangefarbenes Seeglas liegen lassen. »Irgendwie ironisch, dass ein Stück von dem Material, aus dem deine Glücksbringer bestehen, in deinem Hintern gesteckt hat, oder?«

Ich nahm das Seeglas vom Tisch und rieb es zwischen den Fingern. »Gib nicht dem Seeglas die Schuld für den Ärger, den du verursacht hast.«

»Was hat es damit auf sich? Wie sind diese Dinger zu deinen Glücksbringern geworden?«

»Ungefähr ein Jahr, bevor meine Mutter meinen Vater für immer verlassen hat, hatte er ihr übel mitgespielt, und wir fuhren für eine Woche weg – meine Mutter, meine Schwester und ich. Meine Mutter war mit uns an einem Strand in Virginia, den wir noch nicht kannten. Es war sonnig und wunderschön, und einen Tag sammelte ich stundenlang Seeglas am Strand. Ich weiß noch, wie meine Mutter sagte, dass sie diesmal nicht zu meinem Vater zurückgehen würde.« Ich schloss die Augen und spürte noch immer das Glücksgefühl von jenem Tag in meiner Brust, konnte noch die salzige Luft riechen. »Ich erinnere mich, wie frei und glücklich ich mich gefühlt habe. Das Seeglas ist wohl so eine Art Erinnerung daran, dass es möglich ist, so zu empfinden. Meine Mutter ist schließlich zu meinem Vater zurückgekehrt, aber ich habe das Gefühl von jenem Tag nie vergessen. Ich gehe auch heute noch an den Strand, wenn ich bedrückt bin oder einen klaren Kopf bekommen muss.«

»Das ist in New York City sicher nicht leicht. Ich weiß nicht, ob ich jemals Seeglas am Strand gesehen habe. Vielleicht ein paar zerbrochene Bierflaschen, aber nichts zum Sammeln.«

Ich lächelte. »Dann warst du noch nie am Glasflaschenstrand in Dead Horse Bay in Brooklyn, oder?«

»Dead Horse Bay? Nein, war ich nicht. Der Name klingt nicht sehr verlockend …«

Ich lachte. »Ganz bestimmt nicht. Aber er ist voll von Seeglas. Die Bucht heißt so, weil dort viele Pferdeknochen gefunden wurden. Sie liegt in der Nähe der Marine Parkway Bridge. Beim Bau der Brücke wurde aus Müll Land aufgeschüttet, um eine kleine Insel zu schützen. Leider hat man den Müll nicht mit ausreichend Sand bedeckt, sodass er in den Fünfzigerjahren an die Oberfläche kam. Jeden Tag wird mehr siebzig Jahre alter Müll hervorgespült, und eine Tonne davon ist jetzt Seeglas. Man muss mit dicken Sohlen darüber laufen, aber es ist ein Paradies für Sammler. Ich gehe oft dorthin, um den Strand zu durchkämmen. Es hilft mir, den Kopf freizubekommen.«

Merricks Blick glitt zwischen meinen Augen hin und her. »Du bist ein sehr besonderer Mensch, Evie.«

Ich nippte an meinem Wein. »Du bist schwer zu durchschauen. Ich weiß nicht, ob das eine Beleidigung oder ein Kompliment ist.«

Er lächelte. »Es ist ein Kompliment.«

»Soll ich mir das Datum notieren? Ich habe das Gefühl, die sprichst du eher selten aus.«

»Nun, wo ich schon mal dabei bin, ich möchte mich bedanken, dass du so schnell hergeflogen bist, um dich um meine Großmutter zu kümmern.«

»Gern geschehen. Aber dafür musst du mir nicht danken. Ich würde alles für Kitty tun. Sie ist eine erstaunliche Frau. Stur, aber beeindruckend.«

»Es tut mir leid, dass ich dir nicht geantwortet habe, um dir Bescheid zu sagen, dass ich komme. Ich bin auf dem Flug von China eingeschlafen, und als ich aufwachte, waren wir bereits im Landeanflug. Ich habe deine Nachricht gelesen und musste mein Handy für eine Weile ausschalten. Nach der Landung habe ich es wieder eingeschaltet, um dir zu antworten, aber der Akku war nur noch zu einem Prozent geladen. Ich hatte es während des Flugs zwar zum Aufladen eingesteckt, aber offenbar war der Anschluss an meinem Platz defekt. Dann konnte ich einen Anschlussflug hierher bekommen, aber ich musste mich beeilen, um es zu schaffen, und es gab keine Möglichkeit, mein Handy auf dem Flug aufzuladen.«

Ich nickte. »Ich habe mir etwas Sorgen gemacht, als ich nichts von dir hörte, aber ich dachte mir schon, dass so etwas passiert ist.«

»Was zum Teufel hat meine Großmutter überhaupt auf Rollschuhen gemacht?«

»Wenn du noch einen Schlag auf den Kopf bekommen willst, solltest du sie das genau so fragen.«

Er lachte und trank einen Schluck Wein. »Stimmt.«

»So schlimm ein gebrochener und ein umgeknickter Knöchel auch sind, es könnte ein Segen gewesen sein, dass es passiert ist. Anscheinend hatte sie schon seit einiger Zeit Blutungen und Schmerzen in der Gebärmutter und ist nicht zum Arzt gegangen oder hat es jemandem erzählt. Man hat es nur herausgefunden, weil sie im Krankenhaus anämisch war und der Arzt ihr daraufhin Fragen gestellt hat. Heute Nachmittag hat sie mir erlaubt, im Internet auf das Patientenportal des Krankenhauses zuzugreifen. Ich habe die Zusammenfassung der Notaufnahme und die Laborergebnisse gelesen. Der behandelnde Arzt schreibt, dass die Gynäkologin der Meinung ist, sie müsse möglicherweise eine Hysterektomie vornehmen lassen. Wir müssen sie also unbedingt überreden, noch mal zum Arzt zu gehen, und ich glaube, sie sollte nicht allein sein, bis sich ihr Blutbild normalisiert hat. Sie hatte so wenig rote Blutkörperchen, es ist erstaunlich, dass sie nicht schon mal vor dem Vorfall mit den Rollschuhen ohnmächtig geworden ist.«

Merrick schüttelte den Kopf und fuhr sich mit der Hand durchs Haar. »Das ist Kitty. Kümmert sich um alle, nur nicht um sich selbst.«

»Ja. Meine Großmutter war auch so.«

»Hat sie zwei Gipsverbände?«

»Einen Gips und eine abnehmbare Schiene, eine Orthese, für die Bänderdehnung. Sie ist nicht glücklich darüber. Wenn es in der Garage eine Säge gibt, sollten wir sie verstecken. Ich würde ihr durchaus zutrauen, dass sie sich den Gips selbst abnimmt.«

»Gute Idee.«

Ich bemerkte, dass Merricks Aktentasche hinter ihm neben der Eingangstür lehnte, aber als ich mich im Zimmer umsah, konnte ich keinen Koffer entdecken.

»Wo ist dein Gepäck?«

»Es ist nicht mit nach Atlanta gekommen. Die Verbindung war zu knapp. Ich hoffe, es kommt morgen.«

»Oh, das nervt. Nun, mein Koffer ist im Gästezimmer, aber ich hole ihn und schlafe auf der Couch, wenn ich den Wein ausgetrunken habe. Du musst müde von der langen Reise sein.«

»Du schläfst nicht auf der Couch. Ich komme hier schon klar.«

Kittys Haus hatte nur zwei Schlafzimmer und war klein, ebenso wie ihre Möbel. Ich beäugte das winzige Sofa. »Da passt du doch gar nicht drauf.«

»Ich kann überall schlafen.«

Ich sah mich im Zimmer um und seufzte. »Es ist so seltsam, hier zu sein und nicht nach nebenan gehen zu können. Es ist das erste Mal, dass ich hier unten bin, seit das Haus meiner

Großmutter verkauft wurde. Nach meinem Umzug hatte ich es zwei Jahre lang vermietet, weil ich noch nicht bereit war, mich davon zu trennen.«

»Das tut mir leid. Das muss schwer sein.«

Ich lächelte traurig. »Wenigstens habe ich viele gute Erinnerungen. Deine Großmutter kam jeden Abend nach dem Abendessen zu uns rüber und saß bei meiner Großmutter auf der Veranda. Als ich an meiner Doktorarbeit schrieb, lebte ich praktisch in der Bibliothek. Manchmal bin ich um zehn oder elf nach Hause gekommen, und die beiden saßen immer noch da draußen, lachten sich schlapp und waren oft beschwipst von Eistee mit Schuss. Sie tranken ihn aus Bechern, damit die Nachbarn dachten, sie würden normalen Tee trinken. Wenn ich Kitty dann nach Hause brachte, um sicher zu sein, dass sie gut ankam, überredete sie mich, mit ihr einen Gute-Nacht-Whisky zu trinken. Dann ging ich wieder nach nebenan, und meine Großmutter und ich saßen noch ein wenig draußen auf der Veranda.«

Merrick lächelte. »Ich war acht, als meine Großmutter mich zum ersten Mal Whisky probieren ließ. Ich weiß noch, dass meine Mutter stinksauer war.«

»Der neue Besitzer hat das Baumhaus hinten abgerissen. Ich mochte das Ding.«

»Ich erinnere mich an das Baumhaus. Ich war ein paarmal drin.«

»Ach ja?«

»Ja, wenn ich als Kind zu Besuch war, bin ich manchmal hinaufgeklettert, wenn sie auf der Veranda saßen. Ich erinnere mich, dass es viel Rosa gab – einen rosa Plastikkühlschrank, rosa Kissen, einen rosa Lampenschirm mit Rüschen, dabei gab es ganz offensichtlich keinen Strom.«

Ich lächelte. »Das war alles von mir. Ich hatte meinen Einrichtungsstil noch nicht gefunden.«

»War da nicht auch ein Poster von einer Boyband?«

»Keine Boyband. Burt Reynolds.«

»Burt Reynolds? Der alte Schauspieler, der vor einer Weile gestorben ist?«

»Ja. Ich war total verknallt in ihn. Er war die Stimme von dem deutschen Schäferhund in *Charlie – Alle Hunde kommen in den Himmel.* Ich habe diesen Film und seine Stimme geliebt und ihn mir immer wieder angesehen. Eines Tages waren meine Mutter und ich in einem Geschäft, und ich fand ein Jubiläumsposter von Burt Reynolds in dem Film *Ein ausgekochtes Schlitzohr.* Ich zwang sie, es für mich zu kaufen. Ich fand ihn so gut aussehend.«

»Ah … Das ist also ein Muster bei dir«, bemerkte Merrick.

»Wie meinst du das?«

»Dass du auf ältere Männer stehst. Ich bin drei Jahre älter als du.« Er zwinkerte.

Ich lachte schnaubend. »Schon komisch, dass wir beide so viel Zeit hier verbracht haben, uns aber nie begegnet sind.« Ich zuckte mit den Schultern. »Zumindest glaube ich das nicht. Um ehrlich zu sein, habe ich nicht viele Erinnerungen an die Zeit vor meinem zehnten Lebensjahr.«

»Wie kommt das?«

»Das nennt man dissoziative Amnesie. Unser Gehirn verdrängt manchmal Dinge, oft um uns nach einem traumatischen Ereignis zu schützen. Ich war zehn, als wir meinen Vater endgültig verlassen haben. Normalerweise verprügelte er meine Mutter nachts, wenn er betrunken nach Hause kam, dann war ich schon im Bett. Ich hatte diesen kleinen rosa Radiowecker mit Strasssteinen auf meinem Nachttisch. Wenn ich hörte, wie das Schreien losging, nahm ich ihn mit unter die Decke und stellte die Musik neben meinem Ohr an.« Ich hielt einen Moment inne. »Das letzte Mal war er völlig nüchtern, und ich war nicht in meinem Zimmer. Es ist hier bei meiner Großmutter passiert. Wir waren für ein paar Tage zu Besuch, und das passte ihm nicht. Also wartete er eines Nachmittags, bis meine Großmutter aus dem Haus war, und schlich sich hinein. Ich erinnere mich nicht mehr an alle Einzelheiten, aber anscheinend hat mein Vater meine Schwester und mich gezwungen, auf der Couch zu sitzen und zuzusehen, während er meine Mutter ziemlich heftig verprügelt hat. Es war eine zusätzliche Strafe für sie, weil sie gegangen war, ohne seine Hemden zu bügeln.«

»Meine Güte.«

Ich schüttelte den Kopf. »An dem Abend hat es geschüttet. Hinterher hat meine Schwester sich im Schlafzimmer eingeschlossen, und ich rannte zum Baumhaus. Aber als ich die oberste Sprosse der Leiter erreichte und versuchte, hineinzuklettern, fiel die Leiter um, und ich hing am Rand des Baumhauses. Ich weinte heftig, der Regen prasselte auf mich nieder, und meine Finger rutschten ab. Der Junge auf der anderen Straßenseite, Cooper, hat mich gerettet, indem er die Leiter zurückstellte. Erinnerst du dich an ihn?«

Merrick schüttelte den Kopf. »Nein, ich glaube nicht.«

»Zumindest glaube ich, dass es Cooper war, der mir geholfen hat. Als ich wieder auf der Leiter stand, habe ich nicht mehr nachgesehen. Jahre später habe ich ihn danach gefragt, und er sagte, er erinnere sich nicht mehr daran. Aber ich denke lieber, dass es Cooper war, der mich gerettet hat, als dass ich unwissentlich Hilfe von meinem Vater angenommen habe – er könnte aus dem Haus gekommen sein. Wie auch immer, ich erinnere mich ganz genau an das Baumhaus und die kleine Strassstein-uhr, aber an viele andere Dinge aus meiner Kindheit kann ich mich nicht mehr erinnern. In diesem Baumhaus habe ich mich so sicher gefühlt. Mein Großvater hat es zu meinem fünften Geburtstag für mich gebaut. Im nächsten Sommer ist er gestorben.«

Merrick runzelte die Stirn. »Es tut mir leid, dass du das alles durchmachen musstest.«

Ich zuckte mit den Schultern. »Es hat mich in vielerlei Hinsicht stärker gemacht. Weil ich mich nicht erinnern konnte, wollte ich wissen, wie das Gehirn funktioniert, was mich schließlich dazu gebracht hat, Psychologie zu studieren und Therapeutin zu werden. Und mein geliebtes Baumhaus hat mich auf die Idee für meine Airbnbs gebracht. Ich weiß, dass meine Großeltern begeistert wären, was ich aus ihrem Besitz gemacht habe, und der gesamte Gewinn geht an ein Frauenhaus in Atlanta – das von Kitty gegründet wurde.«

»Gott, du musst mich für einen totalen Idioten halten.« Merrick rieb sich den Nacken. »Ich habe mich über deine Vermietungen lustig gemacht, als du mir im Vorstellungsgespräch davon erzählt hast, und dabei geht der gesamte Gewinn an die Wohltätigkeitsorganisation meiner Großmutter.«

»Nein. Ich weiß, ein Glampingplatz und Baumhäuservermietung klingt etwas seltsam. Deshalb habe ich dich nicht für einen Idioten gehalten.« Ich grinste. »Dafür gab es genug andere Gründe. Zum Beispiel, dass du gesagt hast, du würdest mich anstellen, weil ich die am wenigsten qualifizierte Bewerberin sei.« Ich hielt inne und lächelte. »Sorry. Wir hatten eine Abmachung, dass ich das nicht mehr erwähne.«

Merrick ließ den Kopf hängen. »Ich bin wirklich ein Idiot.«

»Wenigstens gibst du es zu.«

»Als wir uns das erste Mal begegnet sind, habe ich mich über deinen Optimismus lustig gemacht, weil wir so unterschiedlich sind und ich es nicht verstanden habe. Aber vielleicht kann ich ja etwas von dir lernen.«

Ich legte eine Hand wie einen Trichter um mein Ohr und beugte mich zu Merrick. »Was war das? Ich habe dich nicht verstanden. Es könnte noch ein Kompliment gewesen sein. Kannst du das noch mal wiederholen?«

Merrick hob sein Weinglas. »Wenn du Will sagst, dass ich das gerade gesagt habe, werde ich jedes Wort abstreiten.«

»Dein Geheimnis ist bei mir sicher.«

»Ich glaube, ich habe mich nie dafür entschuldigt, wie ich dich anfangs behandelt habe. Also, es tut mir leid.«

Ich lächelte. »Danke. Aber man kann nicht die Schönheit in jemandem erkennen, ohne auch die hässlichen Seiten zu sehen. Du zeigst einfach erst mal die hässlichen Seiten, damit man die guten Seiten dann mehr zu schätzen weiß.«

Sein Blick glitt über mich. »Ich bin mir nicht sicher, ob das immer stimmt. An dir habe ich noch keine hässliche Seite entdeckt.«

Oh, wow. Mir wurde flau im Magen. Was half da? Viel Wein. Ich trank die Hälfte von meinem Glas.

Ein paar Minuten später hatten wir beide unsere Gläser geleert, und Merrick gähnte.

»In welcher Zeitzone befindest du dich gerade?«, fragte ich.

»Ich habe keine verdammte Ahnung.«

»Nun, in diesem Sinne ist es wohl an der Zeit, dass ich dich etwas schlafen lasse. Bist du sicher, dass du nicht das Bett haben willst? Es macht mir überhaupt nichts aus, auf der Couch zu schlafen.«

»Ich komm klar. Aber danke.«

Ich holte eine Decke und ein Kissen aus dem Gästezimmer und legte sie auf die Couch. Als ich an der Tür war, blieb ich stehen und sah mich noch mal um. »Danke, dass du mir den Arsch gerettet hast.«

Merricks Blick fiel auf meinen Hintern, und ein dreckiges Grinsen erschien in seinem Gesicht. »Wann immer du dein Höschen fallen lassen und dich mit nacktem Hintern über ein Knie beugen musst, bin ich dein Mann. Sagen wir einfach, es hat mir nichts ausgemacht.«

Ich zwinkerte ihm zu. »Vielleicht habe ich es auch ein bisschen genossen.«

15. Kapitel

Evie

Heilige Scheiße.

Als ich am nächsten Morgen ins Wohnzimmer kam, blieb ich abrupt stehen. Merrick lag auf der Couch und schlief tief und fest, einen Arm hatte er über Stirn und Augen gelegt, aber das war so ziemlich der einzige Teil seines Körpers, den ich nicht sehen konnte. Na ja, und einen Fuß, der von der Decke verdeckt war, die ich ihm gestern Abend gegeben hatte und die nun zusammengeknüllt am Ende der Couch lag.

Und ich konnte nicht aufhören hinzustarren.

Er trug nur enge, schwarze Boxershorts. Mir wurde heiß, als ich sein wohlgeformtes Sixpack, die schmale Taille und das sexy V betrachtete, das in seine schöne, gebräunte Haut gemeißelt war. Ganz zu schweigen davon, dass sich unter der hauteng anliegenden Unterwäsche eine ziemlich große Beule abzeichnete. Im Anzug war Merrick Crawford eine Augenweide, aber das … Das war das nächste Level. Er hätte jeden Moment die Augen öffnen und mich beim Starren erwischen können, aber ich hätte ziemlich sicher auch dann nicht damit aufgehört. Manch sündiges Vergnügen war die Konsequenzen wert.

Verdammt. Vielleicht sollte ich eine Weile in mein Zimmer zurückgehen oder vielleicht sogar eine kalte Dusche nehmen.

Doch dann bewegte sich Merrick auf der Couch, und ich hielt den Atem an, während er eine neue Position einnahm. Ich wartete, dass er die Augen öffnete, und glotzte wie ein Teenager. Als er nicht aufwachte, blinzelte ich, riss mich von seinem Anblick los und schaffte es, einen Fuß vor den anderen zu setzen und in die Küche zu gehen.

Fünfzehn Minuten später saß ich am Tisch, trank einen Becher Kaffee und träumte vom Körper meines Chefs, als die Tür aufschwang. Merrick schien überrascht, mich zu sehen.

»Oh, hey.« Er fuhr sich mit der Hand durch sein zerzaustes Haar, was ihm ziemlich gut stand. »Wie spät ist es?«

Ich drückte eine Taste auf meinem Telefon. »Halb acht.«

Er trug jetzt die Anzughose von gestern Abend, aber immer noch kein Hemd, und der oberste Knopf seiner Hose war offen. Eine schmaler Haarstreifen führte von seinem Bauchnabel hinunter in den Bund seiner Unterwäsche. Es spielte keine Rolle, dass er jetzt hellwach war und nur ein Stück von mir entfernt stand, meine Augen hatten ihren eigenen Willen. Mein Blick glitt langsam an seinem Körper hinauf und wieder hinunter. Es war unmöglich, dass Merrick es nicht bemerkte.

Er zuckte mit den Schultern. »Tut mir leid. Bis mein Koffer kommt, habe ich nichts zum Anziehen.«

Ich riss meinen Blick von ihm los und führte meinen Kaffeebecher an die Lippen. »Es ist nur fair, dass du nach letzter Nacht ein bisschen Haut zeigst.« Ich deutete über meine Schulter. »Da ist Kaffee.«

Nachdem Merrick sich einen Becher eingeschenkt hatte, setzte er sich mir gegenüber.

»Wie hast du geschlafen?«, fragte ich.

»Ziemlich gut. Und du?«

»Nicht schlecht.« Ich hatte ewig gebraucht, um einzuschlafen. Immer wieder hatte ich mir vorgestellt, wie ich über Mericks Knie lag, *ohne* dass ich einen Splitter im Hintern hatte.

»Ich habe gerade nach Kitty gesehen. Sie schläft noch tief und fest.«

Ich nickte. »Ja, ich habe vorhin auch nach ihr gesehen. Der Arzt hat ihr ein ziemlich starkes Schmerzmittel verschrieben, das macht sie müde.«

»Ah … deshalb. Normalerweise ist sie nämlich früh auf.«

Ich nippte an meinem Kaffee. »Bevor ich aufgestanden bin, habe ich nach Flügen gesehen. Heute Abend um halb sechs gibt es einen Direktflug zum JFK, falls du willst, dass ich heute den Tag über noch bleibe. Dann können wir versuchen, sie zu überreden, einen Gynäkologen aufzusuchen.«

Merrick wirkte erschrocken. »Du willst abreisen?«

»Nun, ja. Ich dachte, nachdem du hier bist, ist ja alles so weit unter Kontrolle.«

»Ich bin stolz darauf, die meisten Dinge in meinem Leben unter Kontrolle zu haben, aber Kitty gehört nicht dazu. Ich habe überhaupt keinen Einfluss auf diese Frau.«

Ich lachte. »Soll ich nachsehen, ob es einen späteren Flug gibt?«

»Wenn später bedeutet, morgen oder irgendwann danach, lautet die Antwort Ja.«

Ich zog die Brauen zusammen. »Bleibst du?«

»Ja, aber du kannst mich nicht mit ihr allein lassen – nicht um mit ihr über ihre Frauenprobleme zu sprechen.«

»Du klingst tatsächlich etwas verängstigt.«

Merrick schüttelte den Kopf. »Nicht nur etwas. Ziemlich. Kannst du bleiben? Wenigstens bis morgen. Vielleicht können wir das dann kurzfristig entscheiden.«

»Ich denke schon. Ich habe einige Gesprächstermine, aber

ich denke, ich kann sie umlegen. Mein Chef ist allerdings ein ziemlicher Idiot. Ich hoffe, er hat nichts dagegen, dass ich mir einen Tag frei nehme, wo ich doch noch neu bin.«

»Womöglich gibt dein Chef dir eine Gehaltserhöhung, wenn du bleibst.«

Ich lächelte. »Das ist nicht nötig, aber wenn du dich dann besser fühlst, bleibe ich noch etwas. Für Kitty würde ich alles tun.«

»Ich fühle mich besser.« Er ließ die Schultern hängen. »Danke.«

Wir tranken unseren Kaffee aus und erzählten uns Geschichten über unsere Großmütter. Als ich aufstand, um mir einen zweiten Becher einzuschenken, hörte ich Kitty aus dem Schlafzimmer rufen. »Huhu! Everly, Liebes, bist du wach?«

Ich lächelte. »Ich hätte fast vergessen, dass sie noch gar nicht weiß, dass du hier bist.«

Er hob mit einer auffordernden Geste das Kinn. »Geh du zuerst. Ich will sie nicht erschrecken.«

Ich ging über den Flur zu Kittys Zimmer. Als ich die Tür öffnete, blieb Merrick hinter mir, sodass sie ihn nicht sehen konnte. »Guten Morgen.«

»Guten Morgen, mein Schatz. Es tut mir leid, dass ich dir solche Umstände mache. Meinst du, du kannst mir aus dem Bett helfen?«

»Das würde ich gern, Kitty, aber hier ist jemand, der vielleicht etwas stärker ist.« Ich trat zur Seite, und Merrick kam herein.

Kitty strahlte wie ein Weihnachtsbaum. »Merrick! Du bist hier!«

»Natürlich, Grams. Ich bin so schnell gekommen, wie ich konnte.« Er ging zum Bett, beugte sich hinunter und küsste sie auf die Wange. »Tut mir leid, dass es nicht früher ging.«

Sie winkte ab. »Du bist ein vielbeschäftigter Mann. Es ist mir unangenehm, dich zu stören.«

»Mich zu stören? Was mich stört, ist, dass du mich nicht selbst angerufen hast. Und darüber müssen wir auch noch reden. Aber erst lasse ich dich aufstehen und deinen Kaffee trinken.«

Er half ihr vorsichtig in den Rollstuhl, den ich neben ihrem Bett stehen gelassen hatte.

»Ich muss einen Boxenstopp bei der Toilette einlegen.«

Merrick sah mich mit panischem Gesichtsausdruck an, und ich lächelte. »Soll ich dir dabei helfen?«

Er rollte Kitty ins Badezimmer, dann hob er sie aus dem Stuhl und setzte sie vollständig angezogen auf die Toilette, bevor er aus der Tür eilte. »Ich lasse euch in Ruhe, damit ihr … was auch immer.«

Es war komisch, wie überfordert er war, aber das behielt ich für mich. Nachdem ich Kitty geholfen hatte, sich richtig zu setzen, sagte ich, ich würde draußen warten und sie solle rufen, wenn sie fertig sei, damit ich sie wieder in den Rollstuhl setzen konnte. Natürlich humpelte sie trotzdem mit einem Gipsfuß und einer orthopädischen Orthese aus dem Bad.

Ich schüttelte den Kopf, als sie sich wieder in den Rollstuhl setzte. »Kitty, du darfst die Beine nicht belasten.«

»Ach, Ärzte sind heutzutage solche Weicheier.« Sie hob eine Hand. »Nichts für ungut.«

Ich schob Kitty den Flur hinunter. »Schon gut. Ich bin sowieso keine Ärztin.«

Ein paar Minuten später saßen wir zu dritt in der Küche und tranken Kaffee. Als ich das Gefühl hatte, dass es der richtige Zeitpunkt wäre, Kittys gynäkologische Probleme anzusprechen, warf ich Merrick einen Blick zu, und er nickte.

»Also, Kitty …« sagte ich. »Merrick und ich möchten mit dir über den Gynäkologen sprechen.«

»Nicht nötig.« Kitty hob die Hand. »Ich gehe hin.«

Oh, wow. »Das ist ja toll, Kitty. Da bin ich aber froh. Der Arzt, der uns empfohlen wurde, gehört zu dem Krankenhaus, in dem du warst. Ich kann online einen Termin für dich vereinbaren. Es sei denn, du hast einen niedergelassenen Arzt, zu dem du lieber gehen würdest.«

»Schon okay. Es ist fast fünfundzwanzig Jahre her, seit ich zum letzten Mal beim Mumu-Arzt war. Mein alter Arzt hat sich bestimmt inzwischen zur Ruhe gesetzt. Oder Schlimmeres.«

Merrick schüttelte den Kopf. »Ich will mich bestimmt nicht beschweren, aber hast du dich nicht geweigert, im Krankenhaus zu bleiben oder über deinen Zustand zu sprechen, nachdem sie mit deinen Füßen fertig waren?«

»Ja.« Kitty trank von ihrem Kaffee.

Er blinzelte. »Woher also der Sinneswandel?«

Kitty zuckte mit den Schultern. »Marvin hat gesagt, er hat keinen Sex mit mir, ehe ich bei diesem Arzt war und da unten wieder alles in Ordnung ist. Er denkt, er könnte mir wehtun oder so.« Sie beugte sich zu mir und senkte die Stimme, allerdings nicht genug. »Er ist ziemlich gut ausgestattet, und diese kleinen blauen Pillen wirken Wunder, trotzdem bin ich mir ziemlich sicher, dass er keinen Schaden anrichten wird. Aber egal. Jungs und ihre Egos.«

Merrick räusperte sich und schob seinen Stuhl vom Tisch zurück, wobei die Beine laut über die Fliesen kratzten. »Ich muss telefonieren und nach meinem Gepäck forschen.«

Ich brach in Gelächter aus. »Ja, das ist eine gute Idee.«

16. Kapitel

Evie

»Da bist du ja.« Kitty deutete auf den Sessel gegenüber der Couch, auf der sie saß. »Komm, setz dich zu mir, Herzchen.«

»Ich wollte dich gerade fragen, ob ich dir einen Tee machen soll.«

»Das wäre schön. Aber setz dich erst mal. Ich möchte mit dir reden, und wir haben nicht viel Zeit.«

Ich setzte mich. »Ich reise nicht vor morgen ab, Kitty.«

»Oh, ich weiß. Ich meinte, nicht viel Zeit, bis mein Enkel mit Telefonieren fertig ist. Er ist gerade auf die Terrasse gegangen, um wegen des Koffers noch mal die Fluggesellschaft anzurufen.«

»Ah, okay.«

»Vertraust du mir, Liebes?«

»Natürlich, Kitty.«

»Auch wenn er mein Fleisch und Blut ist, würde ich dich nicht zu etwas animieren, wenn ich der Ansicht wäre, dass es dir schaden würde. Ich weiß, dass er manchmal wie ein Idiot wirkt … Seien wir ehrlich, überwiegend, aber er ist ein guter Mensch. Wenn er liebt, liebt er mit Leib und Seele.«

Ich schüttelte den Kopf. »Ich habe nie daran gezweifelt, dass er ein guter Mensch ist. Also, vielleicht war er bei unserem ersten Treffen nicht sehr freundlich. Aber seit ich ihn kennengelernt habe, sehe ich, dass er nicht so cool ist, wie er einen glauben machen will.«

Sie zeigte auf mich. »Du hast den Nagel auf den Kopf getroffen, Herzchen. Ja, natürlich. Du bist ein kluger Kopf. Merrick wirkt nach außen hin wie ein brüllender Löwe, aber im Inneren ist er ein Kätzchen. Er denkt, er könne sein Herz schützen, indem er so tut, als hätte er keins.«

Ich lächelte traurig. »Er hat eine Menge durchgemacht. Das haben wir gemeinsam. Menschen reagieren unterschiedlich auf ein Trauma. Ich habe mich durch die letzten sechs Monate gebacken und genascht. Und Merrick hat sich mehr denn je in die Arbeit gestürzt.«

»Hat er dir von der Idiotin erzählt?«

»Amelia?«

Kitty nickte.

»Ich kenne nicht die ganze Geschichte, aber ich weiß, dass Merrick verletzt wurde und dass sie gestorben ist.«

Kitty nickte erneut. »Ich wusste gleich nach unserer ersten Begegnung, dass sie eine Idiotin ist. Ich bereue es, dass ich mich nicht eingemischt und es ihm gesagt habe. Deshalb mische ich mich jetzt ein. In meinem Alter sieht man oft schon, ob etwas passt, bevor jemand es ausprobiert hat. Das ist eine Gabe, die man dafür bekommt, dass man sein Gedächtnis, seine Zähne und sein Gehör verliert.« Sie beugte sich vor und tätschelte meine Hand. »Darf ich ganz offen sein, meine Liebe?«

»O Mann. Soll das heißen, dass du dich all die Jahre zurückgehalten hast?«

Sie lächelte. »Er fühlt sich wegen einer Menge Dinge schuldig, für die er nichts konnte. Ihr tragt beide eine Menge Ballast mit euch herum, aber ihr solltet euch gegenseitig helfen, euch von ihm zu befreien.«

»Ich glaube nicht, dass Merrick mich auf diese Weise sieht, Kitty.«

»Er ist anders, wenn er in deiner Nähe ist – sanfter. Er ruht mehr in sich.«

»Das könnte daran liegen, dass er sich endlich eine Auszeit vom Büro genommen hat.«

Sie schüttelte den Kopf. »Das ist es nicht. Und daran habe ich auch nicht gemerkt, dass er sich in dich verliebt.«

»Okay …«

»Du bringst ihn zum Lächeln. Ob er über dich oder mit dir spricht, ich habe ihn ewig nicht so lächeln sehen.«

»Ich glaube, das liegt vielleicht daran, dass er *über* mich lacht. Du hast doch die Geschichte von gestern Abend gehört, oder? Wie ich ihn mit einer Klobürste angegriffen habe und dass ich am Ende einen Glassplitter im Hintern hatte?«

Sie lächelte, ging aber nicht weiter auf meine Bemerkung ein. »Weißt du, was ich noch denke?«

»Was?«

»Ich glaube, du empfindest das Gleiche. Aber ihr seid beide zu feige, die Initiative zu ergreifen. Oft sind es die Dinge, die uns am meisten Angst machen, die unser Leben verändern können. Aber wenn du dein Herz öffnest und daran glaubst, dass das Glück zu dir kommen kann, wird es auch geschehen.«

Ich war mir nicht so sicher, ob ich das Glück heraufbeschwören konnte, aber sie hatte nicht unrecht. Etwas an Merrick machte mir Angst, und es war nicht die Art, wie er die Menschen auf Abstand hielt. Aber dass Merrick Gefühle für mich hatte, hielt ich für einen Irrtum – na ja, Lustgefühle vielleicht. Mehr nicht.

Kitty lächelte. »Du glaubst mir nicht, auch wenn ein Teil von dir es möchte. Ich hatte im Laufe der Jahre eine ganze Reihe von Kavalieren, aber ich hatte nur eine große Liebe. Weißt du, woher ich wusste, dass mein Redmond genauso empfand?«

»Woher?«

»Ich ertappte ihn immer wieder dabei, wie er mich beobachtete, wenn er glaubte, ich würde es nicht merken. Vermutlich ist dir das auch schon ein- oder zweimal bei meinem Enkel aufgefallen, aber du warst noch nicht bereit, darüber nachzudenken, was es bedeutet.«

Ich hatte Merrick tatsächlich ein- oder zweimal dabei erwischt, wie er mich beobachtete, aber er war ein aufmerksamer Mann. Das war einer der Hauptgründe für seinen Erfolg.

Als ich nichts sagte, tätschelte Kitty meine Hand. »Tu mir den Gefallen. Wenn du das nächste Mal mit ihm in einem Raum bist, schenk ihm keine Beachtung. Dann sieh zu ihm rüber, wenn er nicht damit rechnet. Ich würde mein Haus darauf verwetten, dass er dich ganz bestimmt beobachtet.«

Unser Gespräch verstummte, als wir Merrick im anderen Zimmer fluchen hörten. »Diese verdammten Fluggesellschaften.«

Kitty senkte die Stimme und beugte sich noch einmal vor. »Eins noch – ich habe seine Windeln gewechselt. Du wirst nicht enttäuscht sein. Manchmal findet man auf Umwegen nicht nur zu einem neuen Weg, sondern man hat auch noch verdammt viel Spaß.«

Merrick beendete das Gespräch. Es war sein dritter Anruf bei der Fluggesellschaft seit heute Morgen, und es war jetzt kurz vor drei Uhr am Nachmittag. »Endlich ist mein Koffer in Atlanta.«

»Ach gut. Bringen sie ihn her?«

Er schüttelte den Kopf. »Nicht, wenn ich ihn nicht erst in ein bis drei Tagen haben will. Sie sind überlastet, also muss ich zum Flughafen fahren und ihn abholen.«

»Wie nervig. Soll ich mitfahren, damit du nicht parken musst? Ich kann dich am Terminal absetzen und eine Runde drehen, während du den Koffer abholst und zurückkommst.« Ich blickte durch die Glasschiebetüren auf die Veranda. Dort saß Kitty mit Marvin und hatte den eingegipsten Fuß und die Orthese auf seinen Schoß gelegt. Sie lachten über etwas. »Ich denke, ihr Lover kann sich um sie kümmern, solange wir weg sind.«

Merrick stöhnte auf. »Bitte benutze nicht die Worte *Lover* und *Großmutter* in einem Satz.«

»Ach so. Na klar.« Ich grinste. »Ist es dir lieber, wenn ich ihn ihre Granate oder ihren Lustknaben nenne?«

»In etwa zwei Sekunden lege ich dich wieder übers Knie.«

Denkt er etwa, das würde mich abschrecken? Ganz im Gegenteil.

Marvin schob die Glastür auf.

»Ich werde uns vieren heute Abend was kochen – ein richtiges Südstaatenessen.« Er blickte zwischen uns hin und her. »Ihr seid doch nicht etwa solche Typen, die nur Kaninchenfutter essen, oder?«

Ich lächelte. »Nein, wir sind keine Vegetarier.«

»Gut.«

»Marv, hast du vor, heute Mittag hier zu bleiben?«, fragte ich. »Merrick muss zum Flughafen, um seinen Koffer abzuholen, und ich überlege mitzufahren, aber ich möchte Kitty nicht allein lassen.«

»Ich werde mich den ganzen Tag um mein Mädchen kümmern. Sie hat später einen Zoom-Call mit einem neuen Verwandten, den sie neulich auf Ancestry gefunden hat, und ich lese gern die Sonntagszeitung von der ersten bis zur letzten Seite. Also lasst euch Zeit. Es ist ein schöner Tag.«

Ich nickte und lächelte. »Okay, danke, Marvin.«

Kurze Zeit später fuhren Merrick und ich mit Kittys Auto zum Flughafen. Er saß hinterm Lenkrad, während ich aus dem Fenster blickte und viele Gefühle auf mich einstürmten. Als wir an der Buckhead-Ausfahrt vorbeikamen, sagte ich: »Wenn die Sache zwischen Christian und mir nicht den Bach runtergegangen wäre, würde ich jetzt irgendwo hier draußen wohnen.«

Merricks Blick glitt zu mir, dann richtete er ihn wieder auf die Straße. »Ihr wolltet hier unten wohnen?«

Ich nickte. »Christian ist aus Atlanta. Ich glaube, ich habe dir erzählt, dass wir uns hier unten beim Studium kennengelernt haben. Anschließend sind wir nach New York gezogen, damit er ein paar Jahre in der Firmenzentrale des Familienunternehmens arbeiten konnte, und ich habe dort mein Praktikum gemacht. Aber nach unserer Hochzeit wollte er wieder zurückziehen. Seine Firma hat hier unten eine riesige Forschungs- und Entwicklungsabteilung, für deren Leitung er ausgebildet wurde.«

»Wolltest du das auch? Hier unten leben, meine ich?«

Ich schüttelte den Kopf. »Nicht wirklich. Es gefällt mir zwar hier, aber ich liebe New York, und ich wollte in der Nähe meiner Schwester sein. Ich habe mir immer vorgestellt, dass wir zur gleichen Zeit Kinder bekommen und sie zusammen aufwachsen.«

»Aber du wärst trotzdem umgezogen?«

Ich zuckte mit den Schultern. »Christian hat New York gehasst. Das Leben in einer Wohnung, keinen großen Garten zu haben, und er verabscheut öffentliche Verkehrsmittel und volle

Bürgersteige. Seine Eltern stammen beide aus Atlanta. Als er fünf war, ließen sie sich scheiden, danach hat er überwiegend bei seiner Mutter gelebt. Sein Vater zog nach New York, um im Familienunternehmen zu arbeiten, und so reiste er hin und her. Ich glaube, zum Teil hasst er die Stadt so sehr, weil sie für ihn ein Symbol für das Auseinanderbrechen seiner Familie ist. Es ist einfacher, etwas anderem die Schuld zu geben als den eigenen Eltern.«

»Wie lange wart ihr zusammen?«

»Dreieinhalb Jahre.«

Merrick nickte.

»Und du? Hast du immer in der Stadt gelebt?«

»Ich habe jeden Sommer eine Woche hier unten mit Kitty und meiner Mutter verbracht. Aber ja, ich bin in New York geboren und aufgewachsen. Meine Mutter hat in der Stadt studiert und ist nie zurückgekommen. Sie war zu ihrer Zeit eine der wenigen Frauen auf dem Börsenparkett. Sie ist vor sechs Jahren an Brustkrebs gestorben.«

»Das tut mir leid.«

»Danke.«

»Was ist mit deinem Vater?«

»Er hat sich letztes Jahr in Florida zur Ruhe gesetzt. Nach meiner Mutter hat er nie wieder geheiratet. Meine Schwester lebt dort unten, sie hat Kinder, und er ist in ihre Nähe gezogen.«

»Du warst … auch mal verlobt, oder?«

Merricks Blick sprang kurz zu mir, bevor er wieder auf die Straße sah. Er schürzte die Lippen. »Du gräbst gern herum, nicht wahr?«

»Berufskrankheit. Ich stelle Fragen und versuche, die Teile zusammenzufügen, um das ganze Puzzle zu sehen.«

»Ach ja? Welche Teile von mir hast du schon zusammengesetzt?«

Ich wollte Wills Bemerkung nicht erwähnen – dass seine Verlobte ihn vernichtet hatte –, also blieb ich vage. »Ich habe gehört, dass du mit deiner Geschäftspartnerin verlobt warst und dass es nicht gut ausgegangen ist.«

Merrick starrte auf die Straße. Ich dachte, damit wäre unser Gespräch womöglich zu Ende, doch dann räusperte er sich.

»Du hast mir viel über dein Leben erzählt, Dinge, die nicht leicht zu ertragen waren. Aber du scheinst einen Weg gefunden zu haben, damit Frieden zu schließen. Mir fällt es schwerer, über Dinge zu sprechen.«

Ich nickte. »Jeder ist anders. Das ist in Ordnung. Ich wollte dich nicht drängen, über etwas zu reden, über das du nicht reden willst.«

Merrick schwieg eine ganze Zeit lang. Es überraschte mich, als er wieder zu sprechen begann. »Amelia und ich haben die Firma zwar gemeinsam gegründet, aber sie wollte keine gleichberechtigte Partnerin sein und auch nicht, dass ihr Name an der Tür steht.«

»Warum nicht?«

Er trommelte mit den Fingern auf das Lenkrad.

»Sie sagte, sie sei kein Ja-Sager. Sie wollte nichts mit dem Personal oder mit einem Vorstand zu tun haben. Sie sagte immer, sie wolle mit Monopoly ihr Geld verdienen, aber nicht Hasbro besitzen.«

»Warum wollte sie dann überhaupt Partner sein?«

Merrick runzelte nachdenklich die Stirn. »Ich habe sie dazu gedrängt. Sie war schlauer als ich und hatte eine bessere Menschenkenntnis, auch wenn sie mit den meisten Menschen nichts zu tun haben wollte. Außerdem verdiente sie im ersten

Jahr mehr als jeder Trader in der Branche, darum war es angemessen.«

»Wow. Klingt, als wäre sie ein echtes Brain gewesen.«

»Das war sie.« Mehr sagte er nicht, und ich zögerte, weiter nachzuhaken. Aber ich war neugierig. Ich wusste, dass sie gestorben war, aber es kam mir so vor, als wäre es nicht ihr Tod gewesen, der Merrick vernichtet hatte.

»Darf ich fragen, was zwischen euch vorgefallen ist?«

Die Ausfahrt zum Flughafen kam, und Merrick setzte den Blinker. Kurz trafen sich unsere Blicke, als er sich umdrehte, bevor er die Spur wechselte.

»Meine Geschichte ist nicht viel anders als deine. Ich habe herausgefunden, dass ich die Person, die ich heiraten wollte, eigentlich nie richtig gekannt habe.«

»Das tut mir leid.«

Wir verließen den Highway und fuhren auf die Straße, die zum Flughafen führte. Merrick zeigte nach vorn. »Gleich da drüben ist ein Mobilfunkmast. Der Kundendienst sagte, wir sollten den Schildern zur Passagierabholung folgen und in das Büro der Gepäckausgabe gehen. Hoffentlich dauert es nicht zu lange, aber vielleicht fährst du herum und wartest an dem Mobilfunkmast. Wenn ich den Koffer habe, schicke ich dir eine Nachricht.«

»Okay.«

Ich hätte ihm gern noch mehr Fragen gestellt, aber ich vermutete, dass Merrick vielleicht absichtlich das Thema gewechselt hatte.

»Wie geht es deinem Hintern heute?«, fragte er. »Der Splitter saß ganz schön tief.«

»Er tut etwas weh. Aber ich habe heute Morgen nachgesehen, die Stelle ist nicht gerötet oder so.«

»Wenn du eine zweite Meinung brauchst, sag Bescheid.« Er zwinkerte mir zu, und in meinem Bauch flatterten Schmetterlinge auf.

Gott, sich in diesen Mann zu verknallen, war eine totale Sackgasse. Er war nicht nur mein Chef, sondern wir hatten beide katastrophale Beziehungen zu Personen gehabt, mit denen wir zusammengearbeitet hatten. Und meine Schwester hatte mich zu Recht daran erinnert, dass Merricks Kampf härter war. Er musste sich von einem Geist befreien. Doch je mehr Zeit ich mit ihm verbrachte, desto mehr mochte ich ihn, und was noch schlimmer war, desto häufiger träumte ich von ihm. Könnte an dem, was Kitty mir erzählt hatte, etwas dran sein?

Wir hielten am Terminal an. Ich ging zur Fahrerseite, um das Steuer zu übernehmen, und Merrick verschwand im Flughafen. Noch bevor ich zu dem Mobilfunk-Mast zurückkehren konnte, rief er an, dass er seinen Koffer wieder hätte. Also fuhr ich zurück.

»Das ging aber schnell«, bemerkte ich, als er die Beifahrertür öffnete.

»Ja, kurz und schmerzlos. Das Büro war leer, und mein Koffer stand mit ein paar anderen an der Seite.«

»Willst du den Platz tauschen und fahren?«

»Nur, wenn du willst.«

»Nein, alles in Ordnung.«

Merrick legte seinen Sicherheitsgurt an. »Ich dachte, wir könnten einen kleinen Umweg machen, solange Marvin im Haus ist.«

Ich zuckte mit den Schultern. »Klar. Wohin?«

»Du hast gesagt, deine Airbnbs wären nicht weit von hier, oder?«

Ich machte große Augen und lächelte. »Sie sind nur etwa

eine halbe Stunde entfernt und liegen praktisch auf dem Weg zu Kitty. Ich muss nur früher von der Autobahn ab und ein Stück nach Osten fahren.«

»Sehen wir sie uns an. Ich habe noch nie in einem Baumhaus gewohnt oder auf einem Campingplatz.«

»Das ist ein *Glamping*platz.«

Merrick lächelte. »Ich nehme alles zurück.«

Ich legte den Schalthebel um und fuhr los. »Ich bin so aufgeregt. Ich weiß nicht, ob sie gerade vermietet sind, aber ich kann auf der Website nachsehen, wenn wir dort sind. Wenn sie vermietet sind, zeige ich sie dir einfach nur von außen.«

»Klingt gut.«

Während der gesamten Fahrt ließ sich Merrick von mir erzählen, was ich alles getan hatte, um ein in meinen Augen perfektes Mieterlebnis zu schaffen. »Die beiden Baumhäuser haben je zwei große Oberlichter, sodass tagsüber viel natürliches Licht hereinfällt, und nachts ist es einfach unglaublich. Das Grundstück ist sechzig Hektar groß, also gibt es kaum Lichtverschmutzung, und in einer klaren Nacht kann man im Bett liegen und die Sterne betrachten.«

Als ich Merricks Blick auf mir spürte, sah ich zu ihm hinüber. »Was ist?«

»Nichts.« Er schüttelte mit einem warmen Lächeln den Kopf. »Du strahlst, wenn du über sie sprichst.«

»Wirklich? Dann muss ich ja leuchten wie eine Glühbirne, denn ich habe dir während der ganzen Fahrt ein Ohr abgekaut.«

Merrick lachte. »Schon in Ordnung. Ich habe es genossen. Es erinnert mich an die Gründung meiner Firma. Ich habe die ganze Zeit von nichts anderem gesprochen.«

Ich zeigte auf eine Straße, die vor uns lag. »Das ist es. Der Eingang befindet sich etwa eineinhalb Kilometer in die Richtung. Von dort aus führen unbefestigte Wege zu den verschiedenen Objekten.« Ich setzte den Blinker. »Ich halte nur eben an und sehe auf der Website nach, ob sie frei sind.«

»Alles klar.«

Ich glaube nicht, dass ich mich jemals so gefreut hatte, zu sehen, dass zwei Objekte *nicht* vermietet waren. Sowohl auf dem Glampingplatz als auch in einem der Baumhäuser hatten Gäste heute Morgen ausgecheckt.

Ich quietschte fast vor Vergnügen, als ich wieder losfuhr. »Es ist ein Baumhaus frei und ein Glampingplatz. Was willst du zuerst sehen?«

»Entscheide du.«

»Auf jeden Fall das Baumhaus.«

Als wir den Eingang erreichten, wiesen Holzschilder mit Pfeilen den Weg zu den verschiedenen Mietobjekten. Merrick sah sich um. »Es muss schwer sein, sich hier nachts zurechtzufinden.«

»Ja, auf jeden Fall. Wir sagen den Leuten immer, dass sie am besten bei Tageslicht herkommen. Wenn nicht, müssen sie langsam fahren und das Fernlicht einschalten, um die Schilder an den Bäumen zu sehen.«

Als wir uns der ersten Stelle näherten, zeigte ich nach oben. »Das ist das Erste.«

Merrick duckte den Kopf, um besser durch die Windschutzscheibe sehen zu können. »Das ist ziemlich genial.«

Wir parkten, und ich zeigte Merrick das Gelände. Durch das Grundstück führte ein Fluss, und ich hatte die Standorte für die Baumhäuser in der Nähe gewählt. Heute war die Strömung stark und gut zu hören.

»Es gibt kein besseres Geräusch zum Einschlafen.«

»Kann man das da oben hören?«, fragte Merrick.

»Ja.«

»Schön.«

Ich zeigte auf einen Feldweg, der vom Fluss wegführte. »Über den kommt man auf einer schönen Wanderung durch das angrenzende Staatsland. Etwa drei Kilometer entfernt gibt es einen kleinen See. Wir haben eine Karte auf unserer Website, aber es gibt keinen richtigen Weg, dem man folgen könnte.«

»Sind das die häufigsten Mieter? Wanderer und Naturliebhaber?«

»Das und Stadtmenschen, die übers Wochenende rauswollen.« Ich bedeutete ihm, mir zu folgen. »Komm, lass uns zum Haus hochklettern.«

Als wir drinnen waren, hielt ich den Zeigefinger an die Lippen. Das Fenster stand offen, und man konnte das Rauschen des Flusses hören, mit dem sich hin und wieder das Rascheln der Blätter zu einer harmonischen Melodie verband, wenn der Wind hindurchstrich.

Ich lächelte stolz. »Was sagst du? Magisch, oder?«

Er sah sich um. Das Baumhaus war nur knapp fünfundzwanzig Quadratmeter groß, aber es hatte alles, was man brauchte: einen kleinen Kühlschrank, Kochfeld und Spüle, ein Bad mit Dusche und ein Bett mit einem Nachttisch. Die Böden waren aus Laminat, aber ich hatte sie passend zum Baum ausgewählt, und es war in einem hellen Gelbton gestrichen.

»Es ist ziemlich unglaublich«, sagte er. »Die Leute bezahlen Geld für solche Soundtracks, damit sie nachts einschlafen können. Ich weiß nicht, was ich erwartet habe. Vielleicht schmutzige Böden und ein Feldbett oder so etwas. Aber das hier sieht aus wie eine Einzimmerwohnung in Manhattan.« Er zog die Brauen zusammen. »Moment … Wo sind die Strom- und Wasserleitungen?«

»Ah, die sind versteckt. Die laufen alle hinten am Stamm nach unten. Man sieht sie nicht, wenn man die Leiter hochklettert, und sie sind mit wetterfester Farbe getarnt, damit sie nicht auffallen. Die Rohre verschwinden am Fuß des Baumes unter der Erde und führen zu einem kleinen Generator neben dem Lagerschuppen hinter den Büschen. Die gesamte Elektrik habe ich umsonst bekommen. Als ich noch zur Schule ging, habe ich mich um die kranke Mutter eines Elektrikers gekümmert. Im Tausch dafür hat er einige Elektroarbeiten für meine Großmutter erledigt. Also rief ich denselben Elektriker an, als ich das hier gebaut habe. Ich wollte ihn eigentlich bezahlen, aber dann fragte er mich, ob ich im Tausch dafür seiner Tochter ein paar Therapiestunden geben könnte. Sie leidet unter Zwangsstörungen.«

»Verdammt. Und für mein Sperma konntest du mir nur Katzenkekse bieten. Ich bin irgendwie beleidigt.«

Ich prustete vor Lachen und zuckte die Achseln.

Merrick sah sich noch einmal im Raum um. »Das ist ein bisschen schicker als das im Garten deiner Großmutter. Obwohl ich nirgendwo ein Strass-Telefon oder einen rosa Plastikkühlschrank sehe.«

»Ich weiß. Aber es gibt das hier …« Ich ging zum Bett, legte mich hin und klopfte auf den Platz neben mir. »Komm. Du musst es selbst erleben.«

Merrick wirkte amüsiert, spielte aber mit. Er legte sich neben mich aufs Bett, dann sahen wir beide zu den Oberlichtern hoch. An den Rändern bewegten sich die Bäume im Wind, aber überwiegend sahen wir nur blauen Himmel.

»Schließ die Augen«, sagte ich.

Ich hörte das Lächeln in seiner Stimme. »Okay.«

»Jetzt stell dir vor, es ist Nacht. Es kommt nirgendwoher

Licht, außer von den funkelnden Sternen über dir.« Ich schwieg einen Moment und stellte es mir vor. »Jetzt stell dir die funkelnden Sterne vor und höre auf die Geräusche um dich herum.«

Eine ganze Weile lang sagten wir nichts. Als ich schließlich die Augen öffnete, sah ich zu ihm hinüber und war überrascht, dass er mich beobachtete.

»Du solltest dir den Großen Wagen ansehen«, sagte ich.

Merricks Blick fiel auf meine Lippen und verweilte dort einen Moment, dann sah er mir wieder in die Augen. Wieder spürte ich den Schmetterlingsschwarm in meinem Bauch, der häufig in seiner Nähe aufflatterte.

»Du bist ziemlich beeindruckend, weißt du das?«

»Heißt das, mein Baumhaus gefällt dir?«

Er lächelte. »Ja. Aber ich spreche von dem ganzen Paket. Du bist klug und witzig, hast keine Sekunde gezögert, in ein Flugzeug zu steigen, um Kitty zu helfen, und das Wohl deiner Patienten scheint dir wirklich am Herzen zu liegen. Abgesehen davon bist du wahrscheinlich die stärkste Person, die ich kenne. Du bist mit Gewalt und Wut aufgewachsen. Die meisten Menschen hätten das wie ein Schutzschild mit sich herumgetragen und es benutzt, um Menschen auf Abstand zu halten. Stattdessen hast du Zufluchtsorte geschaffen, an denen die Menschen dem Leben entfliehen können – mit allem, was dazugehört. Der Gewinn geht an eine Einrichtung für häusliche Gewalt.« Er hielt inne und wandte den Blick ab. »Dein Ex war ein gottverdammter Feigling, der nicht mit dir umgehen konnte, also hat er sich wie ein Junge verhalten.«

Merricks Worte sickerten in mein Herz und ließen es überlaufen. Ich schüttelte den Kopf. »So etwas Nettes hat noch nie jemand zu mir gesagt. Ich weiß gar nicht, was ich antworten soll …«

Merrick lächelte fast traurig. »Wenn das das Netteste ist, was je jemand zu dir gesagt hat, dann war dein Ex mehr als nur ein Feigling. Er war ein verdammter Idiot.«

Ich drehte mich auf die Seite, um ihn anzusehen, und schob meine Hände unter meine Wange. »Darf ich dir eine persönliche Frage stellen?«

Er hob eine Augenbraue. »Ich bin gespannt …«

Mein Herz pochte, und ich schüttelte den Kopf. »Weißt du was? Vergiss es einfach.«

»So eine Frage kann man nicht zurück in die Kiste packen. Spuck es aus, Vaughn. Es ist nicht deine Art, um etwas herumzuschleichen.«

»Nun ja, Kitty denkt, dass du dich zu mir hingezogen fühlst.«

Merrick lächelte. »Meine Großmutter ist eine weise Frau.«

Ich hatte nicht erwartet, dass er es zugeben würde. Vielleicht hatte ich ihn nicht richtig verstanden. »Willst du sagen, dass sie recht hat?«

»Ich denke, du kennst die Antwort bereits.«

Ich nickte und sah einen Moment zur Seite. »Wie kommt es also, dass du …«

Er hob eine Augenbraue. »Wie es kommt, dass ich mich nicht auf dich gestürzt habe?«

Ich lachte. »Ja, genau.«

Merrick schob einen Finger unter mein Kinn und hob meinen Kopf an, sodass sich unsere Blicke trafen. »Obwohl ich denke, dass die Anziehung auf Gegenseitigkeit beruhen könnte, habe ich das Gefühl, dass du es später vielleicht bereuen würdest. Liege ich da falsch?«

Ich sah ihm in die Augen. »Es liegt nicht an dir. Ich habe offensichtlich ein großes Vertrauensproblem. Ganz zu schweigen davon, dass du mein Chef bist und ich meinen Job wirklich mag. Und du … du hast jemanden verloren, den du geliebt hast.« Ich schüttelte den Kopf. »All das verunsichert mich.«

Merrick lächelte traurig. »Wenn es so sein soll, wirst du merken, wenn es an der Zeit ist.«

»Wie finden wir heraus, ob der richtige Zeitpunkt gekommen ist?«

Ein verruchter Ausdruck trat in seine Augen. »Ich denke, wir werden es wissen, wenn meine Zunge in deinem Hals ist – oder besser noch, etwas anderes.«

Ich lachte und gab ihm einen Klaps auf die Brust. Er setzte sich auf und reichte mir die Hand. »Komm. Wir sollten hier verschwinden, bevor es zu spät ist.«

»Oh, heute checkt niemand mehr ein.«

»Das habe ich nicht gemeint.«

»Warum müssen wir dann so schnell von hier verschwinden?«

»Wenn ich noch fünf Minuten mit dir auf diesem Bett liege, liegen deine Klamotten auf dem Boden. Deshalb.«

17. Kapitel

Merrick

Am nächsten Morgen wachte ich früh auf. In Kittys Haus war es noch dunkel und ruhig, also machte ich mir nicht die Mühe, ein Hemd anzuziehen, bevor ich ins Bad ging. Als ich nach der Tür griff, ging sie plötzlich auf.

Vor mir stand Evie, nur in ein Handtuch gewickelt. Ihre Hand flog zu ihrer Brust. »Gott. Du hast mich zu Tode erschreckt.«

»Sorry. Ich dachte, es wäre noch niemand wach.«

»Ich wollte duschen, bevor Kitty aufwacht, damit ich nicht im Weg bin. Aber ich habe meinen Conditioner in meiner Tasche vergessen.«

»Hast du was dagegen, wenn ich schnell zur Toilette gehe, während du ihn holst?«

Sie schüttelte den Kopf und zog das Handtuch fester um sich. »Nein, natürlich nicht. Mach nur.«

Nachdem ich mich erleichtert hatte, stieß ich im Flur wieder auf Evie, die dort wartete. Gegen meinen Willen flog mein Blick über die Konturen ihres Körpers. Das Handtuch reichte ihr nur bis zum Oberschenkel, und so wie es um ihre Brust gewickelt war, schien ihr Dekolleté sich daraus befreien zu wollen. Vielleicht hatte mein Blick etwas zu lang dort verweilt, denn als ich hochsah, schenkte sie mir ein wissendes Lächeln.

»Perversling.«

Meine Augenbrauen schossen in die Höhe. »Ich bin pervers? Du bist halb nackt, und du hast mir schon deinen Hintern gezeigt. Und in der Umkleidekabine habe ich dich auch schon im BH gesehen. Du musst wirklich aufhören, mich so anzumachen.«

Sie legte ihre Hand auf meine Brust und schob mich aus dem Türrahmen. Dann quetschte sie sich an mir vorbei. Unsere Körper berührten sich nicht, aber sie waren sich verdammt nahe. Sie stellte sich auf die Zehenspitzen und sah mir in die Augen. »Ich wette, wenn ich die Badezimmertür einen Spalt offen lasse, kann ich beweisen, wer hier pervers ist.«

Ich schluckte. *Fuck*. Ich verspürte den heftigen Drang, ihr genau zu zeigen, wie pervers ich mich in dem Moment fühlte. Tatsächlich war sie etwa zehn Sekunden davon entfernt, es herauszufinden, denn ihre Haltung machte mich hart. Sie würde überrascht sein, wenn sie es an ihrem Bauch spürte. Doch dann schlüpfte Evie an mir vorbei ins Bad und wedelte mit der Hand.

»Vielleicht könntest du zur Seite treten, damit ich die Tür schließen kann, Perversling.« Sie grinste.

Ich stöhnte. »Du bist fies.«

Es kostete mich jedes Quäntchen Willenskraft, wegzugehen, während sie die Tür zuzog. Ein paar Minuten lang stand ich einfach nur im Flur und zweifelte an mir. Zum Glück wurden meine Grübeleien durch die Stimme meiner Großmutter unterbrochen. Das war genau die kalte Dusche, die ich brauchte.

»Merrick!«

Ich atmete erleichtert auf und ging zu ihrem Zimmer.

»Morgen, Grams. Wie hast du geschlafen?«

»Etwas besser. Ich habe diese verdammte Orthese ausgezogen.«

Ich schüttelte den Kopf. »Die sollst du doch anbehalten, damit du keinen weiteren Schaden anrichtest.«

Sie winkte ab. »Der Fuß fühlt sich gut an. Die wollten meiner Versicherung nur noch mehr Kosten aufbrummen.«

Ich sah mich im Zimmer um. Als ich die orthopädische Orthese auf der Kommode entdeckte, ging ich hinüber und nahm sie an mich. »Zieh das Ding wenigstens an, bevor du aufstehst.«

Sie murrte, ließ mich ihr aber dabei helfen, bevor wir in die Küche gingen.

»Trinkst du deinen Kaffee immer noch mit genügend Zucker, um in ein diabetisches Koma zu fallen?«, fragte ich.

Grams hob das Bein mit dem Gips auf den Stuhl neben ihr. »Wenn man so süß ist wie ich, muss man den Vorrat irgendwie auffüllen.«

Obwohl meine Großmutter sicherlich einer der nettesten Menschen war, die ich kannte, würde ich sie nicht als süß bezeichnen. »Wenn das Essen deine Persönlichkeit bestimmt, überrascht es mich, dass du keine Zitronen in deinen Kaffee presst«, stichelte ich. Ich bereitete zwei Becher zu, setzte mich ihr gegenüber und schob ihr einen zu.

»Danke«, sagte sie. »Also erzähl, was willst du wegen Everly unternehmen?«

»Evie?«

Grams führte ihren Becher an die Lippen. »Mm.«

»Ich denke, sie wird nach deinem Arzttermin zurückfliegen. Ich weiß, dass sie dabei sein wollte. Ich werde nachsehen, ob es morgen früh einen Flug für sie gibt.«

»Ich habe nicht nach ihren Reiseplänen gefragt, Dumpfbacke. Ich habe gefragt, wann du endlich etwas unternimmst.«

»Was denn?«

»Ich sehe doch, wie du sie beobachtest, wenn du denkst,

niemand würde es merken. Eine solche Frau bleibt nicht lange Single. Also hör auf, Zeit zu verschwenden, und wirf deinen Hut in den Ring.«

Oh, Gott. Ich schüttelte den Kopf. »Dieses Gespräch werden wir nicht führen, Grams.«

»Warum nicht zum Teufel? Wann hattest du das letzte Mal eine Freundin? Ich rede nicht von einer Affäre, sondern von einem wirklich netten Mädchen, mit dem du ausgegangen bist.«

Das Wort *Affäre* sollte niemals aus dem Mund einer Großmutter kommen. »Ich habe mich die letzten Jahre auf mein Geschäft konzentriert. Außerdem ist das nicht das, was Evie will.«

Grams runzelte die Stirn. »Diese Idiotin damals hat dir ganz schön zugesetzt. Ich mache mir Sorgen um dich, Merrick. Wenn du dein Herz verschließt, verpasst du die Liebe.«

»Das passiert mir nicht.«

»Okay. Dann muntere mich mal ein bisschen auf. Findest du Everly attraktiv?«

Ich seufzte, denn ich wusste, dass Grams nicht nachgeben würde. »Sie ist eine schöne Frau, ja.«

»Sie hat auch einen tollen Hintern.«

Ich schüttelte lachend den Kopf. »Ja, Evie hat auch eine gute Figur.«

»Fragst du dich oft, was in ihrem Kopf vorgeht?«

»Ja, aber sie ist Therapeutin. Sie hat also eine ganz eigene Sicht auf die Dinge.«

»Kannst du dir eine Zukunft mit ihr vorstellen?«

Ich wollte Evie nicht den Schwarzen Peter zuschieben und sagen, dass sie alles verhindert hatte. Aber es wurde unvermeidlich.

»Grams, du sprichst mit der falschen Person. Evie weiß, dass ich mich zu ihr hingezogen fühle.«

»Natürlich tut sie das. Aber sie sieht auch einen Mann, der sich vor seinen Gefühlen verschließt und wütend auf die Welt ist – einen Mann, der schnell sagen kann, dass er sich zu ihr hingezogen fühlt, aber bei dem Wort Zukunft das Thema wechselt. Ihr seid zwei gut aussehende Menschen. Das Problem ist nicht die Lust, sondern die Angst vor der Liebe.«

»Mir geht's gut, Grams. Wirklich gut. Du musst dir keine Sorgen um mich machen. Ich habe keine Angst, mich zu verlieben.«

Grams Miene wurde ernst. »Oh, das habe ich auch nicht gedacht, mein Schatz. Ich glaube, du hast Angst, dass deine Liebe nicht erwidert wird.«

»Vielen Dank, dass du heute mitgekommen bist.« Ich schüttelte den Kopf, während ich fuhr. »Ohne dich hätte ich sie nie dazu gebracht, einer Operation zuzustimmen. Was hast du zu ihr gesagt, als du darum gebeten hast, ein paar Minuten mit ihr allein zu sprechen?«

Grams, Evie und ich waren alle zu der Ärztin reingegangen, nachdem sie Grams untersucht hatte. Die Ärztin nannte alle Gründe, warum meine Großmutter eine Hysterektomie vornehmen lassen sollte, aber Grams war fest davon überzeugt, dass alles von allein heilen würde. Sie wollte der Sache noch etwas Zeit geben. Dann fragte Evie, ob sie ein paar Minuten mit ihr allein sprechen könnte. Zwanzig Minuten später unterschrieb meine Großmutter Einverständniserklärungen und bekam einen Termin für den kommenden Mittwoch.

Evie lächelte. »Willst du das wirklich wissen?«

Ich seufzte. »Vergiss es. Aber danke.«

Grams hatte uns gebeten, sie bei Marvin abzusetzen, darum bogen wir nun nur zu zweit in ihre Einfahrt.

»Gern geschehen«, sagte Evie.

Ich stellte den Wagen auf Parken und schaltete den Motor aus, machte aber keine Anstalten, auszusteigen. »Ich denke, ich werde von hier unten aus arbeiten, bis sie aus dem Krankenhaus entlassen wird und sicher wieder zu Hause ist. Wahrscheinlich lasse ich auch eine Krankenschwester kommen, die nach ihr sieht. Auch wenn sie das sicher wütend macht.«

Evie lächelte. »Ganz bestimmt. Aber ich bin froh, dass du bleibst. Ich versuche, heute Abend spät oder morgen früh einen Flug nach Hause zu bekommen. Die Termine für morgen habe ich noch nicht abgesagt. Die Klienten sollen auf keinen Fall denken, sie hätten für mich nicht absolute Priorität, nachdem ich gerade erst angefangen habe.«

»Ich glaube nicht, dass das der Fall ist, aber ich verstehe es.«

»Wäre es okay für dich, wenn ich wiederkomme? Die Operation ist am Mittwoch, und die Ärztin hat gesagt, dass sie nur zwei oder drei Tage im Krankenhaus bleiben muss, also wird sie wahrscheinlich Freitag oder Samstag entlassen. Ich könnte übers Wochenende kommen.«

»Das würde ihr sicher gefallen. Aber ich kann dich nur unter einer Bedingung zurückkommen lassen.«

»Aha?«

»Ich bezahle den Flug. Und ich erstatte dir das Geld für den, den du bereits bezahlt hast.«

»Nein, ist schon in Ordnung. Ich hätte es auch für Kitty getan, wenn du nicht mein Arbeitgeber wärst.«

»Ich weiß. Aber dann fühle ich mich besser.«

Sie nickte, aber ich glaubte nicht, dass sie die Absicht hatte, mir die Rechnung tatsächlich zu geben. Darum nahm ich mir vor, Joan in der Personalabteilung zu sagen, dass sie ihr einen Bonus mit der nächsten Gehaltszahlung auszahlen sollte.

Wir gingen ins Haus, und da der Markt heute geöffnet war, hatte ich etwas zu tun und musste einige Anrufe tätigen. Evie ging ins Internet, buchte ein Ticket für morgen früh um sechs und sagte dann, sie wolle zum Laden laufen, um ein paar Sachen fürs Abendessen zu besorgen.

Es war schon fast sechs, als ich zu ihr in die Küche kam. »Riecht gut hier drin.«

»Ich mache Hühnchen Piccata, aber ich glaube, was du riechst, sind die Plätzchen, die ich backe.«

»Oh-oh. Sollte ich nervös sein, weil du backst?«

Sie lächelte. »Nein, ich bin gut gelaunt. Es war schön, hier zu sein, und ich bin erleichtert, dass es Kitty gut geht und sie operiert werden kann.«

»Ja, ich auch.«

Evie drehte sich zu mir um und lehnte sich gegen die Kücheninsel. »Darf ich etwas sagen, ohne dass du beleidigt bist?«

»Das ist nie ein guter Gesprächseinstieg …«

Sie lachte. »Es ist nicht schlimm. Nur eine Beobachtung.«

Ich verschränkte die Arme vor der Brust und lehnte mich ihr gegenüber an den Tresen. »Nur zu. Leg los.«

»Du bist ein ganz anderer Mensch, wenn du nicht im Büro bist. Du wirkst kühl und hart, aber eigentlich bist du warm und weich.«

»Kein Mann wird gern als *weich* bezeichnet, und zwar aus ganz verschiedenen Gründen.«

Evie lächelte. »Wenn du im Büro auch nur einen kleinen Einblick in diese Seite von dir zeigen würdest, wäre das sicher sehr hilfreich.«

Ich blickte nach unten und schwieg einen Moment lang.

»Vielleicht hatte ich vergessen, dass es noch eine andere Seite von mir gibt. Vielleicht brauchte ich diese Reise als Erinnerung.«

»Deine Großmutter ist eine besondere Frau. Sie bringt das Beste in den Menschen hervor.«

Ich hob den Blick und sah Evie in die Augen. »Sie ist eine besondere Frau. Aber ich bin mir nicht sicher, ob sie diejenige ist, die diese Veränderung bewirkt hat.«

Evies Lippen öffneten sich, und ich konnte eine Ewigkeit nicht aufhören, auf ihren Mund zu starren. Als ich meinen Blick schließlich losriss, stellte ich fest, dass sie mich genauso aufmerksam beobachtete wie ich sie. Doch dann …

»Merrick! Wir sind wieder da!«, rief Grams aus dem anderen Zimmer. »Ich wollte dir nur Bescheid sagen, falls wir zu einem ungünstigen Zeitpunkt hereinspazieren.«

Evie und ich sahen uns lächelnd an. Ich wusste nicht so genau, ob Grams Timing gut oder schlecht war.

18. Kapitel

Evie

Ich hatte mich schon die ganze Woche auf meine Sitzung am Freitagmorgen gefreut, und zwar aus mehreren Gründen. Erstens gab es weit mehr männliche als weibliche Traderinnen, und ich hatte bisher nur eine andere Traderin kennengelernt. Und zweitens hatte Merrick gesagt, Colette Archwood würde ihn hassen. Ich war also neugierig, welche Erkenntnisse die heutige Sitzung bringen würde.

Meine Sitzungen dauerten fünfundvierzig Minuten, und in den ersten vierzig betrieben Colette und ich Small Talk, und ich sammelte Hintergrundinformationen. Ich hatte keine Unzufriedenheit mit ihrem Job oder Merrick bemerkt, zumindest nicht bis jetzt.

»Wie sind Sie zu Crawford Investment gekommen?«, fragte ich sie. »Es kommt mir so vor, als hätte so ziemlich jeder, mit dem ich bislang gesprochen habe, eine Verbindung zu Merrick oder zu einem der Manager.«

Colette machte ein finsteres Gesicht. »Ich bin durch eine enge Freundin hergekommen … Amelia Evans.«

»Oh.«

Colette seufzte. »Offenbar haben Sie von Amelia gehört.«

Normalerweise war ich stolz darauf, dass ich mir in Sitzungen nicht anmerken ließ, was ich dachte, und keine Reaktion zeigte, aber offenbar war mir das in diesem Fall nicht gelungen. Ich schüttelte den Kopf. »Nur, dass sie eine der Gründerinnen war und dass sie verstorben ist.«

Colette brummte. »Verstorben. So kann man es auch ausdrücken.«

Ich zog die Brauen zusammen. »Ist sie nicht verstorben?«

»Oh, nein. Sie ist tot, ja. Aber verstorben klingt so … ich weiß nicht, friedlich. Als wäre sie krank gewesen, und als ihre Zeit gekommen war, hätte sie ein süßer Engel zur Himmelspforte begleitet.«

»War sie nicht krank?«

Colette schüttelte den Kopf. »Amelia ist bei einem Unfall gestorben.«

»Das tut mir leid.«

»Vielmehr wünschte ich, sie wäre bei dem Unfall gestorben. Dann hätte sie vielleicht Frieden gefunden. Aber sie hat noch Monate nach dem Unfall gelebt. Es war furchtbar. Und der Mann, für den Sie arbeiten, für den wir beide arbeiten, hat ihr nicht eine Minute Ruhe gegönnt.«

»War Merrick bei dem Unfall dabei?«

»Nein. Er …«

Mein Telefon ließ ein leises Glockenspiel ertönen, das das Ende unserer Sitzung anzeigte. Ich nahm es in die Hand und schaltete es aus. »Tut mir leid. Fahren Sie fort …«

Aber der Moment war vorbei. Colette richtete sich auf. »Das ist in Ordnung. Ich habe im Laufe der Jahre gelernt, mich auf die guten Erinnerungen an Amelia zu konzentrieren und nicht auf ihren Tod. Sie war eine sehr gute Freundin – unvollkommen wie wir alle, aber ich habe sie bewundert und geliebt.« Colette stand auf. »Es war sehr schön, Sie kennenzulernen. Ich wünsche Ihnen viel Glück hier bei Crawford. Da unser Gespräch vertraulich ist, kann es nicht schaden, Ihnen zu sagen, dass dies wahrscheinlich unsere einzige Sitzung bleiben wird. Ich werde die Firma in gut fünf Wochen verlassen.«

»Ach, das wusste ich nicht.«

Sie lächelte. »Das liegt daran, dass Sie bislang die Einzige sind, die es erfahren hat. Ich werde nicht kündigen. Der Tag, an dem mein Arbeitsverhältnis ausläuft, wird mein letzter Tag hier sein. Ich habe vier Jahre lang auf diesen Moment gewartet. Nein, das stimmt nicht. Ich fand es hier nur drei Jahre lang schrecklich. Aber ich glaube, dass Ihre Stelle ein Schritt in die richtige Richtung für die Mitarbeiter ist. Viele von ihnen mag ich sehr. Ich meine es also ernst, wenn ich Ihnen viel Glück wünsche.« Bevor ich noch etwas sagen konnte, streckte mir Colette ihre Hand hin. »Passen Sie auf sich auf, Doc.«

Als wir landeten, schaltete ich als Erstes mein Handy ein. Ich hatte nach der Arbeit einen Abendflug nach Atlanta genommen, der mit etwas Verspätung gestartet war, sodass es jetzt schon elf war. Ein langer Tag, aber es war mir wichtig, alle meine Termine wahrzunehmen, bevor ich um fünf Uhr zum Flughafen gefahren war.

Bis ich mein Gepäck geholt und ein Uber bestellt hatte, würde es wahrscheinlich Mitternacht sein, bevor ich bei Kitty ankam. Aber sie war noch nicht entlassen worden, also würde ich nicht ihren Schlaf stören. Merrick hatte angeboten, mich abzuholen, aber ich hatte abgelehnt, weil ich ihm keine Umstände machen wollte. Doch als mein Handy wieder ein Netz hatte, sah ich als Erstes eine Nachricht von ihm. Ich öffnete sie.

Merrick: Ich bin am Flughafen. Schick mir eine Nachricht, wenn du rauskommst, dann fahre ich vor.

Okay … so viel zum Uber.

Meine Tasche erschien ziemlich schnell auf dem Gepäckband, und ich schrieb Merrick eine Nachricht, dass ich in einer Minute draußen sein würde. Als ich durch die Drehtür trat, wartete er bereits am Bordstein. In einem schwarzen T-Shirt und Jeans lehnte er an Kittys Hotrod – und verflucht, er sah schärfer aus denn je.

Als ich auf ihn zukam, sah er mich mit forschendem Blick an. »Was geht in deinem Kopf vor? Das ist ein ziemlich anzügliches Lächeln.«

»Ich habe gerade gedacht, wie lustig du aussiehst, wenn du vor Kittys frisiertem Charger stehst.«

»Was? Bin ich kein Hotrod?«

Ich grinste. »Definitiv nicht.«

Merrick nahm mein Gepäck und hob es in den Kofferraum, bevor er die Beifahrertür öffnete. »Pass bloß auf, *Prius.*«

Als er einstieg, zog ich den Sicherheitsgurt über meinen Schoß. »Ich habe dir gesagt, dass ich ein Uber nehmen würde. Du hättest nicht um kurz vor Mitternacht zum Flughafen kommen müssen.«

Merrick zuckte mit den Schultern. »Es macht mir nichts aus. Du tust mir einen Gefallen, indem du kommst. Das ist das Mindeste, was ich tun kann.«

»Es ist überhaupt kein Gefallen. Kitty ist meine Freundin.«

Er sah zu mir herüber und lächelte warm, bevor er den Blick wieder auf die Straße richtete. »Ich weiß. Das ist eines der Dinge, die ich an dir mag. Du bist sehr loyal.«

»Eines der Dinge, hm? Dann gibt es also noch andere?«

Merrick lachte. »Wie war es diese Woche im Büro?«

»Nun ja, es gab keine Schlägereien. Dass du nicht im Büro warst, muss sich also positiv auf das Stresslevel der Mitarbeiter ausgewirkt haben«, stichelte ich.

»Es war *eine* Schlägerei.«

Ich lächelte. »Im Büro war es ziemlich ruhig. Ich habe eine Menge neue Leute kennengelernt, und einmal war ich mit Will Mittagessen.«

»Du hast mit Will zu Mittag gegessen?«

»Ja. Er sagte, er hätte dasselbe chinesische Essen bestellt, das er immer bestellt, aber sie haben auch deine übliche Bestellung gebracht. Also hatte er ein Essen zu viel. Die scheinen euch zwei ziemlich gut zu kennen.«

»Wie war es?«

»Mittagessen mit Will? Es war lustig. Er bringt mich zum Lachen.«

Merrick hatte gelächelt, seit ich zum Auto gekommen war, aber jetzt erstarb sein Lächeln. Er schürzte die Lippen und schien eifersüchtig zu sein. Ich konnte nicht widerstehen, ihn zu ärgern.

»Will ist Single, oder?«

Der Muskel an Merricks Kiefer zuckte. »Das kommt auf den Wochentag an. Warum?«

Ich zuckte mit den Schultern. »Nur neugierig.«

Seine Augen verengten sich. »Das würde ich nicht tun.«

»Was?«

»Es ist keine gute Idee, sich in Will zu verknallen.«

Sein angespannter Kiefer war nicht zu übersehen.

»Ach? Gibt es eine Richtlinie gegen Büro-Romanzen? Ich habe das Mitarbeiterhandbuch von vorne bis hinten durchgelesen und dachte, nur Beziehungen zwischen Vorgesetzten und

Untergebenen wären verboten – wie zum Beispiel zwischen uns.«

Merrick verstärkte unübersehbar den Griff um das Lenkrad. »Will sucht nichts Ernstes.«

»Vielleicht suche ich ja auch nichts Ernstes. Es ist schließlich schon eine Weile her, und eine Affäre klingt irgendwie verlockend.« Inzwischen konnte ich mich kaum noch beherrschen, um nicht in lautes Lachen auszubrechen. Merricks Gesicht war rot angelaufen. Er war richtig wütend. Die lockere, fröhliche Fahrt zu Kitty war plötzlich belastet und ernst geworden. Ich fühlte mich schlecht und knickte ein. Lachend sagte ich: »Das war nur ein Witz. Ich bin nicht auf diese Weise an Will interessiert.«

»Warum zum Teufel hast du das alles gesagt?«

»Es sah so aus, als würde es dich ärgern. Ich dachte, es wäre komisch. Warst du … eifersüchtig, Merrick?«

Merrick räusperte sich. »Nein.«

Ich lächelte. »Aha.«

»Warum sollte ich eifersüchtig sein?«

»Ich weiß es nicht. Warum solltest du eifersüchtig sein?«

»Ich glaube, du deutest die Situation falsch.«

»Mm-hm.«

Merrick rollte mit den Augen, aber er umklammerte nicht länger das Lenkrad so fest, dass seine Knöchel weiß hervortraten.

»Wie geht es Kitty?«, erkundigte ich mich.

»Die Krankenschwester hat mir erzählt, dass sie kurz vor der Narkose den Arzt gefragt habe, ob er sie wieder wie eine fünfzehnjährige Jungfrau herrichten könne.«

Lachend schlug ich mir eine Hand vor den Mund. »Sie ist wirklich eine verrückte Nudel.«

»Es ist wahrscheinlich lustiger, wenn sie nicht deine Großmutter ist.«

»Ganz bestimmt. Aber sie hörte sich gut an, als ich mit ihr gesprochen habe. Obwohl sie es kaum erwarten kann, nach Hause zu kommen.«

Er nickte. »Ich wünschte, sie würden sie länger dortbehalten. Sie wird wahrscheinlich morgen früh entlassen.«

Als wir bei Kittys Haus eintrafen, war es kurz nach Mitternacht. Es brannte nur das Licht im Flur, aber es reichte, um das Wohnzimmer zu beleuchten.

Merrick warf die Schlüssel in die Schüssel auf dem Tisch neben der Tür und stemmte die Hände auf die Hüften. »Gehst du ins Bett? Ich trinke erst noch ein Glas Wein. Willst du auch eins?«

Ich legte meine Handtasche ab. »Sehr gern.«

Keiner von uns schaltete weitere Lampen ein, und als wir mit unserem Wein zusammen in dem dämmerigen Zimmer auf der kleinen Couch saßen, fühlte es sich intim an. Ich fuhr mit dem Finger um den Rand meines Glases und dachte, wie lange ich dieses Gefühl nicht mehr genossen hatte.

»Noch mal vielen Dank, dass du mich abgeholt hast«, sagte ich.

Merrick lächelte. »Sehr gern.«

Ich legte den Kopf schief. »Seit unserem ersten Treffen ist eine Menge passiert, wenn du sagst, dass du sehr gern in meiner Gesellschaft bist.«

Er lächelte wieder. »Sieht so aus.«

Ich nippte an meinem Wein und blickte in mein Glas. »Soll ich dir ein Geheimnis verraten?«

»Muss ich dir dann auch eins verraten?«

Ich lachte. »Nein.«

»Dann auf jeden Fall.«

»Du hast mich anfangs nervös gemacht.« Ich zuckte mit den Schultern.

»Nicht nur beim Vorstellungsgespräch, als ich nicht wusste, ob du mich wiedererkennst oder nicht. Auch danach.«

»Wie kommt das?«

»Vielleicht, weil ich dir beweisen wollte, dass du dich täuschst – dass ich nicht unqualifiziert bin. Und ein Teil von mir war sich nicht sicher, ob ich das kann.«

»Du bist gut in deinem Job. Du hast mir bereits Hinweise gegeben, wie ich die Arbeitsatmosphäre verbessern kann, und alle scheinen dich zu lieben.«

»Danke. Es kommt mir so vor, als wäre ich wieder gut in meinem Job. Ich glaube, mir war nicht klar, wie sehr die Ereignisse der letzten sechs Monate mein Selbstvertrauen erschüttert hatten. Es ist logisch, dass man an Beziehungen und dem anderen Geschlecht zweifelt, wenn man herausfindet, dass der Verlobte einen betrügt, aber es hat noch viel mehr in mir ausgelöst. Ich habe an Dingen gezweifelt, derer ich mir so sicher war – wie an meinen beruflichen Fähigkeiten und an meiner Fähigkeit, einfache Entscheidungen zu treffen. Ich glaube, ich dachte, wenn ich mir meiner Beziehung so sicher war, dass ich heiraten wollte, an welcher Stelle irrte ich mich dann womöglich noch? Ergibt das einen Sinn?«

»Ja.« Merrick schwieg eine Minute lang. »Dann mache ich dich jetzt also nicht mehr nervös?«

Ich schüttelte den Kopf. »Nicht wirklich.«

Er zwinkerte mir zu. »Dann muss ich mich wohl mehr anstrengen.«

Ich lächelte. »Gib dein Bestes, Boss.«

Merrick lachte. Er beugte sich hinunter, zog seine Schuhe

aus und legte die Füße auf den Couchtisch. »Und? Wen hast du diese Woche gesprochen?«

Ich ging im Geiste meinen Kalender durch und ratterte nacheinander meine Termine herunter. Ich wusste, dass ich mich mit sechzehn Personen getroffen hatte, und zählte sie an den Fingern ab. Bei vierzehn tippte ich mir mit dem Zeigefinger an die Lippe und überlegte, wer mir bisher entgangen war. »Ach, ich weiß. Ich habe John McGrath vergessen. Er war mein erster Termin nach meiner Rückkehr. Und Colette Archwood. Sie war meine letzte Sitzung, bevor ich heute abgereist bin.«

Merrick runzelte die Stirn. »Wie ist es mit Colette gelaufen?«

Die Schweigepflicht hinderte mich daran, ihm zu sagen, dass ihre Tage bei Crawford Investments gezählt waren, und hielt mich auch davon ab, zu erwähnen, was sie über ihn und Amelia gesagt hatte. Also hielt ich meine Antwort vage.

»Sie war eigentlich ziemlich offen und entgegenkommend.«

Merrick ließ den Kopf hängen. »O Mann. Wenn sie offen zu dir war, sollte ich wohl dankbar sein, dass du heute Abend zurückgekommen bist.«

Ich lächelte und trank einen Schluck Wein. »Du hast gesagt, du denkst, dass sie dich hasst.«

»Das denke ich nicht, das weiß ich. Weil sie es mir gesagt hat. Wenn ich mich richtig erinnere, war das kurz bevor sie mir ins Gesicht gespuckt hat.«

Meine Augen weiteten sich. »Sie hat dir ins Gesicht gespuckt? Oder meinst du, sie war so wütend, als sie dich angeschrien hat, dass dir ihre Spucke versehentlich ins Gesicht geflogen ist?«

Merrick schüttelte den Kopf. »Ich meine richtig angespuckt. Die Spucke im Mund gesammelt und alles.«

»Und sie arbeitet noch für dich? Weil sie einen Vertrag hat?«

»Alle meine Arbeitsverträge enthalten eine Klausel, die es mir erlaubt, jeden zu entlassen, der sich unprofessionell oder respektlos verhält.«

»Warum hast du sie dann nicht gefeuert?«

»Es ist kompliziert. Zu der Zeit kochten die Emotionen hoch. Sie war eng mit meiner Ex befreundet und kannte nicht alle Fakten über das, was vor sich ging. Glaub mir, ich wollte sie feuern. Aber der Vorfall hatte nichts mit dem Geschäft zu tun. Es ist nicht einmal im Büro passiert, also wartete ich, wie sie sich verhalten würde, wenn ich sie im Büro wiedersah. Ich war mir nicht sicher, ob sie am nächsten Tag überhaupt zur Arbeit kommen würde. Aber sie erschien. Sie war frostig, aber sie machte ihren Job, und sie machte ihn gut. Und ich war monatelang zu sehr mit anderen Dingen beschäftigt, als dass ich mich groß darüber aufgeregt hätte. Als ich mich wieder gefangen hatte, sprachen Colette und ich nur noch das Nötigste miteinander und ignorierten uns ansonsten, so gut es ging. Bei der Arbeit gibt es immer eine Führungsebene zwischen uns, sodass wir sowieso nicht viel miteinander zu tun haben.« Merrick hielt inne und sah lange auf den Boden. »Meine Ex, Amelia, hatte einen Unfall. Sie lag lange Zeit im Krankenhaus, und Colette war mit einigen Entscheidungen, die ich getroffen habe, nicht einverstanden.«

Ich nickte. »Das tut mir leid. Ich habe von dem Unfall gehört, aber keine Einzelheiten. Das muss hart gewesen sein.«

Merrick nickte und kippte den Rest seines Weins hinunter. »Möchtest du noch einen Schluck?«

»Nein, danke. Ich hatte schon zwei auf dem Flug. Wenn ich noch mehr trinke, habe ich morgen früh Kopfschmerzen.«

»Leichtgewicht.« Er lächelte und stand auf, um sein Glas nachzufüllen.

Als er sich wieder hinsetzte, schien er mit seinen Gedanken woanders zu sein. Mit gefurchter Stirn starrte er ins Leere. Schließlich trank er in einem Zug die Hälfte des nachgeschenkten Weins in seinem Glas aus und drehte sich zu mir um. »Soll ich dir jetzt ein Geheimnis verraten?«

Ich rieb meine Hände aneinander. »Auf jeden Fall. Ich liebe Geheimnisse. Meine Mutter zieht mich immer damit auf, dass ich deshalb Therapeutin geworden sei.«

Merrick lächelte. »Na, freu dich nicht zu früh. Mein Geheimnis ist nicht so aufregend.«

»Ich will es trotzdem hören.«

»Ich war vielleicht aus mehr Gründen gegen die Einstellung eines Therapeuten, als ich ursprünglich zugegeben habe.«

»Ach?«

»Vor ihrem Unfall hatten Amelia und ich einige Probleme. Wir waren ein paarmal bei einem Therapeuten. Es lief nicht gut, vielleicht war ich deshalb voreingenommen.«

»Wow. Okay. Nun, das ist nachvollziehbar. Wenn es nicht geholfen hat, ist es kein Wunder, dass du es für Zeitverschwendung hältst.«

Merrick nickte.

»Danke, dass du mir das erzählt hast.«

Er lächelte etwas traurig. »Danke Kitty.«

»Hat sie dich ermutigt, mir zu sagen, dass du bei einer Paarberatung warst?«

Er blickte in sein Glas. »So ähnlich.«

Mir gingen so viele Fragen durch den Kopf. Warum waren sie bei der Paarberatung gewesen? Mit welchen Entscheidungen war Colette nach Amelias Unfall nicht einverstanden? Aber ich wusste nicht, wie lange Merricks Offenheit anhalten würde, also stellte ich die Frage, die mich am meisten beschäftigte, nur für den Fall, dass es die einzige war, die er beantwortete.

»Tut mir leid, wenn ich neugierig bin, aber darf ich fragen, wie Amelia gestorben ist? Was für ein Unfall war es?«

Merrick rieb sich den Nacken. »Sie ist nach einem Flugzeugabsturz gestorben. Sie hat Unterricht genommen, um den Pilotenschein für Kleinflugzeuge zu machen.«

»O mein Gott. Das ist ja furchtbar. Du warst doch nicht etwa dabei, oder?«

Er leerte sein zweites Glas Wein und schwieg einen langen Moment, dann stellte er das Glas auf den Tisch und schüttelte den Kopf. »Nein, ich war nicht dabei. Aber der Typ, mit dem sie geschlafen hat.«

19. Kapitel

Merrick

Vor drei Jahren

»Wann werde ich meine kleine Amelia Earhart in Aktion sehen?« Ich legte die Hände um Amelias Taille. Sie zog sich gerade für ihre wöchentliche Flugstunde um, die sie seit ein paar Monaten immer sonntags nahm.

»Du machst mich zu nervös.«

Ich runzelte die Stirn. »Das ist doch Blödsinn. Du bist nie nervös, dafür fehlt dir das Gen.«

Amelia befreite sich aus meinen Armen, schnappte sich eine Baseballkappe, setzte sie auf und zog ihren Pferdeschwanz durch. »Du lenkst mich ab, und ich muss mich konzentrieren.«

Ich hätte ihr widersprechen können, denn wir wussten beide, dass sie Quatsch erzählte. Seit wir im letzten Jahr zusammengezogen waren, hatte Amelia gefühlt ein halbes Dutzend Hobbys angefangen, von denen keines mit mir zu tun hatte. Vor den Flugstunden waren es Fallschirmspringen und Klettern gewesen, und davor flog sie an den Wochenenden zu allen möglichen Pokerturnieren, an denen sie teilnahm. Sie war schon immer eine Draufgängerin und ein Adrenalinjunkie gewesen, aber nicht so wie jetzt.

»Schmoll nicht.« Sie ging zurück und packte mich am Hemd. »Warum tust du nicht, was der Paartherapeut gesagt hat, und suchst dir ein eigenes Hobby?«

»Warum tust du nicht, was der Therapeut gesagt hat, und verbringst etwas Zeit mit mir?«

Sie rollte mit den Augen. »Wir verbringen achtzig Stunden pro Woche zusammen im Büro, und wir wohnen zusammen.«

»Das ist nicht, was mit ›Zeit miteinander verbringen‹ gemeint ist. Das ist Arbeit und eine Mitbewohnerin haben.«

Sie stellte sich auf die Zehenspitzen und presste ihre Lippen auf meine. »Eine Mitbewohnerin, die du heute Morgen geweckt hast, indem du deinen Schwanz in sie gesteckt hast.«

Am liebsten hätte ich sie daran erinnert, dass es in zwei Wochen das einzige Mal gewesen war, dass wir Sex gehabt hatten, und dass sie zu wecken in letzter Zeit die einzige Möglichkeit war, Zeit mit ihr zu verbringen – abgesehen von Börsengesprächen im Büro. Aber der Therapeut hatte uns geraten, unnötige Konfrontationen zu vermeiden, also biss ich mir auf die Zunge und blieb positiv. »Wie wäre es, wenn wir heute Abend zusammen essen?«

»Ich werde wahrscheinlich nicht vor sieben Uhr zurück sein.«

»Das ist in Ordnung. Ich habe im Büro noch einen Haufen Arbeit zu erledigen. Ich reserviere uns einen Tisch für acht bei dem kleinen Italiener, bei dem wir bestellt haben und der dir gefallen hat.«

Sie nickte. »Okay. Wollen wir uns dort treffen, falls ich mich verspäten sollte?«

Ich küsste sie auf die Stirn. »Klingt nach einem Plan. Pass auf dich auf. Höre auf deinen Lehrer, nicht so wie bei deinem Geschäftspartner.«

Schließlich brachte sie ein Lächeln zustande. »Ich werde es versuchen. Ich verspreche nichts.«

»Möchten Sie noch einen Cocktail, Sir?«

Ich ließ die Eiswürfel in meinem leeren Glas kreisen. »Klar, warum nicht? Mit irgendetwas muss ich mir ja die Zeit vertreiben.«

Der Kellner lächelte und nickte. Nachdem er gegangen war, überprüfte ich zum zehnten Mal mein Telefon: Es war jetzt acht Uhr fünfunddreißig, und ich hatte keine verpassten Anrufe. Amelia hatte mir gegen halb sechs eine Nachricht geschickt, kurz bevor sie zu ihrer Stunde aufbrechen wollte. Sie hatte gesagt, dass sie erst später starten könnten, und bestätigt, dass sie mich im Restaurant treffen würde. Aber selbst wenn sie erst um sechs Uhr gestartet wäre, wäre ihre fünfundvierzigminütige Flugstunde rechtzeitig zu Ende gewesen, damit sie um acht Uhr hätte hier sein können.

Fünfzehn Minuten später, ich hatte meinen zweiten Drink geleert, war immer noch keine Spur von ihr zu sehen, und meine Anrufe gingen auf die Mailbox. Also winkte ich den Kellner heran.

»Es tut mir leid. Es sieht so aus, als würde die Person, auf die ich gewartet habe, nicht kommen.«

»Kein Problem. Möchten Sie etwas bestellen?«

Ich schüttelte den Kopf. »Nur die Rechnung, bitte.«

Er nickte. »Natürlich.«

Nachdem ich die Rechnung unterschrieben hatte, holte ich Bargeld aus meinem Portemonnaie und warf genug auf den Tisch, um die Stunde gutzumachen, die ich verschwendet hatte. Als ich aufstand, vibrierte mein Telefon.

»Wurde auch Zeit«, brummte ich.

Doch als ich mein Handy herausholte, stand nicht Amelias Nummer auf dem Display, es war jedoch eine aus der Gegend, und ich nahm das Gespräch an.

»Hallo?«

»Hallo, spreche ich mit Mr Crawford?«

»Ja. Wer ist da?«

»Mein Name ist Lucy Cooper. Ich bin Krankenschwester in der Notaufnahme des Memorial Hospital.«

Ich erstarrte. »Memorial Hospital? Ist Amelia etwas zugestoßen?«

»Es tut mir leid, aber es hat einen Unfall gegeben.«

»Was für einen Unfall? Geht es ihr gut?«

»Ms Evans ist mit dem Flugzeug abgestürzt. Sie befindet sich in einem sehr kritischen Zustand, Mr Crawford.«

Ein riesiger Kloß bildete sich in meinem Hals und machte es mir schwer zu sprechen. »Ich bin schon unterwegs.«

»Können Sie mir sagen, wo ich Amelia Evans finde?« Ich hatte dem Uber-Fahrer fünfhundert Dollar extra gegeben, damit er jede Ampel überfuhr, um schneller zum Krankenhaus zu kommen.

Die Frau hinter der Glasscheibe runzelte die Stirn. »Und in welchem Verhältnis stehen Sie zu Ms Evans?«

»Ich bin ihr Verlobter.«

Sie nickte. »Ich war hier, als sie eingeliefert wurde. Ich glaube, man hat sie nach oben gebracht. Aber ich sehe mal eben nach.«

Sie verschwand und kam einige Minuten später zurück.

»Darf ich bitte einen Ausweis sehen?«

Ich zog meine Brieftasche heraus und schob meinen Führerschein durch die Öffnung am unteren Rand der Scheibe. Die Frau prüfte ihn und schob ihn zurück. »Danke. Ms Evans ist oben. Sie wird für die Operation vorbereitet. Aber der Herr, der bei ihr war, sagte, er sei ihr Ehemann. Sie sind beide mit dem Rettungswagen gekommen und wurden direkt nach hinten gebracht, darum habe ich keine Fragen gestellt oder einen Ausweis verlangt.«

Ich zog die Brauen zusammen. »Amelia hat keinen Ehemann.«

Die Frau schenkte ihm ein entschuldigendes Lächeln. »Manchmal lügen die Leute, damit wir sie nicht rausschmeißen, weil sie nicht zur Familie gehören. Aber Ihr Name ist in unserem System als nächster Angehöriger von Ms Evans eingetragen. Er steht von einer früheren Einweisung für eine Operation in den Akten.«

Ich nickte. »Als ihr Blinddarm letztes Jahr geplatzt ist.«

»Wahrscheinlich.« Sie deutete nach links. »Sie können durchgehen. Ich mache auf. Dann folgen Sie geradeaus dem Flur zu den Aufzügen und fahren in den fünften Stock. Die Krankenschwestern auf der OP-Etage können Ihnen sicher sagen, wie es ihr geht.«

»Danke.«

Als ich aus dem Fahrstuhl stieg, sah ich als Erstes einen großen Tresen, ich ging hinüber und wartete darauf, dass die Frau in blauer Uniform ein Telefonat beendete. Als sie auflegte, konnte ich nicht warten, bis sie mich bemerkte. »Ich bin wegen Amelia Evans hier. Die Schwester in der Notaufnahme sagte, sie sei im OP. Kann mir jemand sagen, was los ist?«

»Und Sie sind …«

»Ihr Verlobter, Merrick Crawford.«

Die Krankenschwester sah zum Wartebereich hinüber. Dort saß ein Mann allein. Er hatte den Kopf in die Hand gestützt und zupfte an seinen Haaren.

»Und wer ist dann das?«

Ich blickte wieder zu ihm hinüber. Diesmal sah der Mann auf. Unsere Blicke trafen sich, und er schien mich zu erkennen, mir sagte sein Gesicht jedoch nichts. Ich wandte mich wieder an die Krankenschwester. »Ich habe keine Ahnung, wer das ist.«

Der Kerl stand auf und kam herüber. Er wirkte etwas unsicher. »Ich bin Amelias Fluglehrer, Aaron.« Er wandte sich an die Krankenschwester. »Das ist Amelias Verlobter.«

Die Krankenschwester runzelte die Stirn und schüttelte den Kopf. »Kann ich bitte von Ihnen beiden einen Ausweis sehen?«

Wieder zog ich meinen Führerschein aus der Tasche, während der Typ neben mir den Kopf schüttelte. »Ich habe gar nichts bei mir. Ich lasse meine Brieftasche und mein Handy in einem Schließfach, wenn ich unterrichte.«

Die Schwester ignorierte ihn. Sie tippte in ihren Computer, dann glitt ihr Blick zwischen dem Bildschirm und meinem Ausweis hin und her. »Es tut mir leid, Mr Crawford. Es scheint eine Verwechslung gegeben zu haben.«

»Wie auch immer. Das ist mir egal. Können Sie mir einfach sagen, wie es Amelia geht?«

Sie nickte. »Natürlich.« Sie hob zu sprechen an, hielt dann aber inne und sah zu Amelias Fluglehrer hinüber. »Würden Sie uns bitte allein lassen?«

»Oh … Ja, natürlich.«

Aaron ging zurück in den Wartebereich. Die Schwester senkte die Stimme. »Was wissen Sie schon?«

Ich schüttelte den Kopf. »Gar nichts.«

Sie nickte. »Okay. Nun, Ms Evans wurde nach dem Absturz mit einem Kleinflugzeug eingeliefert. Sie hat schwere Verletzungen an Kopf und Wirbelsäule erlitten. Die Kopfverletzung wird manchmal als Scharnierbruch bezeichnet, aber im Grunde ist es eine Schädelfraktur. Die Sanitäter, die sie hergebracht haben, sagten, dass der obere Teil des Flugzeugs beim Aufprall zerstört wurde, was die Verletzung vermutlich verursacht hat.«

Ich fuhr mir mit einer Hand durchs Haar. »Mein Gott. Wird sie wieder gesund?«

Die Krankenschwester machte ein ernstes Gesicht. »Der Aufprall hat eine Schwellung in ihrem Gehirn verursacht, und die Ärzte versuchen, diese zu lindern. Die nächsten paar Stunden sind entscheidend. Sie hat auch einige gebrochene Wirbel, die die Ärzte behandeln werden, falls sie die Schwellung stoppen können.«

»Falls … sie die Schwellung stoppen können? Was ist, wenn sie es nicht schaffen?«

Die Krankenschwester schüttelte den Kopf. »Es ist unerlässlich, dass sie es schaffen, Mr Crawford.«

Danach kam mir alles wie in einem Traum vor. Die Schwester sprach weiter, aber ihre Worte schwebten irgendwie durch die Luft um mich herum, ohne dass sie mich erreichten. Als sie fertig war, glitt ihr Blick über mein Gesicht.

»Geht es Ihnen gut?«

Ich schüttelte den Kopf. »Wie lange wird sie im OP sein?«

»Das ist schwer zu sagen. Aber sie hat ein tolles Ärzteteam, das sich um sie kümmert. Sie ist erst seit etwa fünfzehn Minuten im OP. Ich gehe demnächst rein und frage, ob sie mir etwas sagen können, okay?«

Ich nickte. »Okay. Danke.«

Sie deutete auf das Wartezimmer. »Am besten setzen Sie sich. Ms Evans hatte etwas Schmuck und ein paar persönliche Gegenstände bei sich. Wir haben ihr die Sachen abgenommen; Schmuck ist ein Risiko, falls es zu Schwellungen kommt. Ich gehe zum Patientensafe und hole sie für Sie, dann können Sie den Empfang bestätigen. Sie können auch einige Papiere für sie ausfüllen.«

»Okay.«

Obwohl sie gesagt hatte, ich solle mich setzen, blieb ich nach ihrem Verschwinden am Schreibtisch stehen und versuchte, alles zu begreifen. Nach einer Weile fiel mir wieder ein, dass Amelias Fluglehrer hier war. Vielleicht konnte er mir mehr sagen. Also ging ich zu ihm. Aber gerade als ich ihn fragen wollte, kam die Krankenschwester mit einem Plastikbeutel und einigen Papieren auf einem Klemmbrett zurück. Sie schaute nach unten und hob die oberste Seite an.

»Okay, hier steht, dass wir ihr zwei Halsketten und einen Verlobungsring abgenommen haben.« Sie hielt mir die Tüte hin. »Sie müssen nur noch einmal überprüfen, was wir Ihnen aushändigen und unten auf dieser Seite unterschreiben.«

Ich nickte. »Okay.«

Sie reichte mir das Klemmbrett und einen Stift, zusammen mit der Tüte. Ich unterschrieb und reichte ihr die Papiere zurück.

»Danke.« Sie nickte. Erst als sie wegging, hob ich den Beutel an, um zu sehen, was drin war. Es waren zwei Halsketten, die ich sofort erkannte. Aber der Verlobungsring war eindeutig nicht ihrer.

Die Schwester war bereits auf halbem Weg zu ihrem Schreibtisch, als ich rief: »Warten Sie bitte einen Moment.«

Sie drehte sich um. »Stimmt etwas nicht?«

Ich schüttelte den Kopf. »Das ist nicht Amelias Verlobungsring.«

Sie legte die Stirn in Falten. »Ich habe Ms Evans den Schmuck selbst abgenommen.«

»Also … das ist nicht ihr Verlobungsring.«

Der Fluglehrer stand auf. »Es ist Amelias Verlobungsring.« Er machte ein ernstes Gesicht. »Nur nicht der von Ihnen. Der ist von mir.«

20. Kapitel

Evie

Am Samstagmorgen schlief ich länger als geplant. Merrick war bereits geduscht und angezogen und trank in der Küche Kaffee, als ich hereinkam. Er hielt seinen Becher hoch und lächelte.

»Morgen, Schlafmütze.«

»Ich kann nicht glauben, wie spät es ist – fast halb acht. Warum hast du mich nicht geweckt? Kitty kann schon um acht entlassen werden.«

»Sie hat heute Morgen angerufen, sie hat letzte Nacht Fieber bekommen. Jetzt wird eine Blutuntersuchung gemacht, um sicherzugehen, dass es sich nicht um eine Infektion handelt.« Er schüttelte den Kopf. »Wenn sie heute entlassen wird, dann sicher nicht früh. Also habe ich dich nicht geweckt.«

»O nein. Das ist nicht gut. Eine Infektion nach einer Operation kann etwas Ernstes sein.«

Er nickte. »Sie hat kein hohes Fieber, eher erhöhte Temperatur. Die Krankenschwester hat den Fehler gemacht, Kitty zu sagen, dass manche Leute entlassen würden, wenn das Fieber sehr niedrig ist. Aber jemand in ihrem Alter müsse normalerweise zur Beobachtung dableiben.«

Ich lachte hinter vorgehaltener Hand. »Mist. Und diese

Krankenschwester hat jetzt wahrscheinlich einen Gips, der dem von Kitty ähnelt.«

»Das würde mich nicht wundern.«

Ich setzte mich Merrick gegenüber an den Tisch. Sein Blick fiel auf meine Brust und verweilte dort, sodass ich ebenfalls an mir hinuntersah. Verdammt. Ich hatte vergessen, einen BH anzuziehen. In meinem Schlafzimmer war es warm, aber das Küchenfenster war weit geöffnet, und bei dem Temperaturwechsel zeichneten sich unter dem dünnen T-Shirt meine Nippel ab.

Merrick räusperte sich und sah weg. »Wie auch immer, Kitty hat mich gebeten, dich zu fragen, ob du ihr etwas Affenbrot mitbringen könntest. Ich weiß nicht, was das ist, aber sie sagte, du wüsstest es.«

Ich lächelte. »Es war die Spezialität meiner Großmutter. Es ist so eine Art Zimtschnecke, aber in Form eines Kuchens. Meine Großmutter hat ihn mit Südstaatenkeksen und viel klebriger Zimtglasur gemacht. Nicht gerade gesund, aber alle haben ihn geliebt, besonders Kitty.«

»Woher bekommen wir welchen?«

»Ich mache ihn.« Ich stand auf und ging zum Kühlschrank. »Es dauert nicht lange. Wenn sie alle Zutaten dahat, kann ich die Schnecken machen und dann unter die Dusche springen, während sie im Ofen sind.« Ich stellte die Sachen heraus, die ich brauchte. »Es sieht so aus, als hätte sie nur ein Stück Butter, und ich brauche mehr als eins.«

»Schreib mir eine Liste. Ich laufe zum Laden.«

»Macht dir das nichts aus?«

»Ganz und gar nicht.«

»Okay.« Ich suchte weiter die Schränke durch und schrieb drei Dinge auf, die ich brauchte. »Ich dusche in der Zeit.«

Er nickte. »Klingt gut.«

Kurz darauf trafen wir uns wieder in der Küche. Ich schüttete die Zutaten in eine Schüssel und begann, sie zu verrühren. »Darf ich dich etwas fragen?«

»Nein.«

Ich drehte mich zu Merrick um. Er grinste. »Ich habe gelernt, dass ›Darf ich dich etwas fragen?‹ bei dir bedeutet, dass du in meinen Kopf sehen willst.«

»Ich glaube, du übertreibst.«

Er nippte an seinem zweiten Kaffee. »Ganz und gar nicht. Aber ich habe nur Spaß gemacht. Was willst du wissen?«

»Gestern Abend hast du gesagt, du hättest schlechte Erfahrungen mit Therapie gemacht. Warum glaubst du, dass es nicht geklappt hat? Ich will mich nicht in deine Probleme einmischen, sondern deine Erfahrungen verstehen. Auf eine klinische Art, verstehst du.«

Merrick strich über den Rand seines Kaffeebechers. »Ich weiß nicht, ob man Dinge reparieren kann, die der Patient nicht als kaputt empfindet.«

»Meinst du damit Amelia oder dich selbst?«

Er zuckte mit den Schultern. »Ich weiß es nicht einmal mehr. Um ganz ehrlich zu sein, die Idee mit der Paartherapie kam von mir, aber ich hatte nicht das Gefühl, dass *wir* eine Therapie bräuchten. Ich habe es hauptsächlich getan, weil ich gehofft hatte, dass jemand Amelia helfen könnte. Sie war eine Person, der man nur bis zu einem Punkt nahekommen oder sie kennenlernen konnte. Sie hatte eine Mauer um sich errichtet. Ich dachte wohl, der Therapeut könnte helfen, diese Mauer zu durchbrechen oder so.«

»War sie offen für eine Therapie?«

Merrick schüttelte den Kopf. »Im Nachhinein denke ich, sie

hat das Gleiche getan wie ich – sie ist zum Therapeuten gegangen, damit er mir hilft.«

»Sie dachte, du bräuchtest Hilfe?«

»Genauso, wie ich nicht verstehen konnte, warum ich ihr nicht näher sein konnte, konnte sie nicht verstehen, warum ich das wollte.«

Ich nickte. »Wenn man eine Paartherapie in der Hoffnung beginnt, dass sich der Partner dadurch ändert, ist das normalerweise keine gute Voraussetzung. Man muss offen dafür sein, dass die Therapie einem helfen kann.«

Merrick deutete mit seinem Becher auf mich. »Deshalb hatte ich ein Problem damit, dass meine Mitarbeiter zur Beratung gehen müssen. Damit es funktioniert, müssen sie daran glauben und es wollen.«

»Stimmt. Aber was wir im Büro zu erreichen versuchen, unterscheidet sich nicht so sehr von einer Paartherapie. Wenn man das Management als die eine Seite einer Beziehung betrachtet und den Mitarbeiter als die andere. Das Ziel besteht darin, beide Parteien dazu zu bringen, Verantwortung für Missglücktes zu übernehmen und etwas zu ändern, damit es in Zukunft nicht wieder geschieht. Genau wie bei der Paartherapie funktioniert das nicht, wenn eine Seite denkt, dass die andere schuld ist und nur darauf wartet, dass sie sich ändert.«

Merrick nickte. »Okay. Verstanden. Ich werde versuchen, etwas offener zu sein. Darf ich dir jetzt eine Frage stellen?«

»Oh-oh. Heißt das, du versuchst, in meinen Kopf zu sehen?«

Merrick lächelte. »Ich habe wohl von den Besten gelernt.«

Ich machte die Teigmischung fertig und fing an, sie in eine Muffinform zu löffeln. »Wie lautet deine Frage?«

»Du scheinst schnell zu begreifen, wie jemand tickt. Aber du hast nicht gemerkt, was mit deinem Verlobten los war?«

Ich schüttelte den Kopf. »Hast du noch nie etwas von dem Schuster mit den schlechtesten Sohlen gehört?«

Merrick lachte. »Ich denke schon.«

»Das Entscheidende ist, Therapeuten sind Menschen. Wir sind dazu ausgebildet, anderen zu helfen und auf bestimmte Dinge zu achten, aber manchmal überprüfen wir unsere eigenen Beziehungen nicht genug.«

»Wie lernt man nach so einem Erlebnis, wieder jemandem zu vertrauen?«

»Meinst du mich oder dich?«

Merrick zuckte mit den Schultern. »Ich weiß es nicht so genau, Doc.«

Ich lächelte. »Ich glaube, die Liebe ist immer ein Risiko. Aber wenn die richtige Person kommt, haben wir das Gefühl, dass es sich lohnt, dieses Risiko einzugehen.«

Merrick sah mir in die Augen. Mein Herz raste, gleichzeitig fühlte sich mein Bauch ganz warm an. Doch dann klingelte sein Handy. Er sah nach unten. »Es ist meine Großmutter. Wahrscheinlich will sie sichergehen, dass ich dich nach dem Affenbrot gefragt habe.« Er nahm das Gespräch an und führte das Telefon an sein Ohr, ohne mich dabei aus den Augen zu lassen. »Hey, Grams, was gibt's?« Er lächelte. »Ja, Evie macht es gerade.«

Ich drehte mich um, um das Blech in den Ofen zu schieben und den Timer zu stellen. Der Moment war ruiniert, aber das war auch gut so. Merrick schien nicht erpicht darauf zu sein, unser Gespräch fortzusetzen, nachdem er aufgelegt hatte.

»Ich mache mich fertig, solange das im Ofen ist«, sagte ich.

Er nickte. »Ich muss noch ein paar Anrufe tätigen, bevor wir ins Krankenhaus fahren. Ich mache das hier und achte auf den Timer.«

»Danke.«

Als ich zurückkam, telefonierte Merrick gerade mit Will und studierte irgendeine Tabelle auf dem Bildschirm seines Laptops. »Gut, das klingt gut«, sagte er. »Fang am Montag langsam an, damit niemand, der uns beobachtet, etwas merkt. Sie könnten sonst auf den Zug aufspringen, ohne zu wissen, warum wir kaufen.« Er schwieg. »Mal sehen. Wenn sie heute rauskommt, weiß ich mehr. Ich will abwarten, wie sie zu Hause zurechtkommt. Gestern habe ich ihr gesagt, dass ich eine Pflegekraft einstellen möchte, wenn ich wieder fahre. Daraufhin hat sie gesagt, ich solle bloß aufpassen, dass die Tür weder mir noch der Schwester ins Kreuz fällt, wenn ich sie von außen schließe. Wir werden also sehen …«

Ich hörte Will wieder reden, dann sprang Merricks Blick zu mir. »Sei kein Idiot. Bis dann, Will.«

Als er das Gespräch beendete, lachte ich. »Das Gespräch scheint eine abrupte Wendung genommen zu haben.«

Merrick schüttelte den Kopf. »Das ist eine der Gefahren, wenn man mit seinem Freund zusammenarbeitet. Er weiß nicht, wann er sich nur aufs Geschäftliche konzentrieren sollte.«

Ich öffnete den Ofen, nahm das Affenbrot heraus und stellte es zum Abkühlen auf die Herdplatte.

»Meine Güte. Das riecht ja unglaublich«, sagte Merrick.

»Willst du ein Stück?«

»Aber ja.«

Ich schnitt für jeden von uns ein Stück ab und brachte es an den Tisch. »Wenn es noch warm ist, ist es besser als ein Orgasmus.«

Merricks Augen funkelten verrucht, bevor er hineinbiss.

»Das klingt nach einer Herausforderung, Dr. Vaughn.«

»Oh, Doc«, sagte Kitty. »Das ist die Dame, von der ich Ihnen heute Morgen erzählt habe.«

Ich drehte mich um und lächelte den Arzt an. Wow. *Einfach nur wow.* Als ich im Krankenhaus lag, sahen die Ärzte nicht so aus, so viel stand fest.

Er lächelte, ließ seine perfekten Zähne aufblitzen und streckte mir die Hand hin. »Psychologin, richtig?«

Ich ergriff seine Hand. »Ja.«

»Mrs Harrington hat mir erzählt, dass Sie auf der Emory waren.«

»Ja, das stimmt.«

Kitty legte dem Arzt eine Hand auf den Arm. »Ich habe Ihnen doch gesagt, Sie sollen mich Kitty nennen.«

Er lächelte und nickte, bevor er seine Aufmerksamkeit wieder mir zuwandte. »Mrs – ich meine, Kitty und ich haben herausgefunden, dass Sie in dem Semester angefangen haben müssen, nachdem ich fertig war.«

Ja, wenn ich diesen Typen auf dem Campus gesehen hätte, würde ich mich mit Sicherheit daran erinnern.

»Dr. Martin ist alleinstehend, Liebes«, sagte Kitty. »Er wäre fast in die Psychiatrie gegangen. Und er wandert gern. Ich habe ihm alles über dein Land und deine Airbnbs erzählt. Ihr zwei solltet mal einen Kaffee trinken gehen, wenn er Pause hat. Ich wette, ihr habt eine Menge gemeinsam.«

»Hat dich der Arzt auch untersucht?«, fragte eine strenge Stimme hinter mir. »Oder war er nur damit beschäftigt, seine Patientin als Heiratsvermittlerin zu benutzen?«

O Mann. Der Ausdruck auf Merricks Gesicht konnte nicht anders als mörderisch bezeichnet werden. Er hatte die Augen zusammengekniffen, den Kiefer angespannt und die Arme vor der Brust verschränkt.

Ich warf ihm einen bösen Blick zu, den er prompt ignorierte, also schüttelte ich den Kopf und sagte zu dem Arzt: »Es tut mir leid.«

Dr. Martin sah zwischen Merrick und mir hin und her und nickte knapp. »Sprechen wir doch über Mrs Harringtons Gesundheitszustand.«

In der nächsten Viertelstunde ging Dr. Martin Kittys Post-OP-Statistik durch, ihre aktuellen Werte und was sie bisher unternommen hatten, um auch seltene Ursachen für ihr Fieber auszuschließen. »Es ist nicht ungewöhnlich, dass die Temperatur nach einer großen Operation, wie Mrs Harrington sie hinter sich hat, leicht erhöht ist. Sehr wahrscheinlich handelt es sich um eine entzündliche Reizreaktion auf die Gewebeschädigung und den Kontakt mit Fremdkörpern während der OP. So etwas klingt fast immer nach einigen Tagen von allein ab. Da sie sich aber auch den Knöchel gebrochen hat, einen Gips trägt und sich nicht so viel bewegt, besteht bei ihr ein erhöhtes Thromboserisiko. Solche Blutgerinnsel können ebenfalls leichtes Fieber auslösen. Wir haben eine Ultraschalluntersuchung gemacht, um das auszuschließen, aber wir werden sie noch ein oder zwei Tage zur Beobachtung hierbehalten und die Untersuchung sicherheitshalber wiederholen, bevor wir sie entlassen.«

Ich nickte. »Das klingt sinnvoll.«

Der Arzt lächelte Kitty an. »Um das klarzustellen, das hat nichts mit Ihrem Alter zu tun. Einer Dreißigjährigen würde ich dasselbe empfehlen.«

Ich lachte, ganz offenbar hatte Kitty ihm bereits die Leviten gelesen. »Gut zu wissen.«

Dr. Martin sah uns alle drei an. »Irgendwelche Fragen?«

Ich drehte mich zu Kitty und Merrick um. Merrick machte

immer noch ein finsteres Gesicht, schüttelte aber den Kopf. »Nein, danke.«

Der Arzt nickte Kitty zu. »Ich komme später noch einmal vorbei, bevor meine Schicht zu Ende ist, und sehe nach Ihnen.«

Kitty klimperte mit den Wimpern. »Danke, Doktor.«

Nachdem er gegangen war, fächelte sie sich Luft zu. »Wäre ich doch nur zwanzig Jahre jünger.«

Merrick hob eine Augenbraue. »Zwanzig?«

Sie blinzelte ihn an. »Es wird noch viel schmerzhafter als sonst, wenn ich dir mit diesem Gips in den Hintern trete.«

Ich lachte. »Es tut mir leid, dass du heute nicht nach Hause kannst, wie du gehofft hattest. Aber sie sind gründlich und kümmern sich gut um dich.«

»Oh, der hier war sehr gründlich«, brummte Merrick.

Kittys Augen leuchteten. »Stimmt etwas nicht, mein liebster Enkel?«

»Es ist heiß hier drin«, murmelte er. »Ich gehe nach unten in die Cafeteria und hole mir etwas zu trinken. Möchtet ihr auch etwas?«

»Nein, danke«, sagte ich.

Kitty wartete kaum, bis Merrick aus der Tür war. Ihr Lächeln wirkte beinahe gemein. »Den hat es schwer erwischt.«

21. Kapitel

Evie

»Ihr zwei solltet jetzt gehen«, sagte Kitty. »Ihr seid schon den ganzen Tag hier.«

Merrick blickte von der Zeitung auf, in der er gelesen hatte. »Die Besuchszeit ist in fünfzehn Minuten zu Ende.«

Kitty zeigte auf ihr iPad, das auf dem Krankenhaustablett neben ihrem Bett lag. »Oh, das reicht locker, um dir den aktualisierten Stammbaum zu zeigen …«

Merrick klappte die Zeitung zu und stand auf. »Wenn ich es mir recht überlege, sollten wir vielleicht doch nicht warten, bis sie uns rausschmeißen.«

Ich musste über Kittys Grinsen schmunzeln. Sie wusste genau, wie sie ihren Enkel provozieren konnte.

Ich stand auf. »Ich fliege morgen Nachmittag zurück, aber ich komme morgen früh noch mal vorbei. Mein Flug geht erst um vier.«

»Komm nicht zu früh, mein Schatz. Schlaf ein bisschen. Ich freu mich, wenn du überhaupt kommst.«

Ich beugte mich vor und umarmte sie, dann trat ich zur Seite, damit Merrick ihr Gute Nacht sagen konnte.

Es war ein schöner Abend. Die Luft draußen war warm und ungewöhnlich trocken für den Spätsommer in Atlanta. Als wir auf Kittys Hotrod zugingen, kam mir eine Idee. »Können wir das Verdeck zurückmachen? Ich bin noch nie in einem Cabrio gefahren.«

»Wirklich?«, fragte Merrick.

»Nein, noch nie.«

Er zuckte die Achseln. »Klar.«

Ich war überrascht, dass sich das Verdeck einfach per Knopfdruck zurückklappen ließ. Noch bevor wir den Parkplatz verlassen hatten, war ich begeistert von dem Gefühl, wie der Wind durch mein Haar strich. Ich hielt die Hände in die Luft. »Das ist wuuundervoll.«

Merrick sah zu mir herüber. »Du bist leicht zu begeistern.«

Er bog einmal links und einmal rechts ab, und schon waren wir auf dem Highway und fuhren ziemlich schnell. Ich ließ den Kopf zurücksinken und blickte in den dunklen Himmel, während mein Haar um mich herumpeitschte.

»Hast du Hunger?«, rief Merrick mir durch den Wind zu.

»Einen Bärenhunger! Können wir uns Junkfood besorgen?«

Er lächelte. »Was immer du willst. Hattest du was Bestimmtes im Sinn?«

»Wie wäre es mit Wendy's?«

Er kniff die Augen zusammen. »Süß.«

Ich lachte. »Kennst du zufällig einen Laden namens Mix'D Up Burgers? Es liegt nicht gerade auf dem Weg zurück zum Haus, eher auf dem zu meinen Airbnbs. Ich bin einmal abends zufällig dorthin geraten, als ich tanken wollte.«

»Ich kenne ihn nicht, aber ich kann ihn sicher ins Navi eingeben.«

»Dann wäre ich deine beste Freundin.«

Er reichte mir sein Handy. »Hier, gib den Namen ein und warte, ob er auftaucht.«

Das tat er, und den Rest der Fahrt genoss ich die warme Brise, während ich mir ausmalte, was ich bestellen würde. Als wir ankamen, hielt Merrick auf dem Parkplatz. »Willst du drinnen essen oder etwas mit nach Hause nehmen?«

»Können wir Essen mitnehmen und die Pommes auf dem Heimweg essen?«

Er lächelte. »Guter Plan. Weißt du, was du willst?«

»O ja. Ich will *Den Stapel.* Das ist ein Burger mit Käsepommes. Aber du bekommst auch Pommes frites als Beilage.«

Er lachte. »Du machst mich fertig. Nach dem Affenbrot heute Morgen und jetzt dem hier muss ich nächste Woche öfters ins Fitnessstudio gehen.«

»O Gott. Erinnere mich nicht daran. An mein Gewicht will ich gar nicht denken. Ich bin seit meiner Hochzeit auf einem Junkfood-Trip.«

Merricks Blick glitt über meinen Oberkörper und verweilte auf meinen Brüsten. »Glaub mir, Junkfood ist gut für dich.«

»Macht es dir etwas aus, einen Moment hier draußen zu warten?« Merrick entriegelte Kittys Haustür und stieß sie halb auf.

»Hm, nein?«

Er hielt mir die Tüte mit dem Fast Food vor die Nase. »Ich brauche nur eine Minute.«

»Na gut, aber wenn es zu lange dauert, esse ich dein Abendessen.«

»Du hast schon den Großteil der Pommes gegessen, die wir uns teilen wollten.«

Zwei Minuten später kam er mit zwei vertrauten Bechern wieder heraus. Ich machte große Augen. »O mein Gott! Die Waffle-House-Becher, aus denen sie ihren Eistee mit Schuss getrunken haben. Du weißt, dass sie die aus dem Restaurant gestohlen haben.«

Merrick lächelte. »Das überrascht mich nicht.«

Ich seufzte. »Die wecken wunderbare Erinnerungen.« Ich zeigte auf das ehemalige Haus meiner Großmutter. »Jeden Abend saßen sie stundenlang auf der Veranda, und die Nachbarn sahen nur zwei kleine alte Damen, die heißen Tee tranken.«

Er lächelte. »Ich weiß. Rate mal, was da drin ist?«

»Doch nicht etwa Eistee mit Schuss?«

»Yep.« Er deutete mit dem Kopf auf das Nachbarhaus. »Die Nachbarn, die das Haus deiner Großmutter gekauft haben, sind nicht da. Ich habe sie Anfang der Woche getroffen. Als sie sagten, dass sie wegfahren, habe ich sie gefragt, ob sie etwas dagegen hätten, wenn die Enkelin der alten Besitzerin auf ihrer Veranda sitzen würde. Du sagtest, du würdest alles geben, um noch mal die Zeit von Eistee mit Schuss zu erleben. Ich weiß, es ist nicht dasselbe, aber ich dachte, wir könnten auf den Schaukelstühlen essen und das getunte Zeug trinken.«

Mir ging das Herz auf. »Ich kann nicht glauben, dass du das für mich getan hast.«

Er deutete auf die Veranda. »Komm. Lass uns rübergehen.«

Zuerst war es seltsam, ohne meine Großmutter auf ihrer Veranda zu sitzen. Doch als wir mit dem Essen fertig waren, auf den Schaukelstühlen saßen und nichts weiter taten, als aus unseren Waffle-House-Bechern zu trinken, spürte ich ein warmes Gefühl in meiner Brust.

»Woher wusstest du, dass sie aus diesen speziellen Bechern getrunken haben? Ich glaube nicht, dass ich es neulich erwähnt habe.«

»Hast du nicht. Aber meine Großmutter.«

»Oh.«

»Sie hat so ziemlich die ganze Woche über dich oder deine Großmutter gesprochen. Ich glaube, dass du hier unten warst, hat auch bei ihr eine Menge Erinnerungen geweckt.« Er hielt seinen Becher hoch. »Sie muss dich wirklich gernhaben, denn sie hat mir das Rezept für ihren Eistee mit Schuss verraten, als ich sagte, dass ich ihn für dich machen will. Du weißt ja, dass für Südstaatenfrauen ihre Teerezepte gleich nach der Bibel kommen.«

Ich lächelte. »Nun, das beruht auf Gegenseitigkeit.«

Wir saßen nebeneinander, schaukelten und nippten ein paar Minuten stumm an unserem Tee. Schließlich zeigte ich auf ein Haus schräg gegenüber auf der anderen Straßenseite. »Erinnerst du dich an die Geschichte, die ich dir erzählt habe, als ich fast im Regen vom Baumhaus gefallen wäre? Dass ich dachte, ein Junge namens Cooper hätte mich gerettet?«

Merrick nickte. »Ich erinnere mich.«

»Er hat dort drüben gewohnt. Er hatte einen Hund mit drei Beinen namens Woody.«

Merrick blinzelte die dunkle Straße hinunter. »Ich erinnere mich an den Hund. Er lief auf den Hinterbeinen wie ein Mensch, oder?«

»Genau, das ist er.«

»Ja, ich erinnere mich an den Hund. Aber nicht an den Jungen.«

»Ich schon. Er war auch mein erster Kuss.«

»Wirklich?«

»Ja. Ich bin sicher, er erinnert sich auch an mich. Denn abgesehen von seinem ersten Kuss war ich auch der Grund für seine erste Zahnbehandlung.«

»Hat er dich zu stürmisch geküsst und eure Zähne sind zusammengestoßen oder so?«

»Schlimmer. Aber bevor ich dir die Geschichte erzähle, muss ich dir erst ein paar Hintergrundinfos geben. Als ich fünfzehn war, lebten wir in Chicago. Alle meine Freundinnen hatten schon Jungen geküsst, aber ich war nicht sonderlich scharf darauf, weil ich wegen meines Vaters schon damals Vertrauensprobleme hatte. Jedenfalls bat mich ein süßer Junge aus meiner Schule um ein Date, und wir gingen ins Kino. Er roch ganz fürchterlich aus dem Mund. Ich saß im Kino und konnte ihn neben mir riechen, auch wenn er nicht in meine Richtung gesehen hat.« Ich schüttelte den Kopf. »Ich weiß nicht, ob es an der Zahnspange lag oder was, aber es war schrecklich, und ich konnte es kaum erwarten, dass der Film zu Ende war. Um es kurz zu machen: Am Ende des Abends wollte er mich küssen, und ich habe ihn abgewiesen. Daraufhin nannte er mich prüde. Um mich zu verteidigen, habe ich ihm die Wahrheit gesagt – dass er schrecklichen Mundgeruch hat.«

Merrick brach in Gelächter aus. »Du hast dich aber nicht sehr verändert, seit du fünfzehn warst, oder?«

»Egal, am nächsten Tag hat er gelogen und der ganzen Schule erzählt, er habe mich geküsst und ich sei die schlechteste Küsserin aller Zeiten.« Ich schüttelte den Kopf. »Ich wusste ja, dass das nicht stimmte, aber daraufhin entwickelte ich eine Paranoia, dass ich tatsächlich schrecklich küssen würde. Dumm, ich weiß. Aber egal. Im nächsten Sommer, inzwischen war ich sechzehn und hatte immer noch nie einen Jungen geküsst. Wir waren eine Woche lang zu Besuch bei meiner Großmutter, und Cooper und ich fuhren zusammen Rad. Ich wusste, dass er auf mich stand, und er schien ein netter Junge zu sein, also dachte ich, dass es vielleicht endlich passieren würde. Eines Abends hatte er einen Platten an seinem Fahrrad, und wir waren in seiner Garage. Als er den Reifen abzog, hielt ich den Schraubenschlüssel in der Hand, und als er aufstand, um ihn mir abzunehmen, sagte er, dass ich schön sei, und beugte sich zu einem Kuss vor. Im letzten Moment fiel mir ein, dass ich Fisch gegessen und mir die Zähne noch nicht geputzt hatte, also hob ich die Hand zum Mund. Aber ich hatte noch den Schraubenschlüssel in der Hand. Er hat sich daran einen Vorderzahn abgebrochen.«

»Verdammt. Armer Kerl.«

»Ich weiß. Ich fühlte mich so schlecht, dass ich am nächsten Morgen wiedergekommen bin und ihn geküsst habe.«

»Ich wette, du hast dir vorher die Zähne geputzt.«

»Auf jeden Fall! Ich glaube, ich habe sie zehn volle Minuten lang geschrubbt.«

Wir lachten. Es fühlte sich so gut an, wieder hier zu sitzen. »Und jetzt du«, sagte ich.

»Was?«

»Wie war dein erster Kuss?«

Er lächelte. »Ah … Daniella Dixon. Ihre Eltern wussten, was sie taten, als sie ihr Initialen mit Doppel-D gegeben haben.«

Ich boxte ihn spielerisch gegen den Arm. »Die Obsession hat also schon früh angefangen, was? Ich habe mehr als einmal bemerkt, dass du mir auf die Brüste gesehen hast.«

Mit funkelnden Augen blickte Merrick erneut auf meine Brüste. »Du hast damit angefangen, als du sie mir in der Umkleidekabine gezeigt hast.«

Ich lachte und zeigte nach oben. »Hier spielt die Musik. Und jetzt erzähl weiter von Daniella.«

Merrick zuckte mit den Schultern. »Da gibt es nicht viel zu erzählen. Sie war etwas älter, und wir haben in ihrem Keller rumgemacht.«

»Wie viel älter?«

»Zwei Jahre, glaube ich. Ich war vierzehn, und sie war sechzehn. Soweit ich mich erinnere, roch sie nicht aus dem Mund, und ich habe sie nicht verletzt.«

Ich lächelte. »Langweilig.«

»Lieber langweilig als Mundgeruch.«

Ich zeigte auf ihn. »Stimmt.«

Er kippte den Rest seines Getränks hinunter. »Willst du noch einen?«

»Gern.«

Als ich aufstehen wollte, hielt er mich zurück. »Ich mach das schon. Genieß die Veranda.«

Anstatt an die vielen Male zu denken, die ich mit meiner Großmutter hier gesessen hatte, musste ich an den Mann denken, der das arrangiert hatte. Es war eine so einfache Geste – die Nachbarn zu fragen, ob wir hier sitzen dürften, und die Getränke zuzubereiten, die bei mir gute Erinnerungen weckten –, und doch bedeutete es so viel mehr als das.

Merrick hörte mir zu, er war aufmerksam. Wir hatten zwar einen schlechten Start gehabt, aber in dieser Woche war er sogar meinem Vorschlag gefolgt, dass die Mitarbeiter den Großteil ihres Urlaubs nehmen mussten. Es war komisch – normalerweise hatte man das Gefühl, dass der Chef vor einem stand, aber bei Merrick hatte ich das Gefühl, dass er neben mir stand. Zudem war er auch noch klug, kümmerte sich sehr um seine Großmutter, und ich fühlte mich unheimlich zu ihm hingezogen. Ganz zu schweigen davon, dass er mir klargemacht hatte, dass er auf mich stand.

Warum hatte ich also Angst, uns eine Chance zu geben?

Während ich darüber nachdachte, kam Merrick mit unseren Getränken zurück. Er reichte mir meins und setzte sich wieder.

»Wann geht dein Flieger morgen?«

»Um vier.«

Er nickte. »Solange sie am Montag rauskommt, werde ich wahrscheinlich Ende der Woche zurückfliegen. Ich habe einen guten Pflegedienst beauftragt. Ich hoffe nur, sie lässt ihn rein.«

»Oh, das erinnert mich an etwas. Als ich im Krankenhaus zur Toilette gegangen bin, hat mir einer der Ärzte von irgendwelchen Geräten erzählt, die Kitty zu Hause helfen könnten, zumindest bis ihr Gips abkommt. Ich habe es ihr gegenüber nicht erwähnt, weil ich dachte, dass du vielleicht eher um Vergebung als um Erlaubnis bitten willst. Ich habe eine Broschüre von dem Unternehmen in der Handtasche«.

»Von wem?«, fragte Merrick.

»Also, den Hersteller weiß ich nicht. Es gibt einen Stuhl, der wie ein Liegesessel aussieht, aber nach vorn kippt, um der Person beim Aufstehen zu helfen. Und es gibt auch eine motorisierte Unterlage für die Matratze, mit der sie mühelos aufstehen kann.«

»Nein. Ich meinte nicht, welche Geräte. Ich meinte, welcher Arzt hat dich angesprochen?«

»Ihr Arzt, Dr. Martin.«

Merrick machte ein skeptisches Gesicht. »Hat er seine Nummer auf die Rückseite der Broschüre geschrieben?«

»Sehr eifersüchtig?«

»Meine Großmutter hat versucht, mich zu reizen, indem sie euch verkuppelt.«

»Und … hat es funktioniert?« Ich merkte erst, dass ich mir auf die Unterlippe biss, als Merrick den Blick darauf richtete. Er stöhnte und schüttelte den Kopf.

»Natürlich. Ich bin eifersüchtig auf deine verdammten Zähne – und auf den kleinen Scheißer, dem du den Zahn abgebrochen hast.«

Ich schnaubte vor Lachen. Der Alkohol stieg mir langsam zu Kopf, aber es gefiel mir, dass Merrick und ich so miteinander reden konnten.

Danach saßen wir noch stundenlang auf der Veranda, schaukelten und lachten, während wir aus Waffle-House-Bechern Tee mit Schuss tranken. Um Mitternacht war ich immer noch nicht bereit, ins Bett zu gehen, aber es begann zu nieseln, und die warme Brise blies uns die Feuchtigkeit ins Gesicht.

Ich nahm meine nasse Brille ab und wischte sie mit meiner Bluse trocken.

»Wollen wir reingehen?«, fragte Merrick.

Die Wahrheit war, je länger ich mit ihm zusammen war, desto mehr verliebte ich mich in ihn. Obwohl es mir also gar nichts ausgemacht hätte, noch etwas länger im Regen sitzen zu bleiben, nickte ich. »Ja, ich habe keine Scheibenwischer für meine Brille.«

Er nahm unsere leeren Becher, und gemeinsam gingen wir nach nebenan. Das Haus war dunkel und still, nur das Licht von der Veranda erhellte den Raum. Da wir über den Rasen gelaufen waren, waren unsere Schuhe nass, und wir zogen sie beide an der Eingangstür aus.

»Gehst du ins Bett?«, fragte Merrick.

Ich nickte. »Ja, das sollte ich wohl.«

Merrick schob die Hände in die Hosentaschen. »Dann bis morgen.«

Im Gästezimmer lehnte ich meinen Kopf gegen die Tür. Ein paar Minuten lang hörte ich Merrick im Haus herumlaufen, dann wurden seine Schritte lauter, als er den kleinen Flur vor meiner Tür betrat. Die beiden Zimmer, in denen wir schliefen, waren nur durch das Bad getrennt, also rechnete ich damit, dass eine Tür geöffnet und geschlossen wurde, doch stattdessen herrschte Stille. War er so leise gegangen, oder stand er im Flur vor meiner Tür und rang mit sich, genau wie ich?

Ich konnte mich nicht erinnern, wann ich das letzte Mal einen Mann so sehr begehrt hatte wie Merrick. Es gab mir das Gefühl, dass Christian mir einen Gefallen getan hatte. Theoretisch hatten er und ich perfekt zueinander gepasst – kompatibel und zielorientiert. Bevor alles den Bach runtergegangen war, hatten wir uns gut verstanden. Aber bis jetzt war mir nie klar geworden, was gefehlt hatte: Leidenschaft. Wenn ich in Merricks Nähe war, sammelte sich Hitze in meinem Bauch – egal, ob wir diskutierten oder ich seine breiten Schultern bewunderte, wenn er es nicht bemerkte. Tief im Inneren wusste ich, was das Problem war. Klar, er war mein Chef, und diesen Fehler hatte ich schon einmal gemacht. Darum wäre es dumm von mir, wenn ich mich darauf einlassen würde. Das war jedoch nicht der Grund, warum ich ihn auf Abstand hielt. Der wahre Grund war, dass die Gefühle, die er in mir auslöste, mir Angst machten. Mein ganzes Erwachsenenleben lang hatte ich mich von allem ferngehalten, was Höhen und Tiefen bedeutete, und lieber den ruhigen Weg gewählt. Bei meiner Vergangenheit musste man kein Therapeut sein, um zu verstehen, warum ich das tat.

Ich hatte Angst vor Leidenschaft, ich hatte sie bei meinen Eltern erlebt. Sie waren im einen Moment wahnsinnig verliebt, und im nächsten hatte mein Vater meine Mutter geschlagen. Es war wie ein Pendel, das nie stehen blieb. Also suchte ich nach dem Metronom unter den Beziehungen – ein gleichmäßiger Takt, der nie stolperte.

Draußen im Flur war es immer noch ruhig. Ich dachte schon, ich hätte Merrick nicht in sein Zimmer gehen hören – bis ich eine Bewegung vor meiner Tür wahrnahm. Ich hielt den

Atem an, mein Herz raste in der Erwartung, dass er klopfen würde. Doch dann hörte ich, wie sich die Schritte entfernten. Als die andere Schlafzimmertür endlich geöffnet und geschlossen wurde, atmete ich enttäuscht aus.

Es ist besser so.

Zumindest sagte ich mir das, als ich mich bettfertig machte und unter die Decke schlüpfte. Doch als ich die Augen schloss, wanderten meine Gedanken in die entgegengesetzte Richtung. Ich begehrte Merrick auf eine verruchte Art. Ich wollte, dass er mir in die Lippe biss und eifersüchtig war. Ich wollte das Feuer, das ich in seinen Augen sah, in seiner Berührung spüren. Keine Romantik – dass er mir das Haar hinters Ohr strich und süße Dinge zu mir sagte –, ich wollte, dass der Mann mich über seine Schulter warf und mich wie ein verdammter Höhlenmensch in sein Bett zerrte.

Bei dieser Vorstellung trat mir der Schweiß auf die Stirn. Ich würde niemals einschlafen, wenn jeder Muskel in meinem Körper vor Lust fest angespannt war. Frustriert starrte ich eine ganze Weile an die Decke.

Ich wusste, was ich tun musste, um einschlafen zu können. Aber Merricks Zimmer war nur zweieinhalb Meter den Flur hinunter.

Was, wenn er mich hörte?

Aber ich könnte leise sein, oder?

O mein Gott, was, wenn er in diesem Moment genau das Gleiche tat?

Das genügte. Die Vorstellung, wie sich seine große Hand um seinen Schwanz legte, war zu viel. Also schloss ich die Augen, schob eine Hand unter die Decke und strich über die glatte Haut an meinem Bauch, bis ich den Spitzenrand meines Slips erreichte. Meine Klitoris war allein bei der Vorstellung daran angeschwollen, was kommen würde, also spreizte ich weit die Beine und schob meine Hand hinein. Ich würde einen neuen Schnelligkeitsrekord in Selbstbefriedigung aufstellen … das dachte ich zumindest.

Aber aus irgendeinem Grund kam ich nicht zum Höhepunkt. Mit zwei Fingern massierte ich in kreisenden Bewegungen meine Klitoris. Ich spürte, wie sich in mir eine Spannung aufbaute, aber nicht genug, um zu kommen. Ich versuchte, mir vorzustellen, die Finger gehörten Merrick, und ließ sie in mich hineingleiten. Es fühlte sich so verdammt gut an. Mein Atem beschleunigte sich, als ich meinen Rhythmus fand und die Finger in meine Nässe eintauchte und wieder herauszog.

Gedanken an Merrick schossen mir durch den Kopf.

Wie er auf der Couch mit dem prallen Schwanz und seinem muskulösen Bauch auf der Couch lag.

Dieser sexy Streifen aus Haaren, der von seinem Bauchnabel bis in den Hosenbund führte.

Das V – dieses verdammte V. Ich stellte mir vor, wie meine Zunge die definierten Muskeln ableckte.

Merrick, wie er in einem Anzug im Büro stand, breitbeinig und die Arme vor der Brust verschränkt – eine Haltung, die Macht ausdrückte. Gott, er war fast genauso sexy, wenn er angezogen war.

Oh.

Ja. Das ist es.

Gleich.

Keuchend strebte ich der Ziellinie entgegen. Als ich dachte, ich wäre kurz vorm Höhepunkt, berührte ich mit dem Daumen meine Klitoris, weil das fast immer zur lustvollen Erlösung führte.

Es fühlte sich gut an, sogar großartig, aber egal wie sanft

oder fest ich rieb, wie schnell oder langsam ich in mich hineinpumpte, ich kam nicht. Ich benutzte sogar die andere Hand, um meine Brüste zu massieren und in meine Nippel zu kneifen, aber es war unmöglich. Nach einer ganzen Weile, länger als ich jemals zuvor gebraucht hatte, um mich selbst zu befriedigen, gab ich schließlich auf.

Gott, ich kann nicht einmal das richtig.

Frustriert und gereizt gab ich Merrick die Schuld.

Der Mann hatte mir meinen verdammten Orgasmus gestohlen.

Eine weitere halbe Stunde verging, aber ich konnte mich immer noch nicht genug entspannen, um einzuschlafen. Vielleicht sollte ich mir einen Kamillentee machen – vielleicht würde das warme Getränk mir helfen, etwas zur Ruhe zu kommen. Also stieg ich aus dem Bett und öffnete knarrend die Tür. Ich durfte auf keinen Fall Merrick begegnen, nach dem, was ich soeben mit Gedanken an ihn gemacht hatte. Zum Glück war seine Zimmertür geschlossen, und ich hörte keine Geräusche. Ich schlüpfte aus dem Zimmer und schlich auf Zehenspitzen in die Küche. Doch als ich die Tür aufstieß, erstarrte ich.

Fuck.

Dort lehnte Merrick an der Arbeitsplatte und trug nur eine tief sitzende graue Jogginghose, kein Shirt oder Schuhe.

»Hey.« Seine Stimme klang rau.

Ich konnte ihn nicht ansehen, also sprach ich zu seinen Füßen. »Warum bist du auf?«

Ich hob nicht den Blick, konnte aber aus dem Augenwinkel sehen, dass er ein Glas hob. »Konnte nicht schlafen und hab mir ein Wasser geholt.«

Ich nickte und ging zum Küchenschrank, neben dem er

stand, weiterhin nicht in der Lage, ihn anzusehen. Allerdings spürte ich deutlich seinen Blick auf mir.

»Alles in Ordnung?«

»Ja, ich habe nur auch Durst.«

Merrick verstummte. Er sagte kein Wort, während ich ein Glas abstellte, zur Spüle ging und das Wasser laufen ließ, bevor ich meinen Becher füllte.

»Alles okay?«

Ich trank fast das ganze Glas aus, bevor ich antwortete. »Ja, warum?«

Er streckte die Hand aus und betastete meine Stirn. »Dein Gesicht ist gerötet.« Er strich mit dem Handrücken über meine Wange. »Und deine Haut ist feucht.«

Ich versuchte, meine Verlegenheit zu verbergen, aber ich spürte, wie meine Wangen noch mehr brannten. »Ich war unter der Decke. In dem Zimmer ist es warm.«

Wieder schwieg er, und ich starrte weiter auf seine Füße hinunter.

Ernsthaft? Sogar seine blöden Füße waren sexy.

Die Spannung im Raum stieg mit jeder Sekunde, die verging. Schließlich stellte Merrick sein Glas auf den Tresen, nahm mir mein Glas aus der Hand und stellte es ebenfalls ab. Mein Blick schoss nach oben, aber ich sah schnell wieder weg.

»Sieh mich an, Evie.«

Mist.

Der Moment war schon peinlich genug, und ich wollte nur noch zurück in mein Zimmer rennen und mich unter der Decke verkriechen. Aber das würde alles nur noch schlimmer machen. Also versuchte ich, ein großes Mädchen zu sein, und atmete tief durch, bevor ich zu ihm hochsah.

Unsere Blicke trafen sich, und ich beobachtete, wie Merrick

mich musterte. Lange Sekunden verstrichen, während mein Herz gegen meinen Brustkorb hämmerte. Fasziniert beobachtete ich, wie seine Pupillen größer und dunkler wurden, und ein teuflisches Grinsen seine Lippen umspielte. Merrick trat vor mich und stützte sich rechts und links von mir auf dem Tresen ab.

»Du willst mich genauso sehr wie ich dich, Evie. Ich kann es sehen.«

Ich fühlte mich wie ein Reh im Scheinwerferlicht, das ein Auto auf sich zurasen sieht. Doch ich konnte meine Füße nicht dazu bringen, sich zu bewegen. Vielleicht wollten sie das auch gar nicht.

In Merricks Augen lag so viel Lust, dass ich doch tatsächlich zu schwitzen begann.

»Sag mir, dass ich mich irre«, sagte er.

»Du …« Ich hatte das Gefühl, dass er direkt in mich hineinsehen konnte. Anstatt zu lügen, sagte ich darum etwas, das der Wahrheit entsprach. »Du bist mein Chef, Merrick.«

Er sah kurz zu Boden, bevor er mir wieder in die Augen sah. »Ist das der einzige Grund?«

»Reicht das nicht?«

Ein böses Grinsen erschien in seinem Gesicht. Er hob einen Finger und machte ein paar Schritte, um sein Handy vom Küchentisch zu holen. Ohne mich aus den Augen zu lassen, tippte er auf das Display und hielt es sich ans Ohr.

»Wen rufst du an? Es ist kurz nach eins.«

Er sah mir weiter in die Augen, während er ins Telefon sprach. »Hallo, Joan.«

Meine Augen weiteten sich. Er rief doch wohl nicht mitten in der Nacht die Leiterin der Personalabteilung an, oder?

Merrick hörte einen Moment lang zu und nickte dann. »Ja,

alles in Ordnung. Es tut mir leid, wenn ich Sie geweckt habe. Aber ich habe ein Problem und wollte es mit Ihnen besprechen.«

Ich konnte nicht hören, was sie sagte, aber ich war mir sicher, dass wir beide das Gleiche dachten: Unser Chef ist vollkommen verrückt.

Er fuhr fort. »Ich denke, es ist das Beste, wenn wir eine Mauer zwischen mir und Evie Vaughn errichten. Die Mitarbeiter müssen ihr vertrauen, und dazu müssen sie sicher sein, dass ihr Chef sie nicht unter Druck setzen kann, ihm gegenüber etwas Vertrauliches preiszugeben. Das geht am besten, wenn sie nicht an mich berichten muss.«

Mir blieb der Mund offen stehen.

Merrick sah mich an und hielt das Telefon zu. Er deutete mit der Hand an, dass ich meinen Mund schließen sollte. »Verschone deinen Kiefer«, flüsterte er. »Den brauche ich später noch.«

Oh

mein

Gott!

Ohne zu zögern, sprach er wieder ins Telefon. »Ich denke, es ist am besten, wenn sie über Alltägliches mit Ihnen spricht. Und da der Vorstand sie eingestellt hat, sollte er auch darüber entscheiden, wann sie wieder gehen sollte.«

Merrick starrte mich mit funkelnden Augen an und lauschte ins Telefon. Nach einer Minute lächelte er. »Perfekt. Nur dass das nicht bis nächste Woche warten kann. Ich möchte, dass es ab sofort wirksam ist. Danke, Joan. Nochmals Entschuldigung, dass ich Sie geweckt habe.«

Er beendete das Gespräch, warf das Handy auf den Tisch und wirkte verdammt stolz auf sich. »Problem gelöst. Gibt es sonst noch etwas, um das wir uns kümmern müssen?«

Er sah mich derart entschlossen an, dass es mir vorkam, als könnte ich sagen, das Haus müsse hochgehoben und versetzt werden, und er würde einen Weg finden, es auf seinen Rücken zu heben.

Plötzlich schoss mir etwas durch den Kopf, das Kitty vor einer Weile zu mir gesagt hatte. »*Wenn du glücklich sein willst, musst du dir vorstellen, wie das wäre, und daran glauben. Probiere Neues aus, du darfst keine Angst haben, Neues zu wagen. Biege links ab, wo du immer rechts abgebogen bist.*«

Aber hatte ich das hier nicht schon ausprobiert – eine Beziehung zu einem Mann, mit dem ich zusammenarbeitete? Ich wusste, wohin mich das geführt hatte.

Mein Blick wanderte zu Merricks durchtrainiertem Bauch. So etwas hatte ich eindeutig noch nie erkundet – einen Weg voller Gipfel und Täler aus straffen Muskeln. Bei der Vorstellung, mit der Zunge darüber zu streichen, lief mir ein Schauer über den Rücken.

Ich will es.

Nein, ich *brauche* es.

Ich stöhnte. »*Scheiß drauf.*« Ich stürzte mich in seine Arme. Damit hatte Mr Selbstbewusst offenbar nicht gerechnet, denn während ich meine Arme um seinen Nacken schlang und ihn wie einen Baum erklomm, stolperte er ein paar Schritte zurück. Nachdem er sein Gleichgewicht wiedergefunden hatte, presste er seine Lippen auf meine. Voller Verzweiflung öffneten wir die Münder, stießen mit den Zähnen aneinander, während unsere Zungen sich suchten. Er ließ eine Hand zu meinem Hintern hinuntergleiten, während die andere meinen Nacken packte und mich noch näher zu sich zog. Ich konnte nicht genug bekommen. Er überwältigte alle meine Sinne.

Merrick trug mich ein Stück, bis ich mit dem Rücken gegen

eine Wand stieß. Dann drängte er seine Hüften an mich und hielt mich fest, während er in seinem Nacken nach meinen Händen griff, sie mit einer Hand festhielt und sie über meinen Kopf hob. Ich küsste ihn leidenschaftlich und wollte meine Nägel in seinen Rücken graben, aber so erregt ich auch war, ich konnte es nicht, weil er meine Hände festhielt.

Er beugte sich leicht vor, zog mit der freien Hand meinen Oberschenkel hoch und plötzlich spürte ich, wie seine Erektion gegen meine Klitoris stieß. Ich wimmerte und keuchte, doch das schien Merrick nur noch mehr anzustacheln. Knurrend rieb er seinen steinharten Schwanz zwischen meinen Beinen, und ich schwöre, ich wäre fast auf der Stelle gekommen. Wir hatten uns nur geküsst, aber er schaffte es schneller, mich damit zum Höhepunkt zu bringen, als ich mit meiner Hand.

Er beugte den Kopf zu meinem Hals und saugte dort, wo mein Puls schlug. »Du hattest vorhin deine Finger in deiner Muschi, stimmt's?«, flüsterte er.

Ich konnte keine Worte finden, aber ich nickte.

»Hast du an mich gedacht?«

Ich nickte erneut.

Merrick knurrte, und ich spürte es in meinem Bauch.

»Bist du gekommen?«

Ich schüttelte den Kopf.

»Gut. Ich will dich richtig scharf machen.«

Oh, das war ich schon. Wenn er weiter so erotisches Zeug redete, brauchte er nicht mehr viel zu tun, damit ich kam.

»Mein Zimmer oder deins?«, murmelte er.

»Meins. Ich könnte nicht … in Kittys.«

Merrick ließ meine Hände los, hob mich wieder auf seine Hüften und ging auf die Küchentür zu, doch ich rief: »Warte!«

Er erstarrte und sah in dem Moment ziemlich komisch aus.

Ich biss mir auf die Lippe. »Meinst du, du könntest … mich über deine Schulter werfen?«

Er hob eine Augenbraue.

Ich zuckte mit den Schultern. »Das ist so eine Fantasie von mir.«

Ohne Vorwarnung hob er mich von seiner Taille hoch in die Luft und warf mich über seine Schulter. »Das ist nur die erste, die ich wahr werden lasse, Süße.«

Merrick trug mich ins Gästezimmer und setzte sich auf die Bettkante, dann ließ er mich zwischen seinen Beinen auf den Boden sinken.

»Ich will dich schmecken, aber erst muss ich dich ganz sehen.« Er griff nach dem Saum meines Shirts und schob es mir langsam über den Kopf. Da ich mich bereits fürs Bett umgezogen hatte, trug ich keinen BH.

Merrick schüttelte den Kopf. »Du bist wunderschön.«

Sein Kopf befand sich genau auf Höhe meiner Brüste, und meine Nippel hatten sich interessiert aufgerichtet und bettelten um seine Berührung. Er beugte sich vor, nahm einen in den Mund und schaute zu mir hoch. Als unsere Blicke sich trafen, saugte er fester, bevor er zubiss und mit den Zähnen daran zog.

Ich schloss die Augen. *O Gott, das brauchte ich.* Ich hatte mich seit Stunden nach ihm gesehnt und war so verdammt bedürftig.

Als er sich meiner anderen Brust zuwandte, schob er mir die Schlafshorts von den Beinen, sodass ich völlig nackt war.

Er lehnte sich zurück, um mich besser ansehen zu können. »Du hast gesagt, du hast von mir geträumt. Ich glaube nicht, dass ich mir so etwas Perfektes erträumen könnte.«

Mein Körper stand schon in Flammen, aber seine Worte

brachten mein Herz zum Schmelzen. Er stand auf und wies mich an, den Platz mit ihm zu tauschen. Sobald ich auf der Bettkante saß, drückte er meine Knie auseinander.

»Weiter.«

Ich spreizte die Beine etwas mehr, aber offenbar nicht genug.

»Mehr … weiter.«

Meine Befangenheit war schnell vergessen, als Merrick sich über die Lippen leckte und auf meine Scham starrte. »So rosa und perfekt«, sagte er. »Ich möchte, dass du mir dabei zusiehst, wie ich dich vernasche.«

O Gott!

Er beugte sich vor und strich mit der Zunge meine Scham hinauf. Als er meine Klitoris erreichte, strich er immer wieder mit der Zunge darüber, bevor er sie in den Mund saugte.

Ich schloss die Augen und grub meine Fingernägel in seine Kopfhaut. »*Merrick …*«

Ohne Vorwarnung schob er einen Finger in mich hinein, pumpte ein paarmal und nahm einen zweiten hinzu. Ich ritt schon so lange auf einer Lustwelle, dass es nicht lange dauerte, bis sie brach. Mein Körper erbebte, und ich zog mich um seine Finger zusammen. Merrick saugte noch einmal an meiner Klitoris, und der freie Fall setzte ein.

Ich fiel.

Und fiel.

Und fiel.

Ich war mir nicht sicher, ob ich noch irgendetwas anderes in der unteren Körperhälfte spüren konnte. Es war, als ob alle Nervenenden von der Taille abwärts abgeschaltet waren, um die Intensität dessen, was zwischen meinen Beinen geschah, zu verstärken. Als es vorbei war, ließ ich mich auf das Bett zurückfallen und legte einen Arm über mein Gesicht.

Merrick stieg aufs Bett und beugte sich über mich. »Nicht gut?«

Ich bewegte meinen Arm so weit, dass ich ihn aus einem Auge ansehen konnte, und schenkte ihm ein seliges Lächeln. »Heilige Scheiße. Das wirst du jetzt … *ziemlich oft* machen müssen.«

Merrick warf mir einen triumphierenden Blick zu. »Ist mir ein Vergnügen.« Er zog meinen Arm weg und küsste mich sanft auf die Lippen. »Ich bin gleich wieder da.«

Er kam mit einem traurigen Gesicht zurück und hielt zwei Kondome hoch. »Ich habe nur zwei.«

Ich lächelte. »Ich denke, das wird reichen.«

»Ich bin mir ziemlich sicher, dass ich beim ersten Mal schon zwei füllen werde.«

Ich lachte und streckte die Hand aus. »Komm her.«

Merrick kletterte auf mich und presste seine Lippen auf meine. Der Kuss begann langsam und zärtlich, aber es dauerte nicht lange, bis er heiß und begierig wurde. Vor ein paar Minuten war ich noch befriedigt und zufrieden gewesen, und jetzt spürte ich, wie schon wieder neues Verlangen in mir erwachte. Ich griff den Bund von Merricks Jogginghose und begann, sie nach unten zu schieben, dann half er mir und entledigte sich ihrer ganz.

Ich hatte die Wölbung zwischen seinen Beinen schon einmal auf der Couch gesehen. Auf das, was ich spürte, als ich meine Hand zwischen uns schob und versuchte, sie um seinen Schwanz zu legen, war ich jedoch nicht vorbereitet. Das Ding war verdammt groß – nicht, dass ich viele Vergleichsmöglichkeiten hätte, aber Christian stellte er allemal in den Schatten. Das verschaffte mir ein seltsames Gefühl der Zufriedenheit. Ich lebte nicht nur weiter, ich hatte mich auch noch verbessert.

Merrick unterbrach unseren Kuss, setzte sich auf die Fersen zurück und griff nach einem der Kondome, die er aufs Bett gelegt hatte. Sein Schwanz wippte gegen seinen Bauch, während er die Verpackung mit den Zähnen aufriss. Als er innehielt, um es sich überzustreifen, suchte er meinen Blick.

Ich zeigte darauf. »Das Ding ist größer als mein Vibrator.«

Er zwinkerte mir zu. »Keine Sorge. Ich lasse mir Zeit.«

Merrick beugte sich über mich und küsste mich sanft auf den Mund, während er in mich eindrang. Er glitt sanft in mich hinein und wieder heraus und ließ meinem Körper Zeit, sich auf jeden Stoß einzustellen. Als er ganz in mir war, spürte ich, wie seine Arme zitterten, doch er hielt inne, um sich zu vergewissern, dass alles okay war.

»Geht es dir gut?«

Ich nickte und lächelte. »Sehr.«

Merrick spannte den Kiefer an, als er sich erneut bewegte, und sah mir auf eine Weise in die Augen, die mir das Gefühl gab, nackt zu sein – und das hatte nichts damit zu tun, dass ich nackt war.

»Du fühlst dich … so verdammt gut an«, murmelte er.

Ich schloss die Augen, als ich spürte, wie die vertraute Welle erneut in mir anschwoll.

»Öffne die Augen, Evie. Ich will …« Er stieß tiefer zu. »*Fuck*. Ich will … sehen, wie du kommst.«

Als sich unsere Blicke erneut trafen, spürte ich die Intensität unserer Verbindung tief in meiner Brust. Wir gaben einander so viel mehr als nur unsere Körper – was ich fühlte, kam aus meiner Seele.

Merrick beschleunigte den Rhythmus. Er hob einen meiner Schenkel an, drang noch tiefer in mich ein – und traf genau den richtigen Punkt.

»Merrick …«

»So ist es gut, Süße. Leg die Beine um meinen Rücken.« Er stützte sich fester auf und nahm mich hart und schnell. Seine Hüften drückten mich auf die Matratze, und ich brauchte meine ganze Kraft, um mit seinen Stößen mitzuhalten. »Ich bin so tief in dir … Du bist so verdammt eng …«

Wie von Sinnen grub ich die Fingernägel in seinen Hintern, während ich erneut dem Höhepunkt entgegenstrebte. Wir waren schweißgebadet, unsere Körper klatschten aneinander und spielten die erotischste Melodie, die ich je gehört hatte.

Mein Orgasmus kam schneller als je zuvor und mit einer solchen Intensität, dass es sich anfühlte, als ob er mich in Stücke sprengen würde. Ich schrie Merricks Namen, während seine Augen so glühten, dass das Grün seiner Iris dunkelgrau wurde.

Als ich schließlich den Griff um seinen Hintern lockerte, war er an der Reihe. Merrick zuckte einmal, zweimal, und beim dritten Mal drang er mit einem Brüllen ganz in mich ein. Die Adern an seinem Hals traten hervor, und jeder Muskel in seinem Körper spannte sich an, als er sich in mir entlud. Sogar durch das Kondom hindurch konnte ich sein heißes Sperma spüren.

Anstatt sich wegzurollen oder sich auf mich sinken zu lassen, wie die meisten Männer, machte Merrick weiter. Sein Mund glitt über meine Schultern und meinen Hals, leckte und küsste mich, während wir nach Luft schnappten.

»Wow«, sagte ich schließlich. »Jetzt verstehe ich, warum du dachtest, wir brauchen mehr als zwei Kondome.« Ich lächelte entrückt. »Das kannst du gut.«

Merrick lachte. »Mein Ego würde gern alles für sich beanspruchen, aber das waren wir beide, Süße. Es war von Anfang an da.«

Ich wusste, dass er recht hatte. Seit ich zum ersten Mal sein Büro betreten hatte, war ein Funke übergesprungen. Damals hätte ich darauf gewettet, dass es von der Reibung zwischen unseren Persönlichkeiten kam. Um ehrlich zu sein, war etwas davon vielleicht auch noch da, aber unsere Verbindung hatte sich in eine Richtung entwickelt, die ich mir nie hätte vorstellen können.

Ich legte die Hand auf seine Wange. »Ich habe nicht mit dir gerechnet.«

Er drehte den Kopf und küsste meine Handfläche. »Manchmal sind das die besten Dinge.«

22. Kapitel

Evie

»Hast du deine Tauschgeschäfte jemals für sexuelle Gefälligkeiten eingesetzt?« Merrick stützte sich auf einen Ellbogen und zeichnete die Umrisse meines Warzenhofs nach.

Ich lachte. »Das kann ich nicht behaupten.«

»Gute Antwort. Ich kann es kaum erwarten, der Erste zu sein.«

»Woher weißt du, dass du etwas hast, das ich haben will?«, stichelte ich. »Ich tausche nicht mit jedem, weißt du.«

Er beugte sich hinunter und strich mit den Lippen über meine, während er sprach. »Buche deinen Flug um. Ich zeige dir den ganzen Tag, dass ich etwas habe, worauf du aus bist.«

Ich machte einen Schmollmund. »Das würde ich nur zu gern tun, aber ich habe morgen in aller Frühe einen Termin.«

Er machte ein Alarmgeräusch, als hätte ich in einer Spielshow eine falsche Antwort gegeben. Dann kniff er mir in die Brustwarze.

»Aua!« Ich lachte. »Das ist kein Spielzeug.«

»Da bin ich anderer Meinung. Aber es wäre kein Problem, wenn du die richtige Antwort gibst.«

Ich fuhr mit den Fingern durch Merricks Haar. »Ich würde zu gern bleiben. Aber es ist wichtig für mich, dass die Leute lernen, mir zu vertrauen, und Termine einzuhalten ist der erste Schritt dazu.«

Er machte ein enttäuschtes Gesicht.

Ich streichelte seine Wange. »Du bist hinreißend, wenn du schmollst. Aber ich glaube, es ist noch wichtiger, dass ich meinen Zeitplan einhalte, jetzt wo wir … du weißt schon.«

»Gefickt haben?«

»Ich hätte wahrscheinlich ein netteres Wort benutzt, aber ja.«

Er fuhr wieder über meinen Warzenhof. »Es gibt kein schöneres Wort als ficken. Du kannst es benutzen, wenn du sauer bist, glücklich oder um mein neues Lieblingshobby zu beschreiben. Nenn mir ein anderes Wort, das so vielfältig ist.«

»Okay, aber … das macht die Sache kompliziert. Wenn das mehr als eine einmalige Sache wird.«

Merricks Finger erstarrte. »Wie meinst du das?«

»Nun, letzte Nacht ist einfach so passiert. Wir haben nicht darüber geredet, also …« Ich zuckte die Achseln. »Ich weiß nicht. Es muss ja nicht mehr sein, als es war.«

»Willst du sagen, dass es das ist, was du willst?«

Ich schüttelte den Kopf. »Nein, ich … wollte nur nicht, dass du das Gefühl hast, ich hätte irgendwelche Erwartungen oder so.«

Er verzog den Mund zu einem grimmigen Strich. »Es war doch wohl kein One-Night-Stand. Ich bin nicht derjenige, der davor weggelaufen ist, Evie.«

Ich wich seinem Blick aus. »Ich versuche wohl nur zu sagen, dass ich nichts von dir erwarte.«

Merrick schwieg eine ganze Weile. »Evie, sieh mich an.«

Das tat ich.

»Ich mag dich. Sehr sogar. Sehe ich mögliche Fallstricke, weil du in meiner Firma arbeitest und wir beide genug Gepäck mit uns herumschleppen, um den ganzen JFK zu füllen?« Er nickte. »Ja, natürlich. Ich weiß nicht einmal, ob ich noch zu einer normalen Beziehung fähig bin, es ist schon so lange her. Aber was ich ganz genau weiß, ist, dass die letzte Nacht für mich kein One-Night-Stand war.«

Mein Herz füllte sich mit Hoffnung, was mir mehr als nur ein bisschen Angst machte. Aber ich holte tief Luft und nickte. »Okay. Aber können wir übers Büro reden?«

»Ich würde lieber mit meinem Kopf zwischen deinen Beinen feiern, dass wir uns einig sind, dass die letzte Nacht keine einmalige Sache war.« Er zuckte mit den Schultern. »Aber klar, reden wir übers Büro.«

Ich lachte. »Ich meine es ernst.«

»Ich auch, Süße.«

»Gut, dann merk dir den Gedanken.« Ich drehte mich auf die Seite und sah ihn an. »Eine Beziehung mit dem Chef zu haben, ist schon unter normalen Umständen nicht unkompliziert, aber unsere Umstände machen es noch schwieriger. Um meine Arbeit zu tun, müssen die Menschen mir vertrauen und sicher sein, dass nichts, was sie sagen, beim Chef landet.«

»Na ja, du arbeitest nicht mehr für mich.«

»Ich denke, es ist eine gute Idee, dass ich an Joan berichte – obwohl du ihr das zu einer vernünftigeren Uhrzeit hättest sagen sollen. Es ändert aber nichts an der Tatsache, dass du die Firma bist. Es ist schon eine ziemliche Kröte für die Leute, dass der Typ, der alle unsere Gehaltsschecks unterschreibt, nicht mein Chef ist. Wenn ich auch noch mit diesem Chef schlafe, wird es zu einer Kröte, die sie kaum noch herunterbekommen.«

»Was schlägst du also vor?«

Ich schüttelte den Kopf. »Keiner darf von uns wissen. Zumindest nicht im Büro.«

Merrick runzelte die Stirn. »Wie soll ich dich in meinem Büro ficken, wenn die Leute es nicht wissen dürfen?«

Meine Augen weiteten sich.

Merrick grinste. »War nur ein Scherz.«

»Oh, Gott sei Dank.«

Er zuckte mit den Schultern. »Bevor wir das machen können, muss ich die Glaswände loswerden.« Als er meinen Gesichtsausdruck sah, lachte er. »Ich verstehe schon. Du brauchst dir keine Sorgen zu machen. Nach Amelia habe ich meine Lektion gelernt, was die Vermischung von Privatem und Beruflichem angeht. Ich bringe nicht einmal mehr Dates zu Geschäftsveranstaltungen mit. Mein Privatleben geht niemanden etwas an.«

Als ich das hörte, ließ meine Sorge etwas nach. Ich nickte. »Okay, super.«

»Es gibt allerdings eine Ausnahme.«

»Was?«

»Will. Er war schon mein engster Freund, lange bevor ich Crawford Investments gegründet habe. Außerdem legt er sich zu gern mit mir an. Wenn er es nicht weiß, wird er weiter mit dir flirten, nur um mich zu ärgern.«

Ich lächelte. »Okay. Hoffentlich kann Will es für sich behalten.«

»Danke.« Er streckte die Hand aus und strich mit dem Daumen über meine Unterlippe. »Wie kommt es, dass du den roten Lippenstift, den du bei deinem ersten Vorstellungsgespräch getragen hast, nicht wieder benutzt hast?«

Ich sah ihn verwirrt an. »Was für einen Lippenstift habe ich getragen?«

»Er war knallrot.«

Ich lachte schallend und schlug mir eine Hand vor den Mund. »Das war nicht nur Lippenstift. Ich hatte knallrote Lippen, weil ich auf dem Weg zum Termin Kirschen gegessen hatte. Ich habe mein Bestes getan, um das zu überschminken, aber der Lippenstift bestand hauptsächlich aus Kirschflecken.«

»Es hat mir gefallen. Könnte sein, dass ich mehr als einmal davon geträumt habe, dass du nichts als diese rot geschminkten Lippen trägst und hochhackige Schuhe.«

Ich lachte. »Wusste ich doch, dass du eine perverse Seite hast. Wenn du brav bist, lasse ich diesen Traum vielleicht eines Tages wahr werden.«

»Versprochen?«

Ich drückte meine Lippen auf seine. »Klar, Boss.«

Er strich mir eine Haarsträhne hinters Ohr. »Möchtest du noch über etwas anderes reden?«

Ich schüttelte den Kopf. »Ich glaube nicht.«

»Gut.« Merrick drehte uns unvermittelt um, sodass ich auf dem Rücken lag, und ich schrie auf. Er beugte sich vor und küsste mich sanft auf die Lippen. »Kopf oder Zahl?«

»Du hast nicht einmal eine Münze in der Hand.«

»Tu so, als ob. Was würdest du wählen?«

Ich zuckte mit den Schultern. »Kopf, denke ich.«

»Gute Wahl. Ich konnte mich nicht entscheiden.«

»Entscheiden zwischen was?«

»Ob ich dich lecken oder von hinten nehmen soll, während du auf allen vieren bist.« Er glitt an meinem Körper hinunter. »Also Kopf.«

23. Kapitel

Evie

Eineinhalb Wochen vergingen, bevor Merrick am Donnerstagmorgen zurückkehrte. Ich war sowohl ängstlich als auch aufgeregt. Es würde merkwürdig werden, so zu tun, als hätte sich zwischen uns nichts geändert, aber ich vermisste es auch, ihn jeden Tag zu sehen.

Kitty hatte etwas länger im Krankenhaus bleiben müssen als ursprünglich erwartet. Neben dem leichten Fieber war die Anzahl der weißen Blutkörperchen stark erhöht gewesen, und sie hatte Antibiotika-Infusionen erhalten. Mittwochmorgen wurde sie schließlich entlassen, und Merrick ließ die Krankenschwester kommen, die er eingestellt hatte. Am späten Nachmittag ging er zum Lebensmittelgeschäft, und als er zurückkam, war die Schwester weg. Kitty hatte sie bei der ersten Gelegenheit, die sie mit der Frau allein war, gefeuert. Also war Merrick noch eine Woche geblieben, bis er das Gefühl hatte, dass Kitty sich von ihrer Operation ausreichend erholt hatte, um allein mit Marvins Hilfe zurechtzukommen. Heute Morgen war er ins Flugzeug gestiegen.

Gerade unterhielt ich mich im Pausenraum mit Joan, als er hereinkam. Sein Anblick ließ mich abrupt innehalten.

»Hey.« In meinem Gesicht erschien ein Lächeln, doch ich

merkte, dass es etwas übertrieben war, und zügelte es. »Sie sind wieder da.«

Er ging zur Kaffeekanne und schenkte mir ein Grinsen, das die Schmetterlinge in meinem Bauch aufflattern ließ. Mein Blick sprang zu Joan, um zu sehen, ob sie etwas bemerkt hatte, aber sie schien vollkommen ahnungslos.

»Willkommen zurück«, sagte sie. »Ich möchte Sie nicht überfallen, aber wenn Sie Zeit haben, muss ich ein paar Sachen mit Ihnen besprechen.«

Er füllte einen Kaffeebecher und nickte. »Hat das bis morgen Zeit?«

»Kein Problem.«

Mit funkelnden Augen führte er den Becher an seine Lippen. Es lag etwas Schelmisches in ihren Tiefen. Nachdem er getrunken hatte, stellte er den Becher auf den Tresen. »Das hätte ich fast vergessen. Ich habe etwas gefunden und glaube, das gehört Ihnen, Evie.« Er griff in die Tasche und holte einen Lippenstift heraus. »Haben Sie den fallen lassen? Er lag auf dem Boden in der Nähe Ihres Büros.«

Ich schüttelte den Kopf. »Nein, ich glaube nicht.«

Er blickte auf die Unterseite des Lippenstifts. »Sind Sie sicher? Die Farbe heißt Kirschrot.« Merricks Blick fiel auf meine Lippen, bevor er mit einem schmutzigen Grinsen auf meine Schuhe hinunterschaute. »Er ist noch versiegelt, glaube ich.«

O mein Gott! Ich spürte, wie mir die Hitze in die Wangen schoss. Er war gerade einmal fünf Minuten zurück und erinnerte mich schon vor den Augen der Personalleiterin an mein Versprechen, roten Lippenstift und nichts als Stöckelschuhe zu tragen. Wenn dies ein Hinweis auf seine Diskretion war, dann hatte ich ein Problem. Als Joan sich abwandte, warf ich ihm einen warnenden Blick zu. Doch das verstärkte das Funkeln in seinen Augen nur. Dieser Idiot hielt mir immer noch den Lippenstift hin, also nahm ich ihn.

»Wissen Sie was? Vielleicht ist es doch meiner. Ich trage ihn nur zu diesem einen besonderen Outfit, deshalb habe ich ihn ganz vergessen.« Ich blickte auf mein Handy, ohne jedoch auf die Uhrzeit zu achten. »Ohhh … Ich habe einen Termin. Ich muss mich beeilen. Willkommen zurück, Merrick.« Ich lächelte meine neue Chefin an. »Wir reden später, Joan.«

Den Rest des Nachmittags hatte ich einen Termin nach dem anderen und keine Zeit, auf mein Telefon zu schauen. Kurz vor vier Uhr machte ich eine Pause, bevor ich mir Notizen zur Sitzung mit meinem letzten Patienten machte. Ein paar Nachrichten warteten auf mich … Eine von meiner Schwester, eine von dem Immobilienmakler, der mir heute Abend ein paar Wohnungen zeigen wollte, und eine rege Aktivität in einem Gruppenchat, den ich mit meinen Studienfreunden führte. Doch als Erstes ging ich zu einer Nachricht, bei der ich schon über die Vorschau lächeln musste.

Merrick: Ich glaube, ich brauche
Jalousien an den Glaswänden in
meinem Büro …

Ich öffnete sie, sah, dass sie vor fast eineinhalb Stunden abgeschickt worden war, und schrieb zurück.

Evie: Tut mir leid, ich war in Sitzungen.
Jalousien? Vielleicht will ich, dass die
Leute uns zusehen …

Ich beobachtete, wie die Punkte hüpften, dann stoppten sie, und mein Telefon klingelte. Auf dem Display erschien Merricks Name.

Ich war froh, dass ich Milchglasscheiben hatte, sonst hätten die Leute mein breites Grinsen gesehen, als ich mich meldete. »Ja?«

»Diese Vorstellung ist Himmel und Hölle zugleich, Süße.«

Süße. Mein Herz gab einen tiefen Seufzer von sich. »Ach ja, warum?«

»Weil der Gedanke, dich vor anderen zu ficken und ihnen zu zeigen, was mir gehört, der Himmel ist. Aber dass alle anderen dich nackt sehen könnten, ist meine persönliche Hölle.«

»Klingt nach einem kniffligen Problem.«

»Was machst du gerade?«

»Ich sitze im Büro und will mir gleich ein paar Notizen zu meiner letzten Sitzung machen, dann habe ich in vierzig Minuten einen weiteren Klienten. Und du?«

»Ich habe in zwanzig Minuten einen Anruf aus Übersee. Triff mich in fünf Minuten oben.«

»Oben?«

»In meiner Wohnung. Ich habe dir versprochen, im Büro brav zu sein. Das gilt aber nicht für das gesamte Gebäude. Sieh in deine oberste Schublade. Ich habe einen Schlüssel hineingeschmuggelt, bevor ich in den Pausenraum kam.«

Ich zog meine Schreibtischschublade heraus. Und tatsächlich, da war ein Ring mit einem einzigen Schlüssel. Er hatte ihn direkt neben mein türkisfarbenes Seeglas gelegt. Ich nahm ihn heraus und ließ ihn an meinen Fingern baumeln. »Das war ganz schön anmaßend.«

»Ich nenne es lieber vertrauensvoll.«

So verlockend es auch war, ich hielt es nicht für klug, mich mitten am Arbeitstag davonzuschleichen. »Ich weiß nicht, ob das eine gute Idee ist, Merrick.«

»Wahrscheinlich nicht, aber …« Er schwieg für etwa zehn Sekunden, dann sagte er leise: »Ich vermisse dich so.«

Seine Stimme klang so zart und verletzlich, dass ich sofort einknickte. »Verlass dein Büro erst in fünf Minuten. Ich will nicht, dass uns jemand zusammen gehen sieht.«

Ich hörte das Lächeln in seiner Stimme. »Ja, Ma'am.«

Mein Adrenalinpegel schoss in die Höhe, noch bevor ich das Gespräch beendete. Ich umschloss den Schlüssel mit meiner Faust und nahm weder meine Handtasche noch etwas anderes mit, um so unauffällig wie möglich zu wirken. Auf halbem Weg aus meinem Büro kam mir eine brillante Idee. Lächelnd drehte ich mich um und schnappte mir etwas von der Ecke meines Schreibtischs.

Warum es nicht zu einem unvergesslichen Erlebnis machen?

Merrick kam ein paar Schritte in seine Wohnung und erstarrte. »Heilige Scheiße.«

In den letzten zwei Minuten, die ich mit nichts als kirschrotem Lippenstift und Pumps in seinem Wohnzimmer gestanden hatte, dachte ich, ich hätte womöglich den Verstand verloren. Doch kaum hatte ich einen Blick in Merricks Gesicht geworfen, wusste ich, dass er derjenige war, der in diesem Moment den Verstand verlor. Er leckte sich über die Lippen und starrte mich an, zog sein Sakko aus und warf es auf den Boden.

»Fünfzehn Minuten werden nicht ausreichen.« Er schüttelte den Kopf und riss an seinem Krawattenknoten, während er den Blick über meinen Körper wandern ließ. »Wahrscheinlich brauche ich fünfzehn Tage.«

Ich neigte schüchtern den Kopf. »Tja, fünfzehn Minuten ist

alles, was wir haben, darum müssen wir es auf meine Art machen.«

Das laszive Grinsen, das sich in Merricks Gesicht ausbreitete, verursachte mir selbst aus drei Metern Entfernung eine Gänsehaut. »Wie du willst, Süße.«

Ich winkte ihn mit dem Finger zu mir heran. »Komm her. Nicht anfassen.«

»Ich kann dir auf keinen Fall versprechen, dich nicht anzufassen …«

»Du verschwendest Zeit, Boss.«

Mit funkelnden Augen kam er zu mir und stellte sich direkt vor mich. Merrick war stets eine imposante Erscheinung, aber diese Haltung war eine Machtdemonstration. Er war vollständig bekleidet und blickte zu mir herunter, während ich nackt war und den Kopf in den Nacken legen musste, um ihm in die Augen zu sehen. Aber ich hatte meine eigene Machtdemonstration im nicht vorhandenen Ärmel.

Ich ging auf die Knie.

Als ich den Reißverschluss seiner Hose öffnete, legte Merrick den Kopf zurück und murmelte eine Reihe von Flüchen. Beim Öffnen der Gürtelschnalle und des Reißverschlusses liefen mir bereits heiße Schauer den Rücken hinunter, und als ich seine Hose auf den Boden schob, konnte ich es kaum noch erwarten. Er war hart und bereit.

Ich leckte mir die roten Lippen, öffnete sie und nahm die breite Krone seines glatten Schwanzes in den Mund.

»*Fuck …*«, knurrte Merrick. »Nimm ihn. Nimm ihn ganz, Evie.« Er grub seine Hände in mein Haar, wickelte es um seine Fäuste und zog kräftig daran, während ich mit meiner Zunge an der Unterseite seines Schafts entlangfuhr. Das sanfte Ziehen an meinem Haar machte mich wild.

Ich sah nach oben und neigte den Kopf zurück, um ihm eine bessere Sicht zu ermöglichen. Dann bewegte ich mich auf und ab und machte ihn mit jedem Stoß verrückter.

»Herrgott, hör nicht auf«, knurrte er. »Saug fester. Nimm mehr.«

Die Verzweiflung in seiner Stimme war zutiefst erregend. An seiner zitternden Stimme erkannte ich, wie sehr er versuchte, sich zurückzuhalten, und das weckte in mir den Wunsch, ihn auch noch um den letzten Rest Selbstkontrolle zu bringen. Ich blickte wieder zu ihm hoch, und das Bild eines so mächtigen Mannes, der ein maßgeschneidertes Hemd und Krawatte trug und vor lauter Verlangen den Verstand verlor, machte mich verrückt.

Er schwoll in meinem Mund an und wurde unvorstellbar groß, als ich mit meiner Zunge über die prallen Adern fuhr und den Kiefer noch weiter öffnete. Ich begann, ihn mit einer Hand zu befriedigen, während ich ihn zugleich tief in meine Kehle schob. Dabei verstärkte sich sein Griff um mein Haar, und ich spürte, wie sein Körper zitterte und ein Schalter umgelegt wurde. Jetzt ließ er sich nicht mehr von mir befriedigen, Merrick fickte meinen Mund.

Er hielt meinen Kopf fest und stieß in mich hinein, wobei er jedes Mal einen Fluch ausstieß.

»Ich komme gleich … Evie.«

Er lockerte den Griff um mein Haar und gab mir die Möglichkeit, mich zurückzuziehen, aber ich wollte es genauso sehr wie er und nahm ihn so tief in mich auf, wie ich konnte.

»Fuck. Fuck. Fuck«, stöhnte er.

Als er sich lange in mich ergoss, stiegen mir Tränen in die Augen. Das Gefühl war einfach unglaublich, ein Strom, der unendlich lange in meine Kehle floss.

Als ich aufstand, keuchte er noch, als wäre er einen Marathon gelaufen. Ich wischte mir den Mund ab und grinste. »Danke für den Lippenstift.«

Merrick lachte und schüttelte den Kopf. »Ich kaufe dir einen ganzen Kosmetikladen, wenn dich schon ein Lippenstift so glücklich macht.«

Ich lächelte. »Es ist nicht der Lippenstift. Es ist … Nun, wo hast du ihn her?«

»Ich habe neulich im Laden angehalten, als ich für meine Großmutter Besorgungen gemacht habe.«

»Woher wusstest du, nach welcher Farbe du fragen musst?«

»Das wusste ich nicht. Ich bin zum Tresen gegangen und habe zu der Frau gesagt, ich würde eine Farbe suchen, die wie Kirschflecken aussieht. Ich hatte keine Ahnung, dass es tatsächlich eine Farbe namens Kirschrot gibt.«

Ich lächelte. »Ich auch nicht. Aber das meine ich. Es geht nicht um den Lippenstift. Sondern darum, dass du an mich gedacht hast und deshalb in den Laden gegangen bist.«

Merrick zog sich die Hose hoch. »Tja, ich bin froh, dass meine perversen Gedanken dich glücklich machen, denn ich habe jede Menge davon.«

Ich stellte mich auf die Zehenspitzen und küsste züchtig seine Lippen. »Ich muss mich jetzt anziehen.«

»Was? Nein. Das kannst du nicht machen, ohne dass ich mich erst um dich kümmere.«

»Das ist nett. Aber …« Ich schaute auf meine Uhr. »Du hast in fünf Minuten einen Termin, und ich habe gleich eine Sitzung und muss davor noch ein paar Dinge erledigen.«

Merrick schob schmollend die Unterlippe vor. »Das gefällt mir nicht.«

Ich schnappte mir Slip und BH und begann, mich anzuziehen. »Ach? Es gefällt dir nicht, eine nackte Frau in deiner Wohnung vorzufinden und einen schnellen Blowjob zu bekommen? Das muss ich mir merken.«

»Klugscheißer.« Er legte eine Hand um meine Taille und zog mich zu sich heran. »Kann ich dich heute Abend sehen?«

»Kann ich dir später Bescheid sagen? Ich habe vielleicht etwas vor.«

Er stutzte.

Ich lächelte. »Entspann dich. Mit deinem Freund, dem Immobilienmakler. Ich sehe mir Wohnungen an.«

»Ah. Um wie viel Uhr?«

Ich knöpfte mir die Bluse zu. »Wann immer ich damit fertig bin?«

»Nein, um wie viel Uhr gehst du? Ich versuche, früh aus dem Büro zu kommen.«

Ich hörte auf, meine Bluse zuzuknöpfen. »Willst du mitkommen und dir die Wohnungen ansehen?«

Er zuckte mit den Schultern. »Kann ich dich überzeugen, den Termin ausfallen zu lassen und stattdessen herzukommen, damit ich dich die ganze Nacht ficken kann?«

Ich schüttelte den Kopf. »Ich muss bei meiner Schwester raus.«

Merrick zuckte wieder mit den Schultern. »Welche Wahl bleibt mir dann?«

»Wir könnten uns morgen Abend nach der Arbeit sehen?«

»Das kommt nicht infrage.«

Ich lächelte und zog mich eilig zu Ende an. »Ich schicke dir eine Nachricht, wenn ich Genaueres weiß. Du solltest den Aufzug zuerst nehmen, du hast einen Telefontermin.«

»Die werden nicht ohne mich anfangen. Geh du. Ich brauche eine Minute nach dem, was hier gerade passiert ist.«

Ich küsste ihn auf die Wange. »Ich hoffe, dein Nachmittag geht ebenso angenehm weiter.«

»Hast du auch was im oberen Stockwerk?«, fragte Merrick Nick, den Immobilienmakler, den er mir vermittelt hatte.

»Nicht in dieser Gegend.«

Wir hatten uns gerade die dritte Wohnung angesehen. Es handelte sich um ein Sandsteingebäude, nicht weit entfernt von meiner Schwester. Sie war bereits leer und bezugsfertig und sehr hell. Ich fand sie wunderbar. »Ich finde es toll, dass sie im Erdgeschoss liegt, zumal es keinen Fahrstuhl gibt.«

Merrick runzelte die Stirn und zeigte auf die großen Fenster. »Man kann von der Straße aus direkt hereinsehen. Ganz zu schweigen davon, dass man auch leicht einbrechen kann.«

Ich zuckte mit den Schultern. »Ich kann Jalousien besorgen, und einen Hund möchte ich sowieso haben.« Ich wandte mich an den Immobilienmakler. »Haustiere sind doch erlaubt, oder?«

Er nickte. »Unter dreißig Pfund mit einer zusätzlichen Sicherheitskaution für Schäden.«

Ich lächelte Merrick an. »Problem gelöst.«

»Wie löst das dein Problem? Was kann ein Hund ausrichten, der keine dreißig Pfund wiegt, wenn jemand versucht einzubrechen?«

Ich stemmte meine Hände auf die Hüften. »Willst du andeuten, dass ein kleiner Hund nicht so zäh ist?«

»Nein, aber sein Bellen klingt anders. Und ein kleiner Kläffer wird einen Eindringling nicht abschrecken. Außerdem, wie willst du einen Hund haben, wenn du den ganzen Tag arbeitest?«

Ich verzog das Gesicht. »Was hat das damit zu tun?«

»Was soll er machen, den ganzen Tag herumsitzen?«

»Was machen deine Fische den ganzen Tag?«

»Dasselbe, was sie tun, wenn ich da bin: schwimmen. Fische können nichts anderes. Hunde machen eine Menge Arbeit.«

»Das gilt auch für Beziehungen …«

Nick verfolgte unseren Streit wie ein Tennismatch. Als meine letzte Bemerkung Merrick verstummen ließ, sah er mich an. »Also … nehmen Sie die Wohnung? Mir gefällt sie auch.«

»Danke, dass du auf meiner Seite bist, Kumpel«, brummte Merrick.

Ich biss mir auf die Unterlippe. »Wie schnell kann ich einziehen?«

Nachdem ich den ganzen Papierkram unterschrieben hatte, standen wir draußen. Merrick sah zum Fenster hinauf und schüttelte erneut den Kopf. »Wie wäre es mit einer Alarmanlage?«

»Ich glaube nicht, dass das nötig ist.«

»Ich würde mich besser fühlen.«

Ich stieß ihn mit der Schulter an. »Ich dachte, ich hätte heute schon dafür gesorgt, dass du dich besser fühlst, du Gierschlund.«

Er lächelte. »Ich bin gern ein Gierschlund, wenn du dafür nachts in Sicherheit bist.«

»In Ordnung. Ich werde über eine Alarmanlage nachdenken.«

»Gut. Sobald du die Schlüssel hast, schicke ich eine Sicherheitsfirma vorbei.«

Ich schüttelte den Kopf. »Du bist herrisch.«

»Du darfst dir aussuchen, wo wir essen, um dir zu zeigen, wie zahm ich sein kann.«

Ich hob eine Augenbraue. »Ganz egal, wo?«

Er zuckte mit den Schultern. »Sicher.«

Zwanzig Minuten später saßen wir im Gray's Papaya. Merrick hatte mich für ihn bestellen lassen, und so aßen wir beide Hot Dogs mit allem Drum und Dran.

Er nahm seins in die Hand. »Ich weiß nicht, wann ich das letzte Mal so etwas gegessen habe.«

»Du gehst nur in elegante Restaurants, weil du so …« Ich fuchtelte mit der Hand herum, »… elegant bist.«

Er lächelte und nippte an seiner Limonade. »Also, was für einen Hund möchtest du haben?«

»Ganz egal. Er muss nur gern kuscheln. Sobald ich eingezogen bin, gehe ich ins Tierheim und suche mir das hässlichste Tier aus, das keiner haben will.«

»Ich dachte, du hättest eine bestimmte Rasse im Kopf.«

Ich biss in meinen leckeren Hotdog und sprach mit vollem Mund. »Nope. Nur einen, der ein Zuhause braucht.«

»Hattest du jemals einen Hund?«

Ich nickte. »Einmal. Eine Woche lang. Arnold war der beste Hund überhaupt.«

»Warum hattest du ihn nur eine Woche lang?«

»Er hat meinen Vater gebissen, als er … du weißt schon.« Ich grinste. »Deshalb war er der beste Hund aller Zeiten.«

Merrick runzelte die Stirn. »Deshalb durfte er wohl nur eine Woche bleiben?«

»Ja.« Ich wischte mir über den Mundwinkel. »Und du? Hattest du schon mal einen Hund?«

»Einmal. Als wir aufwuchsen, hatten wir einen schwarzen Labrador. Er wurde krank, als er vielleicht fünf oder sechs Jahre alt war, und ist früh gestorben.«

»Tut mir leid. Hast du deshalb jetzt Fische?«

Er schüttelte den Kopf. »Die habe ich geerbt. Sie haben Amelia gehört.«

»Oh.«

»Sie hatte immer Zierfische. Sie hatte Probleme, einzuschlafen, darum standen sie auf ihrem Nachttisch. Wenn sie ins Bett ging, sah sie ihnen beim Schwimmen zu. Das Lustige ist, dass sie bei ihr nie länger als ein Jahr überlebt haben. Seit sie mein Problem geworden sind, ist das anders. Sie haben jetzt schon ein paar Jahre überlebt.«

Ich schwieg einen Moment, dann fing Merrick meinen Blick auf. »Was ist? Stört es dich, dass ich sie noch habe?«

»Nein, natürlich nicht. Es würde mich stören, wenn du sie im Klo runtergespült hättest.«

»Warum sieht es dann so aus, als würde dich etwas bedrücken?«

»Ich weiß nicht. Vielleicht …« Ich schüttelte den Kopf. »Mir ist aufgefallen, dass sie immer noch auf dem Nachttisch stehen. Du hast sie also in den letzten drei Jahren nicht bewegt, oder?«

Merrick sah zwischen meinen Augen hin und her. »Wo soll ich sie hinstellen?«

Ich winkte ab. »Sorry. Du hast ja recht. Ich bin albern und deute da zu viel hinein. Berufskrankheit.«

Merrick nickte, wirkte danach jedoch stiller als vorher. Zumindest kam es mir so vor, aber vielleicht genoss er auch nur sein Essen, und ich interpretierte schon wieder zu viel hinein. Als wir fast fertig waren, klingelte mein Telefon. »Das ist meine Schwester. Entschuldige mich einen Moment. Ich gehe ran, falls ich auf dem Heimweg irgendetwas besorgen soll.«

»Natürlich.«

Ich nahm das Gespräch an und hielt mir das Handy ans Ohr, hätte es aber genauso gut auf dem Tisch liegen lassen können. So wie sie schrie, hätte ich sie trotzdem verstanden. »Warum antwortest du nicht auf meine Nachrichten?«

»Ich habe mir Wohnungen angesehen und dann gegessen. Ist alles in Ordnung?«

»Nein!«

»Was ist denn los?«

»Ich bin schwanger!«

»Was? Oh, mein Gott! Im Ernst? Das ging aber schnell! Die Befruchtung war doch erst vor einer guten Woche.«

»Ich weiß! Offensichtlich hat die fußballbegeisterte Techguru-Nummer 09 376 230 Superschwimmer!«

Ich lachte und schlug mir eine Hand aufs Herz. »Ich freu mich ja so! Ich werde Tante!«

»Jetzt musst du dich beeilen und auch schwanger werden. Wie steht es um die Spermienzahl vom heißen Chef?«

Ich blickte zu Merrick, um zu sehen, ob er etwas mitbekommen hatte. Seine hochgezogenen Augenbrauen waren Antwort genug. Ich schüttelte den Kopf. »Ich bin bald zu Hause. Dann werde ich wohl für uns beide Wein trinken müssen, um zu feiern!«

»Bah. Erinnere mich nicht daran. Sooooo lange kein Wein mehr.«

Durchs Telefon hörte ich, wie jemand an eine Tür klopfte. »Greer? Bist du da drin?«

»Ja, ich komme sofort!«, rief sie und flüsterte dann ins Telefon: »Verdammt. Ich dachte, er käme erst in einer Stunde nach Hause. Sag ihm nicht, dass ich es dir zuerst erzählt habe, sonst wird er sauer.«

Meine Augen weiteten sich. »Du hast es Ben noch nicht gesagt?«

»Er hat lange gearbeitet und sollte nicht vor zehn hier sein. Ich wollte es ihm persönlich sagen. Aber ich musste es unbedingt jemandem erzählen!«

»O mein Gott. Geh und sag es dem armen Mann!«

»In Ordnung. Aber komm schnell nach Hause. Ich will eine Liste mit potenziellen Namen erstellen!«

Ich lachte. »Bis gleich. Und herzlichen Glückwunsch, Greer.«

Als ich auflegte, lächelte Merrick. »Deine Schwester braucht mich wohl nicht mehr?«

»Ich kann nicht glauben, dass die künstliche Befruchtung gleich beim ersten Mal funktioniert hat.«

»Das ist doch toll. Glückwunsch.«

»Ja. Sie haben es fünf Jahre lang versucht. Ich freu mich so für sie. Sie wird eine wunderbare Mutter sein. Greer war in vielerlei Hinsicht wie eine zweite Mutter für mich, sie ist zehn Jahre älter als ich und unglaublich fürsorglich. Da fällt mir ein, ich habe ihr von uns erzählt, als ich von Kitty zurückkam, und jetzt nervt sie mich, dass ich dich mal zum Abendessen einladen soll.«

»Soll ich einen Laborbericht mit meiner Spermienzahl mitbringen?«

»Das hast du also gehört?«

»Es war irgendwie unmöglich, es nicht zu hören.«

Ich trank einen Schluck von meiner Limonade. »Willst du irgendwann Kinder haben?«

Merrick sah weg. »Hättest du mich vor ein paar Monaten gefragt, hätte ich Nein gesagt.«

»Und jetzt?«

Er griff über den Tisch nach meiner Hand. »Ich weiß es nicht. Die Dinge können sich ändern, denke ich. Ich merke erst jetzt, wie sehr meine Vergangenheit meine Zukunft bestimmt hat. Das will ich nicht mehr.«

»Du meinst die Sache mit Amelia?«

Er nickte.

Ein Angestellter kam an unseren Tisch und deutete auf die Tabletts, die vor uns standen. Unsere Teller waren leer. »Darf ich die mitnehmen?«

»Oh, das wäre großartig. Danke.«

Merrick holte sein Handy heraus. »Ich hatte vor, dich zu entführen und dich mit zu mir zu nehmen. Aber es hört sich so an, als müsstest du nach Hause zu deiner Schwester.«

Ich nickte. »Ja.«

»Morgen Abend? Bring mit, was du fürs Büro brauchst, damit du bleiben kannst. Ich koche was für dich.«

»Du kochst?«

»Du scheinst nicht sehr anspruchsvoll zu sein, wenn man bedenkt, dass wir heute Abend Hot Dogs hatten. Das kann ich toppen.«

»Okay.« Ich lächelte. »Klingt gut.«

Als wir aufstanden, hob er sein Handy hoch. »Ich rufe dir ein Uber.«

»Schon in Ordnung. Ich nehme die Subway. An der Ecke ist eine Station.«

Merrick ignorierte mich und tippte in sein Telefon, dann sah er auf. »Es ist in drei Minuten hier.«

»Hast du was gegen die Subway?«

»Ich habe etwas dagegen, dass du nicht in Sicherheit bist – aus dem gleichen Grund denke ich, dass man in einer Erdgeschosswohnung eine Alarmanlage haben sollte.«

Kaum waren wir draußen, fuhr das Uber vor. Ich gab Merrick einen Gutenachtkuss. »Danke, dass du mitgekommen bist, um die Wohnungen anzuschauen. O mein Gott – ich habe Greer noch gar nicht gesagt, dass ich eine Wohnung gefunden habe.«

Er beugte sich hinunter, um die Tür des Uber zu öffnen.

»Der heutige Abend war ganz schön aufregend für dich. Ich werde mich anstrengen müssen, damit der morgige Abend genauso gut wird.«

Ich hob und senkte die Augenbrauen, während ich auf den Rücksitz des Wagens stieg. »Ich kann's kaum erwarten.«

24. Kapitel

Evie

»Herein!«

Die Tür zu meinem Büro ging auf, und Merrick steckte den Kopf herein. Als er sah, dass ich allein war, trat er ein.

»Hey.« Ich klappte das Notizbuch zu, in das ich geschrieben hatte. »Gutes Timing. Ich bin für heute fertig.«

»Ich wünschte, ich könnte das Gleiche von mir sagen. Ich hänge ziemlich hinterher. Der Markt hat heute wegen einiger überraschender Nachrichten etwas verrücktgespielt. Die Analysten arbeiten gerade aus, was das bedeutet, damit wir darüber sprechen und über unsere Bestände entscheiden können. Tut mir leid, aber ich brauche noch ein oder zwei Stunden.«

»Oh …« Ich zuckte die Achseln. »Das ist schon okay. Ich kann mich irgendwie beschäftigen.«

Merrick blickte auf seine Uhr. »Es ist schon halb sieben. Geh doch einfach hoch und mach es dir bequem. Bestell dir etwas zu essen. Bis ich fertig bin, ist es zu spät, um noch zu kochen.«

»Ich werde einfach weiterarbeiten.«

Merrick runzelte die Stirn und hielt einen Schlüssel hoch. »Ich habe bemerkt, dass du den gestern zurückgelassen hast, als du gegangen bist.«

»Ich dachte, du hättest ihn mir nur geliehen, damit ich reinkomme. Ich dachte nicht, dass ich ihn behalten soll.«

»Erschreckt es dich, wenn ich sage, dass du ihn behalten sollst?«

»Soll ich das ehrlich beantworten?«

Er lächelte. »Wie wäre es, wenn du ihn nimmst und hochgehst, und wir reden später darüber?«

Ich nickte. »Okay.«

Merrick reichte mir den Schlüssel. »Zieh dich um und mach es dir bequem. Ich will nicht, dass du bleibst, nur weil ich noch eine Weile hier festhänge.«

Ich legte den Kopf schief. »Du hoffst nur, dass ich dich so begrüße wie beim letzten Mal, stimmt's?«

Er lachte. »Geh. Du kannst noch ein bisschen herumschnüffeln.«

»Ich glaube, du ahnst nicht, wie gefährlich es ist, mir so etwas zu sagen.«

Er schloss meine Hand um den Schlüssel. »Mach nur. Ich habe nichts zu verbergen.«

Bei meinem Ex durfte ich nicht einmal ein Foto auf seinem Handy ansehen, ohne dass er daneben lauerte, um es mir gleich wieder abzunehmen. Andererseits waren Christian und Merrick ohnehin nicht zu vergleichen. »Was soll ich für dich bestellen?«

Er zuckte mit den Schultern und zog sein Portemonnaie aus der Tasche. »Was du willst. Ich bin nicht wählerisch. Aber nimm meine Karte.«

»Ich kann mein Essen selbst bezahlen. Wobei du es theoretisch gesehen so oder so bezahlst, weil du mich bezahlst, wovon ich wiederum mein Essen bezahle.«

Seine Lippen zuckten. »Nimm bitte die Karte. Ich muss jetzt gehen. In meinem Büro warten sechs Leute.«

»Bis nachher.«

Kurz darauf ging ich zum Fahrstuhl. Ich war gerade eingestiegen und drückte den Knopf für die oberste Etage, als Joan die gläserne Doppeltür zum Büro öffnete und auf den Fahrstuhl zukam.

Mist.

Der Knopf für Merricks Etage leuchtete auf. Doch nachdem wir Blickkontakt gehabt hatten, konnte ich schlecht die Fahrstuhltüren zugleiten lassen. Ich geriet in Panik und tat das Einzige, was mir einfiel: Ich drückte alle Knöpfe auf dem Bedienfeld.

Joan bemerkte es sofort, als sie eintrat. »Oh je.«

»Ja, da wollte wohl jemand lustig sein.«

»Vielleicht sollten wir lieber auf den nächsten Aufzug warten. Sieht so aus, als würden wir sonst erst hochfahren, bevor wir nach unten fahren.«

»Gute Idee.«

Wir traten wieder auf den Gang hinaus. Sobald der Fahrstuhl weg war, riefen wir den anderen.

»Alles in Ordnung zwischen Ihnen und Merrick?«, fragte Joan.

Ich war ohnehin schon nervös, und diese Frage brachte mich völlig aus dem Konzept, doch ich versuchte, es mir nicht anmerken zu lassen. »Warum fragen Sie?«

»Nur so. Ich habe ihn nur vorhin aus Ihrem Büro kommen sehen und wollte mich vergewissern, dass er Sie nicht drängt, ihm Informationen über einen Ihrer Klienten zu geben. Natürlich dürfen Sie mit ihm reden, aber ich dachte mir, ich frage lieber mal nach. Er kann sehr überzeugend sein, wenn er will.«

Was sie nicht sagt. Trotz meiner Nervosität zwang ich mich zu einem Lächeln. »Nein, das hat er nicht getan.« Vielleicht lag es an meinem schlechten Gewissen, weil ich ihr die Wahrheit verheimlichte, aber ich hatte den Eindruck, dass sie noch weitere Erläuterungen erwartete, jedenfalls hatte ich das Bedürfnis, noch etwas zu sagen. Wieder einmal sprach ich das aus, was mir als Erstes in den Sinn kam. »Er hat mich gefragt, ob er selbst zu einer Sitzung kommen könnte.«

Joans Augen weiteten sich. »Wirklich?«

Ich nickte. »Ja. Das kam auch für mich überraschend.« *O Mann. Ich mache es nur noch schlimmer.*

Als wir das Erdgeschoss erreichten, hatte ich das Gefühl, in dem verdammten Aufzug zu ersticken, und war erleichtert, als die Türen auseinanderglitten. Joan und ich gingen gemeinsam zum Ausgang. Meine Station lag links, und ich zeigte in die Richtung, als ob ich nach Hause gehen würde. »Ich muss da lang.«

Sie lächelte und zeigte in die andere Richtung. »Mein Bus fährt da drüben.«

Ich konnte gar nicht schnell genug von hier verschwinden. »Bis Montag«, rief ich und eilte schon den Bürgersteig hinunter.

Als ich an der Subway-Station ankam, wartete ich ein paar Minuten, falls Joan etwas vergessen hatte. Mein Herz hämmerte so heftig, dass man meinen könnte, ich hätte gerade den Hope-Diamanten gestohlen. Als ich zum Gebäude zurückkehrte, hielt ich den Atem an, bis ich sicher Merricks Stockwerk erreicht hatte.

Noch immer angespannt, betrat ich die Wohnung, doch als ich ins Wohnzimmer ging, sah ich etwas auf dem Couchtisch stehen.

War das etwa …?

Ich ging hinüber, um es mir genauer anzusehen. Tatsächlich

schwammen zwei orangefarbene Goldfische in einem Glas herum. Und es war ein anderes als das, was auf dem Nachttisch in seinem Schlafzimmer gestanden hatte.

Hatte er noch mehr Fische? Oder …

Ich ließ meine Handtasche auf die Couch fallen und ging ins Schlafzimmer, um nachzusehen. Als ich die Tür öffnete, wich die Angst, die ich seit der Begegnung mit Joan empfunden hatte, einem warmen Gefühl.

Das Fischglas war vom Nachttisch verschwunden, Merrick hatte es in das andere Zimmer gebracht. Es war nur eine lächerliche Kleinigkeit, aber er hatte über meine Bemerkung von gestern Abend nachgedacht und etwas getan, um meine unausgesprochene Sorge zu zerstreuen.

Vielleicht musste ich mir doch keine Sorgen machen, dass der Schatten einer anderen Frau auf uns lastete. Merrick schien entschlossen, die Sonne hereinzulassen.

»Ach du meine Güte. Das klingt nach einem riesigen Unterfangen.«

»Nein«, sagte Kitty. »So habe ich etwas zu tun, solange ich hier im Haus festsitze. Es sind erst zwei Wochen um. Acht weitere mit diesem Gips, und ich drehe durch, wenn ich mich nicht mit etwas beschäftige.«

»Wann soll dieses Treffen stattfinden?«, fragte ich.

»Ich dachte an den Frühling nächsten oder übernächsten Jahres, je nach Verfügbarkeit der Ferienranch.«

Die Wohnungstür ging auf, und Merrick kam herein. Ich zeigte auf das Telefon und hielt einen Finger hoch. »Sagtest du Ferienranch?«

»Gibt es einen besseren Ort? Viel offenes Land, nächtliche Feuer, Reiten und Cowboys. Wer mag keine Cowboys?«

»Na, da kann ich dir nicht widersprechen. Was sollte man an einem Cowboy nicht mögen?«

Merrick zog eine Grimasse.

»Aber fühlst du dich dem schon gewachsen, Kitty?«

Merrick schlug sich die Hand an die Stirn und kam kopfschüttelnd auf mich zu.

»Mir geht es gut – mir ging es auch schon letzte Woche gut, als mein idiotischer Enkel meinte, ich bräuchte eine Krankenschwester.«

Ich war mir ziemlich sicher, dass Merrick den letzten Teil gehört hatte. Als ich aufblickte, hielt er mir die Hand hin und verlangte das Telefon, aber ich schüttelte den Kopf. Daraufhin nahm er es mir einfach ab und hielt es sich ans Ohr.

»Hey, Grams.« Merrick sah mich an, während er sprach. »Nein, ich arbeite nicht. Und Evie auch nicht. Wir werden gleich zu Abend essen … allein in meiner Wohnung.«

Ich hörte, wie Kitty etwas sagte.

Merrick nickte. »Ja. Du hattest recht. Macht es dir etwas aus, wenn sie dich morgen anruft? Denn während Evie zu höflich ist, um dich einfach abzuwürgen, bin ich es nicht.« Sein Blick flog über mich und verweilte auf meinen Lippen. »Danke, das mach ich. Gute Nacht, Grams.«

Er schien ziemlich zufrieden mit sich zu sein, warf das Telefon auf die Couch und legte einen Arm um meine Taille. »Und jetzt küss mich.«

»Und wenn ich nicht will? Das war ziemlich unhöflich …« Er brachte mich mit einem Kuss zum Schweigen. Und nicht mit irgendeinem Kuss, sondern mit einem, bei dem ich mich an seinem Hemd festhalten musste, weil ich weiche Knie bekam., Ich wurde fast ohnmächtig, und als wir uns voneinander lösten, rang ich um Atem.

Merrick rückte von mir ab, um mir in die Augen zu sehen. Seine waren halb geschlossen und so voller Verlangen, dass ich ein Pochen zwischen meinen Beinen spürte. »Tut mir leid, dass ich dich hab warten lassen.«

Ich lächelte. »Deine Entschuldigungen gefallen mir.«

Seine Augen funkelten. »Ja? Dann muss ich dich noch mehr verärgern.«

»Hast du uns gerade bei deiner Großmutter geoutet?«

Er nickte. »Soll ich mich noch mal entschuldigen?«

Ich lachte. »Ich glaube, ja.«

Merrick küsste mich erneut, diesmal langsam und zärtlich. Er löste sich von mir und rieb seine Nase an meiner.

»Du hast mir gerade einen Engelskuss gegeben!«

»Ich glaube, so nennt man das nicht.«

»So hat meine Großmutter es genannt. Immer, wenn wir meinen Vater verließen, um bei ihr zu bleiben, konnte ich erst nicht einschlafen. Wenn sie mich ins Bett brachte, gab sie mir darum einen Engelskuss, was bedeutete, die Engel würden über mich wachen, während ich schlief. Außer ihr hat das noch niemand bei mir gemacht.«

Merrick küsste mich auf die Stirn. »Vielleicht bedeutet es, dass ich jetzt den Job von den Engeln übernehmen soll.«

Ich blinzelte. »Das ist unglaublich süß.«

Er sah sich im Zimmer um. »Hast du schon gegessen?«

»Nein, ich habe auf dich gewartet. Ich habe Chinesisch bestellt. Es steht in der Küche.«

»Komm, lass uns essen, damit ich dich ausziehen kann. Wir heben uns etwas süß-saure Soße auf, die will ich später von deinen Brüsten lecken.«

»Uuuuunnnnd in drei Sätzen sind wir von süß zu anzüglich gewechselt.«

Er zwinkerte mir zu. »Das ist eine Begabung.«

Wir saßen an der Kücheninsel und aßen Kung-Pao-Hühnchen und Szechuan-Garnelen, während Merrick mich über das Problem aufklärte, das ihn und sein Team heute Abend aufgehalten hatte.

Ich schüttelte den Kopf. »Im Grunde verdienst du dein Geld mit Glücksspiel. Heißt das, dass du auch Casinos magst?«

»Das kommt auf das Spiel an. Ich spiele nur dann gern, wenn es um mehr geht als nur um Gewinnchancen. Wenn man Blackjack spielt, geht es nur um Statistiken, der Croupier legt die Karten auf den Tisch und dreht sie um, dann muss man raten. Wenn man gegen andere pokert, muss man die Menschen lesen und ihre Gewohnheiten studieren. Das ist im Grunde das, was ich bei meiner Arbeit mache, nur eben mit Unternehmen.«

Ich hielt ihm mit meinen Stäbchen eine Garnele hin, und er nahm sie in den Mund. »Ich habe noch nie darüber nachgedacht, aber unsere Berufe sind sich in mancher Hinsicht ähnlich«, sagte ich. »Wir studieren beide Menschen, um mehr über sie zu erfahren. Wir suchen nach dem, was sie uns nicht sagen, und setzen ein Puzzle zusammen.«

Merrick hielt mir ein Stück Huhn hin. »Sag mir, was du über mich herausgefunden hast, was ich dir nicht gesagt habe.«

Ich dachte einen Moment nach. »Daran, wie du dich um deine Großmutter kümmerst, aber auch anhand von anderen kleinen Gesten habe ich erkannt, dass du ein fürsorglicher Mensch bist. Wenn wir zum Beispiel die Straße entlanggehen, gehst du immer außen. Du willst nie, dass ich abends mit der Subway fahre, und an meiner neuen Wohnung ist dir als Erstes aufgefallen, dass sie eine Alarmanlage braucht.«

Er nickte. »Sonst noch etwas, Doc?«

Ich blickte auf das Fischglas auf dem Couchtisch und deutete mit meinem Stäbchen darauf. »Du denkst noch über etwas nach, das jemand gesagt hat.«

Merrick folgte meinem Blick und wandte sich dann wieder mir zu. »Ich habe nicht gedacht, dass ich das hinter mir lassen könnte, aber es hat sich herausgestellt, dass ich es nie wirklich versucht habe.«

Ich legte meine Stäbchen ab. »Und was hast du über mich herausgefunden, indem du mich beobachtet hast?«

Er schnappte sich ein Stück Brokkoli von meinem Teller und steckte es sich in den Mund. »Du magst es, wenn ich an deinen Haaren ziehe und dir versaute Sachen sage.«

Ich schlug ihm auf den Arm. »War ja klar, dass du das Gespräch darauf lenkst.«

Er kaute zu Ende und schluckte. »Du bist misstrauisch Männern gegenüber, weil die, die du geliebt hast, dich sehr verletzt haben.«

Ich seufzte und nickte. »Ich glaube, das war nicht allzu schwer herauszufinden.«

»Vielleicht nicht. Aber du bist auch die zäheste Person, die ich kenne. Die meisten Leute, die durchgemacht hätten, was du durchgemacht hast, sei es mit deinem Vater oder mit deinem idiotischen Ex, würden sich als Opfer fühlen. Aber nicht du. Du weißt gar nicht, wie das geht. Du weißt nur, wie du zur Heldin wirst, und die Heldin klopft sich nur den Staub ab und macht weiter.«

»Danke, dass du das sagst. Aber es gab auf jeden Fall Tage, an denen ich mich gequält und als Opfer gefühlt habe.«

»Das würde man nicht denken.«

»Wahrscheinlich wirst du das nächste Woche nicht mehr sagen. Nächsten Freitag habe ich meinen ersten Gerichtstermin mit Christian.«

Merrick runzelte die Stirn. »Ich kann immer noch nicht fassen, dass dieser Typ dich verklagt. Ich könnte doch mitkommen und dir Gesellschaft leisten?«

»Das ist lieb von dir. Aber ich denke, da muss ich allein durch.«

Er nickte. »Das Angebot kam nicht von meiner süßen Seite. Ich bin etwas besitzergreifend, wenn es um dich geht. Aber ich verstehe das.«

Nachdem wir mit dem Essen fertig waren, packte ich die Essensreste ein, während Merrick sich umzog. Dann saßen wir im Wohnzimmer und sahen eine Zeit lang fern. Merrick hatte die Füße auf den Couchtisch gelegt, und ich hatte es mir mit dem Kopf auf seinem Schoß bequem gemacht.

»Ach, das habe ich vergessen, dir zu sagen.« Ich drehte mich auf die Seite und sah zu ihm hoch. »Fast wäre ich auf dem Weg nach oben erwischt worden. Als ich in den Aufzug gestiegen bin, habe ich auf deine Etage gedrückt, aber dann kam Joan aus dem Büro und stieg zu mir in die Kabine.«

»Hat sie es bemerkt?«

»Nein. Weil ich panisch alle Etagen gedrückt habe, bevor sie eingestiegen ist, sodass sie nicht sehen konnte, was ich gedrückt hatte.«

Merrick gluckste. »Das ist eine Möglichkeit, damit umzugehen.«

»Das war das Beste, was mir in dem Moment eingefallen ist. Aber ich glaube, es hat funktioniert. Ach, und sie hat dich vorhin aus meinem Büro kommen sehen, darum habe ich ihr erzählt, du seist vorbeigekommen, weil du selbst eine Sitzung bei mir nehmen wolltest.«

»*Ich* nehme eine Beratungsstunde bei dir?«

»Sie hat sich offenbar gefragt, was du in meinem Büro

machst, nachdem du nicht mehr mein Vorgesetzter bist. Da fiel mir das spontan ein. Dann musste ich zur Subway-Station laufen und warten, bis die Luft rein war, bevor ich zurückkommen und hochfahren konnte. Bis ich sicher hier oben war, war ich mit den Nerven am Ende.«

Merrick streichelte mein Haar. »Du weißt, dass ich dich nicht ewig verstecken will.«

Wieder einmal spielten die verdammten Schmetterlinge in meinem Bauch verrückt. Merrick war kein Mann, der gedankenlos etwas sagte. Die Tatsache, dass er das Wort »ewig« benutzt hatte, berührte mich darum tief. Alles deutete darauf hin, dass ich ihm etwas bedeutete, aber ich hatte mir noch nicht erlaubt, es zu glauben.

»Vielleicht können wir es Joan bald sagen«, schlug ich vor. »So muss ich meine Vorgesetzte nicht anlügen. Aber was die Angestellten angeht, sollten wir unsere Beziehung für uns behalten, zumindest bis sie mich besser kennen und ich mir ihr Vertrauen erarbeitet habe.«

Merrick beugte sich vor und strich mit seinen Lippen über meine. »Das klingt nach einem guten Kompromiss.«

Ich legte meinen Kopf wieder auf seinen Schoß und beobachtete die Goldfische im Glas, dann sah ich zu Merrick hoch. »Danke, dass du die Goldfische umgestellt hast.«

Er lächelte. »Meine Wohnung mag groß sein, aber ich wollte dir zeigen, dass es auch genug Platz für dich gibt.«

Am nächsten Morgen schleppte ich Merrick zu einem samstäglichen Einkaufsbummel, um einiges für meine neue Wohnung zu besorgen. Am Montag sollte ich die Schlüssel bekommen, und bevor ich einziehen konnte, brauchte ich ein Bett. Das stand ganz oben auf meiner Liste.

»Was hältst du von dem hier?« Ich legte mich auf eine dicke Matratze und bedeutete Merrick, es mir gleichzutun.

»Ich bin mir nicht sicher. Wie wäre es, wenn du auf alle viere gehst, damit ich sehen kann, ob sie mir gefällt.«

Lachend zog ich das Kissen unter meinem Kopf hervor und schlug es ihm ins Gesicht. »Ich meine es ernst. Guter Schlaf ist für die Gesundheit genauso wichtig wie gesunde Ernährung und Sport. Was für eine Matratze hast du? Deine ist ziemlich bequem.«

Merrick zuckte mit den Schultern. »Keine Ahnung.«

Ich verzog das Gesicht. »Oh.«

Merrick sah mich an und legte verwirrt die Stirn in Falten, dann begriff er. »Nicht, weil eine andere Frau sie ausgesucht hätte, falls du das denkst. Na ja, schon. Aber sie war Innenarchitektin. Ich habe jemanden beauftragt, alles auszusuchen, was ich brauche, als ich eingezogen bin.«

»Und sie hat auch deine Matratze ausgesucht? Was, wenn sie dir nicht gefallen hätte?«

Er zuckte mit den Schultern. »Dann hätte ich mir wohl einfach eine andere besorgt. Sie hat alles ausgesucht, und ich bin nur irgendwann eingezogen.«

»Hast du ihr Anweisungen gegeben, welche Farben und so?«

Merrick schüttelte den Kopf. »Nope.« Er sah sich in dem Ausstellungsraum um. Zwei Verkäufer waren mit anderen Kunden beschäftigt. Dann rollte er sich auf mich und wippte auf mir auf und ab.

»O mein Gott.« Ich lachte. »Hör auf.«

Er wippte noch ein paarmal auf und ab, dann gab er mir einen keuschen Kuss auf die Lippen. »Das hier ist gut. Nehmen wir es.«

Nach dem Bettenkauf schleppte ich ihn in ein Einrichtungsgeschäft. Für einen Mann, der nicht einmal die Einrichtung für seine eigene Wohnung aussuchen wollte, war er unglaublich geduldig. Mein Einkaufswagen war bald voll mit Bettwäsche, Kerzen, Haushaltswaren und einem Plüschschweinchen, das ich unbedingt für meine zukünftige Nichte oder meinen zukünftigen Neffen kaufen musste. Die Kassenschlange war ewig lang. Ein kleines Mädchen saß vor uns im Kindersitz des Einkaufswagens. Sie hatte Orthesen an den Beinen und zeigte auf das Schweinchen in meinem Wagen.

Ich lächelte. »Ist das nicht bezaubernd?«

Merrick checkte Nachrichten auf seinem Handy, sah aber kurz zu dem kleinen Mädchen hoch. Er schien zu blinzeln, als ob sie ihm bekannt vorkäme, aber ich dachte mir nichts dabei, und er scrollte weiter auf seinem Handy.

»*Puh! Puh! Puh!*«, rief sie und deutete wieder auf das Schwein.

Ihr Vater drehte sich um, weil er sehen wollte, worüber sich seine Tochter so freute. Er lächelte das kleine Mädchen an und sagte zugleich in Gebärdensprache: »Das ist richtig. Puh wie Pinky, dein Schwein.« Der Mann sah mich an. »Sie ist gehörlos und lernt seit Kurzem mit einer PROMPT-Therapeutin, Laute zu machen. Sie hat ein Meerschweinchen namens Pinky, und in letzter Zeit heißen alle Stofftiere so.« Er griff in seinen Wagen und holte einen kleinen Plüschfrosch hervor. Das kleine Mädchen griff danach und machte wieder *Puh*. »Ich habe mich heute schon überreden lassen, eins zu kaufen.«

Die Schlange rückte vor, also schob der Mann seinen Wagen vor. Ich folgte ihm, aber Merrick blieb stehen. Als ich aufblickte, sah ich, dass er das kleine Mädchen anstarrte.

Ich zog die Brauen zusammen. »Merrick?«

Es war, als ob er mich gar nicht gehört hätte. Er starrte

einfach weiter. Schließlich legte ich ihm eine Hand auf den Arm.

»Merrick? Ist alles okay?«

Aus dem Augenwinkel sah ich, dass sich der Typ vor mir wieder umdrehte. Merrick warf ihm einen tödlichen Blick zu. Ich sah von einem zum anderen. Der Mann starrte Merrick nun ebenfalls an.

Ich fühlte mich etwas unwohl, trat vor Merrick und stupste ihn ein wenig an. »Merrick. Was ist hier los? Rede mit mir.«

Er schüttelte den Kopf. »Nichts. Ich warte draußen auf dich, okay?«

»Ja, klar. Wenn alles okay ist?«

Noch einmal wanderte sein Blick von dem Mann zu dem kleinen Mädchen, er musterte es einen Moment lang, dann stürmte er zur Eingangstür.

Ich blinzelte ihm verwirrt hinterher, ohne zu wissen, was zum Teufel gerade passiert war, und wandte mich dann wieder dem Mann mit dem kleinen Mädchen zu.

»Kennen Sie beide sich?«

Er hob seine Tochter aus dem Wagen und nahm sie auf den Arm. »Ich bin Aaron Jensen.«

Der Name sagte mir nichts. Ich schüttelte den Kopf.

»Ich bin verwirrt. Sollte mir das bekannt vorkommen?«

Der Mann sah seine Tochter an. »Eloises Mutter war Amelia Evans.«

»Amelia, Merricks Ex?«

Er nickte.

Ich starrte das kleine Mädchen an. »Wie alt ist sie?«

»Sie wird in zwei Monaten drei.«

25. Kapitel

Merrick

Vor drei Jahren

»Was zum Teufel haben Sie da gerade gesagt?« Ich musste den Kerl falsch verstanden haben.

Der Fluglehrer sah die Krankenschwester an. Er hatte Schnitte und Schmutz im Gesicht und Brandwunden an den Armen. »Das ist ihr Ring – Amelias.«

Die arme Schwester wirkte leicht panisch. »Hmmm … Okay.« Sie sah zwischen uns hin und her und sprach leise. »Ich sage Ihnen Bescheid, wenn ich etwas Neues weiß, Mr Crawford.«

»Wovon zum Teufel redest du? Der Ring von Amelias Hand ist dein Ring?«

Er schüttelte den Kopf und sah zu Boden. »Sie wollte mich nie heiraten. Das hat sie von Anfang an klargestellt.«

»Am Anfang von was?« Ich erhob meine Stimme. »Was redest du da?«

»Amelia und ich haben uns getroffen. Es fing an, nachdem sie mit den Flugstunden begonnen hat. Ich habe immer von dir gewusst. Sie hat nie ein Geheimnis daraus gemacht.«

Offensichtlich hatte sie einige Geheimnisse vor mir. »Und ihr seid … verlobt?«

Er runzelte die Stirn. »Ich habe ihr vor einem Monat einen Ring gekauft. Ich dachte, wenn sie wüsste, dass ich es ernst meine, würde sie die Sache zwischen uns vielleicht auch ernster nehmen. Für sie war es nur eine Affäre. Ich war der Einzige, der mehr wollte. Aber sie hat mich abblitzen lassen … Sagte, sie würde dich heiraten. Ich wollte, dass sie den Ring behält, aber sie trug ihn an ihrer rechten Hand. Sie hatte nie vor, mehr aus uns zu machen, als wir waren.«

»Und das war was genau?« In meinem Kopf drehte sich alles. Ich hatte noch nicht einmal begriffen, dass Amelia operiert wurde, und jetzt das? Ich raufte mir die Haare. »Du hast sie gefickt?«

»Ich sollte gehen …«, sagte Aaron mit ernster Miene.

»Gehen? Du solltest gar nicht erst hier sein.«

Er starrte weiter nach unten. »Es tut mir leid, dass du es so herausfinden musstest. Und es tut mir leid, dass das passiert ist.«

»Warst du mit ihr im Flugzeug?«

Aaron nickte. »Offenbar ist das Fahrwerk nur auf einer Seite herausgefahren worden. Man hat es mir erst gesagt, nachdem sie uns aus dem Wrack gezogen hatten. Hätte ich das gewusst, hätte ich sie nie landen lassen. Sie hatte nicht genug Erfahrung.«

Ich schwieg eine ganze Weile und ließ das alles auf mich wirken. »Warum hast du nicht mehr Verletzungen?«

»Wir sind auf der Pilotenseite gelandet, und das Dach ist eingedrückt worden. Die Beifahrerseite hat gehalten.«

Am liebsten hätte ich dem Kerl eine verpasst, aber mein Verstand ließ nicht zu, dass sich meine Arme oder Beine bewegten. Ich stand einfach nur da und war völlig verstört.

Schließlich nahm Aaron seine Jacke von dem Stuhl hinter

ihm. »Ich gehe jetzt. Ich hoffe, es geht ihr gut. Und es tut mir sehr leid, Merrick. Sie liebt dich.«

Vielleicht wäre ich schon längst gegangen, wenn sie noch jemand anders gehabt hätte. Aber Amelia hatte im Grunde niemanden außer mir. Das war schon seit der Highschool so. Nun, anscheinend hatte sie auch den verdammten Aaron. Ich hatte die letzten acht Stunden, seit sie im OP war, versucht, es zu begreifen. Um ehrlich zu sein, versuchte ich, Amelia Evans zu verstehen, seit wir uns vor Jahren auf dem College kennengelernt hatten. Ich hatte mich irgendwie mit dem Gedanken abgefunden, dass sie mir manche Teile von sich niemals zeigen würde, und vermutete, dass sie das aus einer Art Selbstschutz tat. Sie war ihre ganze Kindheit und Jugend über von Pflegefamilie zu Pflegefamilie gereicht worden und hatte nie jemandem ganz vertraut. Aber ich wusste nicht, ob ich akzeptieren konnte, dass einige dieser fehlenden Teile mit einem anderen Mann zusammen waren.

Die Schwester war alle paar Stunden vorbeigekommen und hatte mich auf den neuesten Stand gebracht. Beim letzten Mal hatte sie gesagt, dass es wahrscheinlich nur noch eine Stunde dauern würde. Da dies jetzt aber schon fast zwei Stunden her war, wurde ich langsam unruhig. In diesem Moment kam ein Arzt in blauem Kittel mit passender blauer OP-Mütze und -Maske zum Schwesternzimmer. Als die Schwester auf mich zeigte, stand ich auf.

Der Arzt nahm die Maske ab und reichte mir die Hand. »Mr Crawford?«

»Ja.«

»Ich bin Dr. Rosen. Ich bin der Neurochirurg, der Ms Evans operiert hat.«

»Wie geht es ihr?«

Der Arzt stützte die Hände auf die Hüften und seufzte. »Ich wünschte, ich könnte diese Frage beantworten. Wie Sie wissen, hat Ms Evans eine schwere Kopfverletzung erlitten. Sie wurde mit einem Schädelbruch, mehreren gebrochenen Wirbeln und einigen ziemlich starken Schwellungen und Blutungen im Schädel eingeliefert. Alles in allem ist die Operation so gut verlaufen, wie man es erwarten konnte. Wir konnten eine Kraniektomie durchführen, um die Blutung zu stoppen und Platz für die Schwellung zu schaffen, damit kein weiterer Schaden durch den Druck entsteht. Sie lebt, und ihre Vitalwerte sind nach einem so schweren Trauma und einer derart schwierigen Operation erstaunlich stabil. Aber als wir versuchten, sie aus der Narkose zu holen, ist sie nicht aufgewacht. Das heißt nicht, dass sie nicht irgendwann wieder zu Bewusstsein kommt, aber es ist kein gutes Zeichen. Zum jetzigen Zeitpunkt können wir nur sagen, dass sie sich gut zu halten scheint. Es wird einige Zeit dauern, bis wir wissen, wie groß der Schaden ist.«

Er hielt inne und sah mir in die Augen. »Aber ich glaube, Sie sollten sich auf die Möglichkeit vorbereiten, dass sie die nächsten Tage nicht überlebt. Oder wenn, dass sie ziemlich große Defizite zurückbehalten wird.«

Ich setzte mich auf den Stuhl hinter mir. »Kann ich sie sehen?«

Dr. Rosen nickte. »Sie sind gerade dabei, sie zu säubern, dann wird sie auf die Intensivstation verlegt. Ihr Gesicht ist stark geschwollen, was nach einem Kopftrauma normal ist, und wir werden die Schädeldecke eine Weile offen lassen – ihr Gehirn braucht den Platz. Aber ja, Sie können sie sehen, wenn wir fertig sind. Seien Sie nur sehr vorsichtig, wenn Sie sie berühren.«

»Wie lange wird ihr Kopf offen bleiben?«

»Das ist schwer zu sagen. Wir werden den Knochenlappen einfrieren, den wir entfernt haben, um ihn in Zukunft wieder anbringen zu können.«

Es fiel mir schwer zu atmen, und ich schluckte. »Okay.«

»Ms Evans hat eine Patientenverfügung ausgefüllt, als sie wegen einer anderen Behandlung hier war.«

Ich nickte. »Ihr wurde letztes Jahr der Blinddarm entfernt.«

»Das Formular nennt Sie als ihren Vertreter – die Person, die Entscheidungen über die Gesundheitsversorgung für sie trifft, wenn sie dazu selbst nicht in der Lage ist.«

Ich rieb mir den Nacken. »Sie hat keinen Kontakt zu ihrer Familie.«

Er nickte. »Ich bin sicher, dass Sie noch eine Menge Fragen haben werden, wenn Sie alles etwas verarbeiten konnten. Sobald sie auf der Intensivstation ist, komme ich vorbei und sehe nach ihr, dann können wir weiterreden.«

»Danke.«

Er wollte schon gehen, kehrte dann aber noch einmal um. »Es tut mir leid. Ich war so mit ihrem neurologischen Zustand beschäftigt, dass ich gar nicht erwähnt habe, dass es dem Baby gut zu gehen scheint. Wir haben eine Gynäkologin gerufen, die sie auf der Intensivstation untersuchen wird, aber die Schwangerschaft scheint zu diesem Zeitpunkt intakt zu sein. Es ist ziemlich unglaublich.«

»Schwangerschaft?«

Die Augen des Arztes verengten sich. »Amelia ist mindestens im dritten Monat.«

»Möchten Sie den Herzschlag hören?« Die Gynäkologin lächelte mich an. »Er ist sehr kräftig. Ich kann nur erahnen, was Sie gerade durchmachen, aber ich finde, dass der Herzschlag eines Babys den Eltern oft ein Gefühl der Hoffnung vermittelt.«

Ich blickte auf den Bildschirm, auf das Leben, das in Amelia wuchs. »Sicher.«

Die Ärztin fummelte an einem Regler herum, und in dem kleinen gläsernen Raum der Intensivstation ertönte ein Lub-dub, lub-dub, lub-dub. »Es schlägt schnell. Hundertsiebenundvierzig Schläge pro Minute. Genau wie es sein sollte.« Sie klickte auf eine Reihe von Tasten und bewegte den Stab noch ein wenig über Amelias Bauch.

Warum hatte ich die kleine Wölbung nicht bemerkt? Ich fühlte mich schuldig, zumindest bis die Fragen, die die rechte Seite meines Gehirns stellte, von der linken beantwortet wurden.

Weil du sie kaum noch nackt gesehen hast.

Weil sie einen anderen Kerl gefickt hat.

Verdammte.

Heilige.

Scheiße.

Ist es überhaupt von mir? Warum hatte ich in der letzten Stunde, seit der erste Arzt mir gesagt hatte, dass Amelia schwanger war, nicht einmal daran gedacht?

Hat sie es mir deshalb nicht gesagt?

Gerade als ich dachte, ich könnte das alles allmählich begreifen …

Die Ärztin unterbrach meine Gedanken. »Das Baby ist etwa siebzehn Wochen alt, wir sind also im zweiten Trimester. Normalerweise machen wir etwa in der achtzehnten bis zwanzigsten Woche eine Ultraschalluntersuchung und können dann das Geschlecht feststellen. Aber die Anatomie Ihres Babys ist ziemlich eindeutig. Möchten Sie wissen, ob es ein Junge oder ein Mädchen ist?«

Was ich wissen wollte, war, ob es meins war. Aber sie wartete auf eine Antwort, und ich hatte nur Fragen. Ich zuckte mit den Achseln. »Klar.«

Die Ärztin lächelte. »Sie bekommen ein Mädchen. Herzlichen Glückwunsch, Daddy.«

26. Kapitel

Evie

»Möchtest du über das reden, was da drinnen passiert ist?«

Ich hatte meine Einkäufe im Kofferraum verstaut und schnallte mich auf dem Beifahrersitz an.

Merrick schloss einen Moment die Augen und seufzte. »Nicht wirklich.«

Ich vermutete, dass er wahrscheinlich nur etwas Zeit und Raum brauchte, und nickte. »Der Vermieter lässt heute meine neue Wohnung streichen. Er hat gesagt, ich könnte währenddessen Sachen vorbeibringen. Würde es dir etwas ausmachen, dort anzuhalten, damit ich das ganze Zeug abladen kann, das ich gekauft habe?«

»Überhaupt nicht.«

Während der Fahrt war er ruhig. Als wir anhielten, parkte Merrick vor dem Haus und half mir, alles hineinzutragen.

»Du bleibst nicht hier, bis das Bett geliefert wird, oder?«, fragte er.

»Nein. Ich muss sowieso noch meine ganzen Sachen bei meiner Schwester fertig packen.«

Er nickte und wedelte mit dem Schlüssel in der Hand. »Soll ich dich bei deiner Schwester absetzen?«

»Oh … ja, gern. Das wäre großartig.« Ich hatte zwar nicht

erwartet, dass er das ganze Wochenende mit mir verbringen würde, aber das Ende unserer gemeinsamen Zeit fühlte sich irgendwie abrupt an. Ich hatte nicht einmal meine Übernachtungstasche mitgenommen, als wir zum Einkaufen gegangen waren. »Meine Tasche ist noch bei dir, aber ich brauche nichts daraus. Ich kann sie einfach holen, bevor ich am Montag das Büro verlasse.«

Er nickte.

Die Fahrt zur Wohnung meiner Schwester war kurz, und darüber war ich froh, denn die Stille im Auto war ziemlich laut geworden. Ich versuchte, es nicht persönlich zu nehmen. Offensichtlich hatte ihn der Anblick von Amelias Tochter aufgewühlt. Wenn ich mich nicht verrechnet hatte, was ich nicht glaubte, hatte sie ein Kind von einem anderen Mann bekommen, während sie zusammen waren. Ich hätte schwören können, dass Merrick gesagt hatte, Amelia sei vor knapp drei Jahren gestorben, und es schien, als wären sie bis zu diesem Schluss zusammen gewesen. Aber vielleicht hatte ich das falsch verstanden. Jetzt war nicht der richtige Zeitpunkt, ihn danach zu fragen.

Als wir am Haus meiner Schwester ankamen, hielt Merrick am Bordstein. Er ließ den Motor laufen und kam auf meine Seite, um mir die Tür zu öffnen.

Ich zwang mich zu einem Lächeln. »Danke, dass du mit zum Einkaufen gekommen bist.«

»Kein Problem.«

»Dann sehen wir uns wohl am Montag?«

Er nickte, beugte sich hinunter und küsste mich auf die Stirn. »Pass auf dich auf.«

Merrick wartete, bis ich das Gebäude betreten hatte, dann stieg er wieder in den Wagen. Ich wollte glauben, dass der Sturm vorüberziehen würde, dennoch breitete sich ein flaues

Gefühl in meinem Magen aus, als ich ihn wegfahren sah. Vielleicht war es weibliche Intuition, aber irgendetwas sagte mir, dass mir das Herz gebrochen würde … schon wieder.

»Hey. Was machst du?« Meine Schwester warf ihre Schlüssel auf den Küchentresen und kam ins Wohnzimmer, wo ich schon eine ganze Weile saß. Da sie den Laden heute selbst abgeschlossen hatte, musste es schon nach acht sein.

»Nichts. Ich sehe nur fern.«

Greer sah zum Fernseher und dann wieder zu mir.

»Hm … der ist aber gar nicht an.«

Ich blinzelte ein paarmal. »Oh … ich meinte, ich wollte gerade fernsehen.«

Sie beäugte mich misstrauisch. »Okay, was dagegen, wenn ich mich zu dir setze?«

Ich schüttelte den Kopf. »Natürlich nicht.«

»Ich ziehe mich nur kurz um. Ich habe alkoholfreien Wein bestellt. Ich werde ihn in ein Weinglas füllen und so tun, als wäre er echt.«

»Alkoholfreier Wein? Also Traubensaft?«

»Im Grunde genommen, ja. Es ist ein Cabernet.«

Ein paar Minuten später kam sie in Jogginghose und Emory-Sweatshirt zurück, das ich ihr vor mindestens sieben oder acht Jahren geschenkt hatte. Sie hielt zwei Gläser in der Hand und reichte mir das in ihrer rechten.

»Deiner ist echt. Du wirktest ziemlich nachdenklich, also dachte ich, du könntest es brauchen.«

»Danke.« Ich seufzte. »Das stimmt.«

Sie setzte sich an das andere Ende der Couch und zog die Beine unter sich. »Was ist passiert, dass du auf den Fernseher starrst und nicht mal merkst, dass er nicht an ist?«

Ich lächelte. Meine Schwester kannte mich einfach zu gut. »Eigentlich nichts. Ich mache mir nur zu viele Gedanken.«

Sie nippte an ihrem alkoholfreien Wein und zog leicht angewidert die Nase kraus.

»Nicht gut?«, fragte ich.

»Kennst du das, dass du eine Weinflasche ein paar Monate lang offen herumstehen lässt und dann ein Glas Wein trinken willst und nichts anderes mehr hast?«

Ich lachte. »Ja, leider.«

»So schmeckt das.«

»Es werden neun lange Monate«, sagte ich.

»Da sagst du was.« Sie nippte trotzdem an dem Wein. »Aber rede mit mir. Worüber machst du dir so viele Gedanken?«

Ich seufzte. »Also, Merrick und ich haben heute für meine neue Wohnung eingekauft. Als wir in der Schlange standen, saß ein kleines Mädchen im Einkaufswagen vor uns. Merrick starrte es die ganze Zeit an. Es schien, als hätte er sie erkannt oder so, und dann sagte er plötzlich, er würde im Auto warten.«

»Okay …«

»Das kleine Mädchen war mit ihrem Vater da, und er sah auch etwas erschrocken aus, also habe ich ihn gefragt, ob sie sich kennen, nachdem Merrick gegangen war. Es stellte sich heraus, dass das kleine Mädchen die Tochter seiner Ex ist. Merrick hat mir erzählt, dass Amelia ihn betrogen hat und er es bei ihrem Unfall herausgefunden hat. Aber das kleine Mädchen war noch nicht einmal drei Jahre alt, und ich hätte schwören können, dass Merrick gesagt hat, Amelia sei vor etwa drei Jahren gestorben.«

»Hmmmm … Könntest du etwas missverstanden haben?«

»Vielleicht. Aber was mich beschäftigt, ist, wie Merrick sich danach verhalten hat.«

»Wie denn?«

»Er hat kaum gesprochen und mich dann einfach hier abgesetzt. Ich hatte nicht einmal meine Tasche dabei.«

»Der Anblick des kleinen Mädchens hat ihn also aus der Bahn geworfen?«

»So sieht es aus. Vielleicht bilde ich mir das ja nur ein, aber es fühlte sich an, als hätte die Dreißig-Sekunden-Begegnung zwischen den beiden die Uhr in unserer Beziehung zurückgedreht.«

»Ich glaube, du interpretierst da zu viel hinein. Wahrscheinlich war es einfach nur eine Erinnerung an eine schwierige Zeit. Solche Begegnungen können es in sich haben, wenn sie einen vollkommen unvorbereitet treffen.«

»Ja, wahrscheinlich …«

»Weißt du Amelias Nachnamen?«

Ich nickte. »Evans. Warum?«

Greer nahm ihr Telefon in die Hand. »Du hast gesagt, sie ist bei einem Flugzeugabsturz ums Leben gekommen, richtig?«

»Ja.«

»Die Presse muss doch darüber berichtet haben.« Sie zuckte mit den Schultern. »Lass uns googeln.«

Bevor ich begriff, dass es sich falsch anfühlte, eine tote Ex-Freundin zu googeln, drehte meine Schwester mir auch schon ihr Display zu und zeigte mir eine Schlagzeile.

»Frau überlebt Absturz bei Flugtraining. Dann ist sie also nicht bei dem Absturz gestorben?«

»Ich kenne nicht alle Details, aber nein.«

Meine Schwester überflog den Artikel.

»Das stammt aus dem Juli vor drei Jahren, also vor einunddreißig Monaten. Wie alt war das kleine Mädchen, das du heute gesehen hast?«

»Ihr Vater sagte, sie würde in zwei Monaten drei Jahre alt werden. Also vierunddreißig Monate?«

»Nun, dann war das kleine Mädchen bei dem Flugzeugabsturz im Bauch ihrer Mutter, und Amelia hat mindestens noch ein paar Monate danach gelebt.«

Oh, Gott. Es steckte viel mehr hinter der Geschichte, als mir klar war. Ich seufzte. »Tja, dann gibt es wohl einen Grund, warum so viele Gefühle hochkochen.«

»Wahrscheinlich war das alles.«

Ich nickte. »Ja.«

Doch tief im Inneren war ich mir da nicht so sicher.

Am Montagmorgen ging ich mit mulmigem Gefühl ins Büro. Seit er mich am Samstagnachmittag abgesetzt hatte, hatte ich nichts mehr von Merrick gehört. Mein Unbehagen vergrößerte sich um das Zehnfache, als ich die Tür zu meinem Büro öffnete.

Auf der Couch stand die Reisetasche, die ich in seiner Wohnung zurückgelassen hatte.

Ich erstarrte und bekam keine Luft mehr. Es dauerte gut dreißig Sekunden, bis ich darauf zuging. Dann öffnete ich den Reißverschluss und spähte hinein, ohne zu wissen, wonach ich suchte. Aber was auch immer es war, es war nicht da, denn ich fand nur meine Kleidung und Toilettenartikel, alles ordentlich verpackt. Ich sah mich im Raum um – zu meinem Schreibtisch, dem Couchtisch, dem kleinen Beistelltisch, neben dem ich normalerweise saß. Was hoffte ich zu finden? Vielleicht eine Nachricht? Aber da war nichts.

Wieder gab ich mir alle Mühe, mir einzureden, dass ich mir zu viele Gedanken machte. Merrick hatte mir meine Tasche zurückgebracht, bevor ich kam, damit ich mich nicht später nach oben schleichen musste, um sie zu holen. Wahrscheinlich wollte er nur nett sein. Er wusste, dass ich auf keinen Fall wollte, dass die Leute hier im Büro etwas merkten.

Ich ging zu meinem Schreibtisch und zwang mich, den Tag zu beginnen.

Ja, er war sehr aufmerksam.

Es war dumm von mir, da etwas anderes hineinzudeuten.

Jetzt konnte ich es mir vorstellen. Wahrscheinlich war er morgens laufen gegangen und hatte die Tasche auf dem Weg nach unten vorbeigebracht, als noch niemand im Büro war.

Vielleicht dachte er, ich könnte heute Morgen etwas daraus brauchen.

Das war doch eigentlich eine nette Geste …

Oder etwa nicht?

Wieder blickte ich zu der Tasche auf der Couch, und mir sank der Mut.

Wenn es so eine nette Geste war, warum fühlte es sich dann so an, als hätte er meine Tasche gepackt und mich vor die Tür gesetzt?

Zum Glück hatte ich um acht Uhr einen Termin, sodass mir nicht allzu viel Zeit zum Grübeln blieb. Da der Markt von halb zehn bis vier geöffnet war, füllte sich mein Terminkalender schnell mit Terminen um acht und um vier. Dafür war ich jetzt dankbar. Ich brauchte etwas, um mich abzulenken.

Meine erste Klientin war eine Frau, die ich bei meiner Vorstellungsrunde mit der Personalleiterin am ersten Tag nur kurz kennengelernt hatte. Sie hieß Hannah und war Junior-Traderin, aber wahrscheinlich schon um die dreißig. Es war ein typisches erstes Treffen, bei dem wir uns ein wenig kennenlernten. Als das Gespräch etwas ins Stocken geriet, lenkte ich es aufs Büro.

»Sie arbeiten also für Will, richtig?«

Sie nickte.

»Wie ist das, wenn ich fragen darf?«

»Ich mag ihn. Er ist sehr offen und ehrlich. Selbst wenn mir sein Feedback nicht gefällt, schafft er es, den Schlag abzumildern, indem er einen zum Lachen bringt. Und ich weiß immer, woran ich bei ihm bin.«

»Das ist schön zu hören.«

»Ja, deshalb bin ich glücklich in meiner Position und habe nicht den Wunsch, viel weiter aufzusteigen. Ich glaube nicht, dass ich direkt für jemanden wie Merrick arbeiten könnte.«

»Ach? Wie kommen Sie darauf?«

Sie zuckte mit den Schultern. »Wenn man mit ihm allein redet, scheint er ganz nett zu sein. Ich hatte die Gelegenheit, als Will nicht da war. Aber man weiß nie genau, was in seinem Kopf vorgeht. Meine Freundin Marissa war hier Managerin. Als ihr Chef ging, berichtete sie eine Zeit lang an Merrick. Nach ein paar Monaten rief er sie an, um über ihre Position zu sprechen. Sie dachte, sie würde befördert und bekäme die Stelle ihres ehemaligen Chefs.«

»Aber das war nicht der Fall?«

»Stattdessen hat Merrick sie gefeuert. Können Sie sich das vorstellen? Sie ging in dem Glauben zu dem Gespräch, sie würde befördert, und stattdessen wurde ihr gekündigt.« Sie schüttelte den Kopf. »Ich bleibe, wo ich bin, mit einer Ebene zwischen uns. Außerdem hängt mein Einkommen nicht von meiner Position ab, nur von meinen Fähigkeiten und dem, was ich einbringe.«

Ich gab mir Mühe zu lächeln, aber ihre Bemerkung hatte gesessen.

Gegen Mittag merkte ich, dass ich letzte Nacht nicht gut geschlafen hatte, ich brauchte einen Kaffee. Im Pausenraum auf meiner Etage gab es keinen mehr, was mir die perfekte Ausrede für einen Ausflug nach oben bot. Auf dem Weg dorthin musste ich an Merricks Büro vorbei. Es brannte zwar Licht, aber leider war niemand da, und seine Assistentin telefonierte. Mit hängenden Schultern ging ich den Flur hinunter. Als ich in die Kaffeeküche trat, stand Will an der Maschine.

Ich ging zu ihm. »Oh … Sie haben gerade eine neue Kanne gemacht?«

Er grinste wie immer und zeigte auf den durchlaufenden Kaffee. »Das ist das gute Zeug. Aus meinem persönlichen Vorrat.«

Ich lächelte. »Teilen Sie das gute Zeug mit mir, oder wollen Sie es für sich allein behalten?«

»Ich teile. Obwohl ich Sie warnen sollte, mein Zeug ist nicht billig, aber es macht süchtig.« Er zwinkerte. »So ähnlich wie ich.«

Ich lachte. Hannah hatte recht. Will war super.

Die Kanne war fertig, Will schenkte erst mir und dann sich einen Becher ein und lehnte sich mit der Hüfte gegen den Tresen. »Wie lange ist der Chef weg?«

Ich sah ihn verwirrt an. »Weg?«

»Ja, er hat mir gestern eine E-Mail geschrieben, dass er nach Kalifornien fliegt, aber er hat nicht gesagt, wann er zurückkommt. Ich dachte, Sie wüssten es.«

Ich konnte meine Verwirrung nicht verbergen. »Nein, ich wusste nicht einmal, dass er heute nicht da ist.«

Einer der Gründe für Wills Erfolg war, dass er sehr scharfsinnig war. Sein Blick flog über mein Gesicht, dann wechselte er rasch das Thema. Er deutete mit dem Kinn auf meinen Becher. »Also, was sagen Sie?«

Ich nippte an dem Kaffee. Er war gut, aber im Moment hatte alles einen etwas bitteren Beigeschmack. Ich zwang mich zu einem Lächeln. »Köstlich.«

Um sechs Uhr abends hatte ich immer noch nichts von Merrick gehört, und so biss ich in den sauren Apfel und schickte ihm eine Nachricht.

> Evie: Hallo. Ich wollte mich nur kurz melden. Ich habe gehört, dass du in Kalifornien bist. Du hast gar nichts von der Reise gesagt. Ist alles in Ordnung?

Obwohl ich kein Emoji-Typ war, fügte ich am Ende einen Smiley ein, um den Text locker wirken zu lassen. Ich saß an meinem Schreibtisch und drehte ein Stück Seeglas zwischen den Fingern, während ich auf eine Antwort wartete. Nach einer Minute ging der Text von »zugestellt« auf »gelesen« über, und ich hielt mein Telefon in der Hand, in der Erwartung, dass jeden Moment eine Nachricht eintreffen würde.

Aber es vergingen ein paar Minuten.

Dann zehn Minuten.

Eine halbe Stunde.

Und plötzlich war es fast halb acht, und ich hatte immer noch keine Antwort. Natürlich versuchte ich erneut, mich aufzumuntern.

Wahrscheinlich war er in einer Besprechung.

Es wäre unhöflich, eine Nachricht zu schreiben.

Er würde mir bald antworten …

Leider war erst nach zehn. Und die Antwort trug wenig dazu bei, mein ungutes Gefühl zu lindern.

Merrick: Nur eine Geschäftsreise. Wenn du etwas brauchst, kann Will dir helfen.

Ich stutzte. Ich brauchte definitiv etwas, aber das bekam ich nicht von Will.

27. Kapitel

Evie

Wenigstens war die Woche schnell vergangen. Heute hatte ich mir frei genommen, weil ich um neun Uhr wegen der lächerlichen Klage, die mein Ex gegen mich eingereicht hatte, vor Gericht erscheinen musste. Mein Anwalt hatte gesagt, dass es nur ein oder zwei Stunden meines Freitags in Anspruch nehmen würde. Der Richter würde sich alle Anträge anhören, und wahrscheinlich würden die Verhandlungstermine festgelegt. Es war das Allerletzte, worauf ich Lust hatte, nachdem Merrick diese Woche verschwunden war, aber ich versuchte, das Beste aus dem freien Tag zu machen, und vereinbarte für den Nachmittag die Lieferung meines Bettes. Am Wochenende konnte ich endlich die neue Wohnung beziehen.

Ich traf früh am Gerichtsgebäude ein und wartete oben an der Treppe auf meinen Anwalt. Als ich jedoch den Blick über die Menge der Ankommenden gleiten ließ, entdeckte ich stattdessen Christian. Der Idiot hatte die Eier, mir zuzuwinken. Ich grüßte ihn mit einer weniger freundlichen Geste und zeigte ihm den Mittelfinger.

Es war eine emotional aufwühlende Woche gewesen, und sein Gesicht weckte jede Menge feindseliger Gefühle in mir. Nach seiner kurzen Nachricht am Montag hatte ich nichts mehr von Merrick gehört, und Christian zu sehen, war wie ein blinkendes Warnschild, das mich daran erinnerte, dass ich mein Herz und mein Vertrauen schon einmal an den Falschen verschenkt hatte.

Im Gerichtssaal ging es dann zur Sache.

»Euer Ehren«, sagte mein Anwalt. »Ich stelle einen Antrag auf Klageabweisung wegen unterlassener Geltendmachung einer Forderung. Selbst wenn alles in der Klageschrift wahr wäre, hat Mr Halpern keinen Schaden erlitten.«

Christians Anwalt schüttelte den Kopf. »Die Angeklagte hat seinen Ruf ruiniert, Euer Ehren.«

Ich beugte mich vor und sah meinen Ex finster an. »Ich glaube, dein Ruf wurde ruiniert, weil du in der Nacht vor unserer Hochzeit mit meiner besten Freundin geschlafen hast.«

Der Richter sah mit schmalen Augen zu unserem Tisch. »Bitte weisen Sie Ihre Mandantin an, sich zurückzuhalten. Sie wird ihre Meinung zu gegebener Zeit äußern können.«

Ja, als ob mir das etwas bringen würde. Ich rollte mit den Augen und hielt den Mund.

Mein Anwalt antwortete. »Ja, Euer Ehren. Aber zurück zu der vorliegenden Angelegenheit. In der Petition gibt es keinen Hinweis darauf, welchen Schaden Mr Halpern erlitten hat, für den meine Mandantin ihn entschädigen sollte. Worauf gründet sich der Schadensersatzanspruch? Wie wurde er berechnet?«

»Die Schäden sind nicht wirtschaftlicher Art«, erwiderte Christians Anwalt. »Er wurde gedemütigt, litt seelische Qualen, hatte weniger Freude an Aktivitäten …«

Ich konnte mich nicht zurückhalten und beugte mich erneut vor. »*Er* wurde gedemütigt? *Er* hatte weniger Freude?«

Der Richter hob drohend den Finger. »Keinen Mucks mehr, Ms Vaughn. Ich warne Sie.«

Mein Anwalt hob die Hand. »Könnte ich ein Wort mit meiner Mandantin wechseln, Euer Ehren?«

»Natürlich.« Der Richter warf die Hände hoch. »Wir haben ja heute Morgen nichts Besseres vor.«

»Nur einen Moment, Euer Ehren.«

Mein Anwalt beugte sich zu mir herüber. »Wenn Sie nicht auf ihn hören, werden Sie noch wegen Missachtung des Gerichts festgenommen. Das ist der Richter, der über einen Prozess entscheidet, falls es dazu kommt. Sie wollen doch nicht gleich so anfangen.«

Ich holte tief Luft und nickte. »Tut mir leid.«

Mein Anwalt sah mir in die Augen. »Halten Sie sich zurück.«

Es gelang mir, während der nächsten fünfundvierzig Minuten den Mund zu halten. Am Ende setzte der Richter einen Verhandlungstermin fest, betonte aber, dass es in unser beider Interesse sei, die Angelegenheit außergerichtlich zu regeln.

Anschließend sprachen mein Anwalt und ich noch eine Weile auf dem Flur. Dann musste er zu einer anderen Anhörung nach oben, und ich machte mich allein auf den Weg nach draußen. Als ich die Marmortreppe hinunterging, war Christian plötzlich neben mir.

»Können wir kurz reden?«, fragte er.

»Warum?«

»Weil ich die Sache genauso gern hinter mir lassen will wie du.«

Ich ging weiter. »Na, dann lass die Klage fallen.«

»Das tue ich … wenn du mit mir zu Abend isst.«

Daraufhin blieb ich abrupt stehen und verzog ungläubig das Gesicht. »Was?«

»Geh mit mir essen, und ich lasse die Klage fallen.«

»Was redest du denn da?«

Christian sah zu Boden. »Ich hab es versaut, Evie.«

Ich lachte schnaubend. »Findest du?«

»Bitte iss mit mir zu Abend.«

»Warum? Wozu soll das gut sein?«

»Damit wir uns unterhalten können?«

»Wir unterhalten uns gerade. Sag, was du zu sagen hast, und lass die Klage fallen. Ich möchte einfach nach vorn schauen.«

Christian sah auf. »Ich kann ohne dich nicht nach vorn schauen, Evie.«

Oh, mein Gott! Ist das sein Ernst? Ich schüttelte den Kopf und hob die Hände. »Was soll ich denn davon halten? Ich werde nicht mit dir essen gehen.«

»Komm schon, Evie ...«

Mir fehlten die Worte, und ich ging einfach weiter. »Verklag mich doch, Christian. Das ist mir lieber, als wenn ich beim Essen eine Stunde lang dein Gesicht ertragen muss.«

Am Samstagmorgen ging ich ins Büro, um ein paar Dinge zu erledigen, da ich gestern nicht da gewesen war. Es liefen ein paar Leute herum, aber Merricks Tür war immer noch geschlossen. Ich hatte meinen Notizblock herausgenommen und ging meine Aufzeichnungen durch, um eine Zusammenfassung der Sitzung zu schreiben, als ich meine Haarspange auf dem Schreibtisch bemerkte.

Ich nahm sie und starrte sie an. Die hatte ich doch nicht dort liegen lassen, oder? Ich glaubte nicht, dass ich jemals eine von denen mit ins Büro genommen hatte. Ich benutzte sie nur, wenn ich mir das Gesicht wusch und mich fürs Bett fertig machte. Dann fiel es mir ein – vielleicht hatte ich die bei Merrick benutzt und auf seinem Waschbecken im Bad liegen lassen. Ich dachte an den Freitagabend vor einer Woche zurück ...

Ich war ins Bad neben Merricks Schlafzimmer gegangen, um mir das Gesicht zu waschen und die Zähne zu putzen. Ich war gerade fertig, als Merrick hinter mir hereinkam. Er schaute mit einem anzüglichen Lächeln in den Spiegel und löste meine Haarklammer, während er eine Hand unter mein T-Shirt schob. Ich konnte mich nicht erinnern, die Spange wieder in meine Tasche gesteckt zu haben. Vermutlich hatte Merrick sie neulich auf meinen Schreibtisch gelegt, als er auch meine Tasche auf die Couch gestellt hatte. Aber ich konnte mir nicht vorstellen, dass ich das nicht bemerkt hätte. Und warum hätte er sie dorthin legen und nicht in die Tasche zu den anderen Sachen stecken sollen?

Die einzige logische Erklärung war, dass er zurück war und sie entweder gestern, als ich weg war, oder heute Morgen auf meinem Schreibtisch hinterlassen hatte. Wenn das der Fall war, könnte er jetzt gerade oben sein. Ich überlegte, ihm noch mal eine Nachricht zu schreiben oder zum Telefon zu greifen und ihn anzurufen. Doch irgendetwas stimmte nicht, und ich musste sein Gesicht sehen, um zu wissen, dass es ihm gut ging. Merrick war normalerweise kein Mann, der sich vor etwas drückte, also war er vielleicht verletzter, als mir klar war. Ich holte tief Luft und ging zum Aufzug.

Auf halbem Weg nach oben kamen mir Zweifel an meiner Entscheidung, und ich drückte auf den Knopf, um wieder in mein Büro hinunterzufahren. Der Aufzug hatte jedoch keinen Abbruchknopf, also musste ich erst in die oberste Etage fahren. Und genau das war mein Plan, bis die Türen auseinanderglitten und Merrick vor mir stand.

»Oh … hey«, sagte ich.

Merrick sah auf und stutzte. In diesem Moment brach mir fast das Herz.

»Hey.« Er schob die Hände in die Hosentaschen und blickte überall hin, nur nicht zu mir.

»Ich wollte nur sehen, ob du zurück bist. Ich habe heute meine Haarspange auf meinem Schreibtisch gefunden, darum dachte ich, du wärst vielleicht da.«

Er nickte. »Ich habe sie gestern Abend im Bad gefunden.«

Merrick sah nicht gut aus. Seine Haut war fahl, unter seinen sonst leuchtend grünen Augen lagen dunkle Schatten, und sie waren gerötet. Außerdem wirkte er ziemlich zerknittert, was untypisch für ihn war.

Ich trat vor und streckte die Hand aus. »Geht es dir gut?«

Merrick wich zurück. Es wäre weniger schmerzhaft gewesen, wenn er mir eine Ohrfeige gegeben hätte.

»Bist du krank?«

Er schüttelte den Kopf.

»Bist du verletzt, weil du Amelias Tochter gesehen hast?«

Sein Blick sprang hoch, und er sah mir in die Augen. Ich hatte nicht erwähnt, dass der Mann mir gesagt hatte, wer er war.

»Er hat es mir erzählt, nachdem du den Laden verlassen hattest«, flüsterte ich.

Die Aufzugstüren schlossen sich hinter mir. Dadurch kam mir der Flur plötzlich viel kleiner vor.

»Redest du mit mir? Vielleicht kann ich helfen.«

Merrick schüttelte den Kopf. »Ich will das nicht.«

Aus irgendeinem Grund nahm ich an, dass er damit meinte, er wolle keine Therapiesitzung bei mir haben. »Ich werde nicht versuchen, dich zu analysieren oder dich wie einen Patienten zu behandeln. Was auch immer los ist, ich kann dir einfach als deine Freundin zuhören.«

»Es tut mir leid, Evie, ich habe einen Fehler gemacht. Das zwischen uns hätte nie passieren dürfen.«

Sofort wich meine Traurigkeit Wut. Es war eine Sache, mit jemandem Schluss zu machen, aber eine andere, zu sagen, dass es ein Fehler gewesen war. »Ein Fehler? Du nennst das, was zwischen uns passiert ist, einen Fehler?«

»Es ist meine Schuld.«

Ich stemmte die Hände auf die Hüften. »Da hast du verdammt recht. Und weißt du, warum? Weil du mich zermürbt hast. Ich wollte mich nicht darauf einlassen – aber du hast nicht lockergelassen. Ganz zu schweigen davon, dass ich es für eine schlechte Idee hielt, mich mit jemandem im Büro einzulassen, noch dazu mit dem Chef.« Ich sah auf und lachte wie eine Irre. »O mein Gott. Ich habe es wieder getan. Ich habe mich in einen Typen verliebt, der nur Blödsinn erzählt. Sag mir, Merrick, hast du da etwa auch eine Frau in deiner Wohnung? Ich habe mein Handy unten gelassen, also musst du dir zumindest keine Sorgen machen, dass ein Video viral geht.« Ich schüttelte den Kopf. »Geht es hier darum? Hast du dich gelangweilt und vögelst lieber wieder Models? Ich meine, deine Nachbarin schien ziemlich interessiert zu sein.«

Merrick ließ den Kopf hängen. »Es ist niemand in der Wohnung. Es tut mir leid. Es ist nur … ich kann keine Beziehung haben und für jemand anderen verantwortlich sein.«

Ich riss den Kopf zurück. »Verantwortlich für mich? Wann habe ich dich jemals darum gebeten, für mich verantwortlich zu sein? Ich bin erwachsen und durchaus in der Lage, auf mich selbst aufzupassen. Jetzt zauberst du irgendwelche Ausreden aus dem Hut. Weißt du was, du hattest recht. Es war ein Fehler. Aber der Fehler lag komplett bei mir. Ich hätte nie auf deinen ganzen Scheiß reinfallen dürfen. *Das* war der Fehler.«

Merrick sah mir in die Augen, und ich wartete ein paar Herzschläge lang. Ein kleiner Teil von mir hoffte noch, dass er sich entschuldigen und sagen würde, dass er sich geirrt habe. Doch als mir bewusst wurde, dass ich mich an diese Hoffnung klammerte, wurde ich nur noch wütender. Ich musste von hier verschwinden.

Also drehte ich mich um und drückte wie eine Irre immer wieder auf den Fahrstuhlknopf. Merrick schien sich nicht von der Stelle bewegt zu haben, obwohl ich das nicht genau wusste, denn ich drehte mich nicht um. Zum Glück kam der Aufzug superschnell. Bevor die Türen ganz auseinandergefahren waren, schlüpfte ich schon hinein. Als ich den Knopf drückte, sah ich ein letztes Mal zu Merrick hoch. »Du bist genau wie alle anderen.«

28. Kapitel

Merrick

Vor drei Jahren

Es waren drei Tage vergangen, ohne dass sich etwas verändert hatte.

Ich stand am Rand und beobachtete die Gruppe von Ärzten, die jeden Tag zur Morgenvisite kam. Dr. Rosen hob Amelias Augenlid an und bewegte eine Stiftlampe hin und her. Erst vor dem einen Auge, dann vor dem anderen. Seine ernste Miene gab mir die Antwort, noch bevor er sprach.

»Unverändert«, sagte er. »Es tut mir leid.«

Ich nickte.

Er musterte mich von oben bis unten. »Haben Sie das Krankenhaus schon einmal verlassen?«

»Nein.«

»Es sieht so aus, als ob es ein langer Weg werden würde. Sie sollten sich etwas ausruhen. Wenn Sie sich zu Beginn des Marathons nicht schonen, schaffen Sie nicht die volle Distanz.«

Ich nickte. »Ich möchte sie nicht allein lassen, falls sie aufwacht. Ihre Freundin kommt heute, vielleicht gehe ich dann eine Weile weg.«

Dr. Rosen hob das iPad, das er immer bei sich trug, und

tippte etwas hinein. »Ich würde gern in Erwägung ziehen, ihr Methylphenidat zu verabreichen. Das stimuliert das zentrale Nervensystem. In manchen Fällen hilft es, die Person aus dem Koma zu holen. So weit sind wir noch nicht, aber Sie sollten es in Erwägung ziehen, vielleicht in ein paar Tagen, wenn es keine neuen Entwicklungen gibt.«

»Okay … Und schadet das nicht dem Baby?«

»Eine aktuelle Studie zeigt, dass es während der Schwangerschaft relativ sicher ist.«

»Relativ?«

»So gut wie jedes Medikament hat mögliche Nebenwirkungen. Es ist zwar selten, aber Medikamente dieser Art können bei einem ungeborenen Kind Herzfehler verursachen, wobei das in den Studien hauptsächlich im ersten Trimester auftrat, das Amelia schon hinter sich hat.«

Ich atmete tief aus. »Was, wenn wir es ihr nicht geben?«

»Nun ja, bei Langzeit-Komapatienten gibt es eine Menge sehr realer Risiken. Blutgerinnsel, Infektionen, Verlust höherer Hirnfunktionen …« Er hielt inne und sah zu Amelia hinüber. »So weit sind wir noch nicht. Aber diese Entscheidungen sind schwer, und oft brauchen die Angehörigen Zeit, um sie zu treffen. Als Amelias Bevollmächtigter ist das Ihre Aufgabe. Sie sollten also darüber nachdenken.«

Ich seufzte. »Okay.«

Dr. Rosen holte einen kleinen Block aus der Tasche und notierte etwas, riss das Blatt ab und reichte es mir. »Das ist der Name des Medikaments und eine Website, auf der man sich darüber informieren kann.«

»Danke.«

Nachdem er weg war, ging ich zurück zum Bett und starrte auf Amelias Bauch hinunter. Die Wölbung war kaum zu sehen, vor allem, wenn die Decke darüber lag. Es war schon schlimm genug, dass ich Entscheidungen über Leben und Tod für sie treffen musste, für jemanden, von dem ich plötzlich das Gefühl hatte, ihn überhaupt nicht zu kennen. Aber jetzt musste ich auch noch Entscheidungen für ein Kind treffen, das vielleicht nicht einmal meins war.

Colette blieb an der Tür stehen und starrte Amelia einen Moment lang an, bevor sie den kleinen, gläsernen Raum der Intensivstation betrat.

»Hey.« Sie zwang sich zu einem Lächeln. »Wie kommst du klar?«

Ich war ein verdammtes Wrack, aber ich nickte. »Es geht schon.«

Sie stellte ihre Tasche auf einem Besucherstuhl ab, ging zum Bett und nahm Amelias Hand. Tränen liefen ihr über die Wangen. »Es tut mir leid, dass ich nicht früher zurückkommen konnte.«

Colette hatte diese Woche frei, um sich um ihre Mutter zu kümmern, die gestern an Nacken und Wirbelsäule operiert worden war. Aber wir hatten seit dem Unfall jeden Tag miteinander telefoniert. Sie war eine von Amelias wenigen Freundinnen, und sie standen sich ziemlich nahe.

»Wie geht es deiner Mutter?«

»Ganz okay. Sie haben sie letzte Nacht von der Intensivstation auf die Chirurgie verlegt. Es sieht also gut aus.«

Ich nickte. »Freut mich zu hören.«

Sie starrte auf Amelia hinunter. »Ich kann einfach nicht glauben, dass das passiert ist, Merrick. Es ist wie ein böser Traum. Irgendwelche Neuigkeiten heute?«

Ich schüttelte den Kopf. »Keine Veränderung. Falls sich in

ein paar Tagen nichts getan hat, muss ich darüber nachdenken, ob ich zustimme, ihr ein bestimmtes Medikament zu geben. Es soll ihr Nervensystem stimulieren und könnte sie aus dem Koma holen.«

»Ach, toll. Gibt es irgendwelche Risiken für sie? Könnte es ihren Zustand zum Beispiel verschlimmern?«

Ich hatte Colette noch nichts von dem Baby erzählt und auch nicht von dem Mann, den ich bei meiner Ankunft hier getroffen hatte. Sie musste sich um ihre Mutter kümmern, und es war schon schlimm genug gewesen, ihr am Telefon von dem Unfall zu erzählen. Aber es interessierte mich, ob sie von Aaron wusste. Wenn es eine Person gab, der Amelia es erzählt hätte, dann ihr.

Ich holte tief Luft. »Die Risiken für sie sind minimal. Aber es gibt einige Risiken zu bedenken … für das Baby.«

Colettes Kopf schnellte hoch. »Baby?«

Ich nickte. »Anscheinend ist sie schon im fünften Monat.«

Colette legte die Stirn in Falten. »Anscheinend? Dann wusstest du es nicht?«

Ich schüttelte den Kopf.

Colette wirkte verblüfft, doch dann schien sie zu begreifen. Sie sah weg, und in diesem Moment war mir klar, dass sie von Amelias Affäre gewusst hatte.

»Du weißt von Aaron?«

Colettes Augen weiteten sich. »Wusste sie, dass du es weißt?«

»Nein.«

»Wie lange weißt du es schon?«

»Seit sie mit dem Verlobungsring eines anderen Mannes hergebracht wurde und ich ihm im Wartezimmer begegnet bin.«

Sie legte ihre Hand aufs Herz. »Oh, Gott. Es tut mir so leid, dass du es auf diese Weise erfahren hast, Merrick.«

»Mir auch.«

Ich wollte ihr so viele Fragen stellen, aber ich war total erschöpft. Auf dem Stuhl neben Amelias Bett und bei dem ganzen Lärm auf der Intensivstation hatte ich nie mehr als eine halbe Stunde am Stück geschlafen. »Bleibst du eine Weile?«, fragte ich.

»Wenn du nichts dagegen hast. Ich habe sonst nichts zu tun. Will vertritt mich diese Woche, weil ich eigentlich noch bei meiner Mutter sein sollte.«

»Würde es dir etwas ausmachen, wenn ich für ein paar Stunden nach Hause fahre?«

Sie sah mich an. »Bist du noch gar nicht zu Hause gewesen, seit es passiert ist?«

Ich schüttelte den Kopf.

»Oh, Gott. Fahr auf jeden Fall nach Hause. Ich kann den ganzen Tag hierbleiben, auch über Nacht. Wenn sich etwas tut, rufe ich dich an.«

»Ich komme wieder, wenn ich ein paar Stunden geschlafen habe.«

Sie nickte. »Was immer du willst. Aber ich bin hier, also nimm dir so viel Zeit, wie du brauchst.«

»Danke, Colette.«

Ich ging zum Bett, hielt einen Moment lang Amelias Hand und drückte sie. »Ich bin bald wieder da.«

Colette nickte. »Du siehst beschissen aus, Chef. Schlaf eine Weile.«

Ich fuhr mit dem Aufzug hinunter in die Lobby und war auf halbem Weg zur Tür, als ich bemerkte, dass jemand allein in dem großen Wartebereich saß. Aaron begegnete meinem Blick. Er schluckte und stand auf. Ein paar Sekunden lang überlegte ich, ob ich ihm eine verpassen sollte, aber dazu fehlte mir die verdammte Energie. Außerdem musste ich unbedingt etwas wissen. Also ging ich in Richtung Sitzbereich. Der Kerl trug immer noch dieselben Klamotten wie an dem Tag, als Amelia eingeliefert worden war. Und sein Gesicht war immer noch dreckig und voller Schrammen. Ich war wohl nicht der Einzige, der schon seit drei Tagen hier war.

»Wie geht es ihr?«

»Das sage ich dir, wenn du mir zuerst eine Frage beantwortest.«

Er nickte. »Alles.«

»Hast du verhütet?«

»Was?«

Ich erhob meine Stimme. »Als du meine Verlobte gevögelt hast, hast du ein Kondom benutzt?«

»Ja, immer. Warum?«

Erleichterung durchströmte mich. »Sie liegt noch im Koma. Es gibt Gehirnströme, und *meine Tochter* hält durch.«

Der Mann blinzelte. Er hatte es auch nicht gewusst. »Amelia ist … schwanger?«

Ich verzog die Lippen. »Ich habe deine Frage beantwortet. Du kannst genauso gut nach Hause gehen, denn du wirst nie in dieses Zimmer kommen, um sie zu sehen. Bevor das passiert, bringe ich dich um.«

Später am Abend war ich wieder allein im Krankenhaus. Ich saß auf dem Stuhl neben Amelias Bett, als die Nachtschwester kam, um sie zu untersuchen. Nach einer kurzen Überprüfung ihrer Vitalwerte setzte sie das Stethoskop auf ihren Bauch und lauschte. »Oh wow …« Sie nahm das Gerät aus ihren Ohren. »Ich habe gerade gespürt, wie sich das Baby bewegt hat.«

Ich setzte mich auf. »Wirklich?«

Sie nickte. »Kommen Sie her. Legen Sie die Hand genau dorthin, wo das Stethoskop jetzt ist.«

Ich zögerte, legte aber schließlich meine Hand auf Amelias Bauch. Ihre Haut war so warm und weich. Zuerst war nichts zu spüren, aber nach einer Minute fühlte ich eine Rolle in ihrem Bauch. Meine Augen weiteten sich und zum ersten Mal seit fast vier Tagen lächelte ich. »Ich habe es gespürt.«

Sie nickte. »Das ist ein lebendiger kleiner Kerl.«

»Das passt. Sie ist wahrscheinlich genau wie ihre Mutter.«

Die Frau lächelte. »Es ist ein Mädchen?«

Ich nickte. Wieder spürte ich die Bewegung, diesmal war es eher ein Treten als ein Rollen. »Ich glaube, sie hat mich gerade getreten.«

Sie lachte. »Also, ihr Herzschlag klingt kräftig, und es ist ein gutes Zeichen, dass sie in diesem Alter schon tritt. Manche spüren erst ein paar Wochen später, dass sich das Baby bewegt.«

Ich ließ meine Hand auf Amelias Bauch ruhen und sah zu ihr hoch. Bis jetzt hatte ich Angst gehabt, den Gedanken überhaupt zuzulassen, dass das Baby von mir sein könnte. Doch nun wusste ich von dem anderen Mann, dass sie verhütet hatten. Amelia und ich hatten keine Kondome benutzt, aber sie nahm schon ewig die Pille. Doch in diesem Moment – als ich zum ersten Mal spürte, wie sich das Baby bewegte, passierte etwas. Das Kind wurde von Amelias Baby zu unserem Baby. Ich war so verdammt wütend auf Amelia, aber es war nicht fair, das an diesem kleinen Wesen auszulassen.

Ich war so in Gedanken versunken, dass ich die Schwester fast vergessen hatte, als sie sagte: »Ich sehe in ein paar Stunden wieder nach ihr.«

»Okay.«

Nachdem sie gegangen war, legte ich meine Wange auf Amelias Bauch, genau dorthin, wo ich die Bewegung gespürt hatte, und schloss die Augen.

Ich bekomme ein Baby.

Ein kleines Mädchen.

Zum ersten Mal wurde mir die Schwere dieser Tatsache bewusst. In meinem Herzen keimte etwas auf, aber alles andere lastete so schwer auf mir, dass es sich anfühlte, als würde ich keine Luft mehr bekommen.

Was, wenn Amelia nicht mehr aufwacht?

Was, wenn mein kleines Mädchen ohne Mutter aufwachsen muss?

Was, wenn ich sie beide verliere?

Meine Kehle war wie zugeschnürt. Ich versuchte, den salzigen Geschmack herunterzuschlucken, aber der Welle, die über mich hereinbrach, war ich nicht gewachsen. Vier Tage lang hatte ich keine einzige Träne vergossen, die Wut hatte es verhindert. Doch plötzlich wollte mein Körper das nachholen, die Tränen begannen zu fließen, strömten über mein Gesicht und fielen von meinen Wangen auf Amelias Bauch. Meine Schultern bebten, ich wurde von einem Schluchzen geschüttelt und stieß einen schmerzerfüllten Laut aus.

Ich hatte keine Ahnung, wie lange ich weinte, aber es kam mir wie Stunden vor. Irgendwann kehrte die Krankenschwester zurück, um nach mir zu sehen. Als meine Tränen endlich getrocknet waren, drehte ich den Kopf und küsste Amelias Bauch.

»Es tut mir leid. Ich war so wütend auf deine Mutter, dass ich dich nicht einmal wahrgenommen habe. Verzeih mir. Es wird nicht wieder vorkommen. Von nun an verspreche ich dir, dass ich für dich da sein werde und mich bei jedem Schritt um dich kümmern werde, mein kostbares kleines Mädchen.«

29. Kapitel

Evie

»Das war's«, sagte ich am Sonntagnachmittag, nachdem ich den letzten Karton ausgepackt und zusammengefaltet hatte, und ließ mich auf meine neue Couch fallen. Greer und ich hatten zwei Tage gebraucht, um einen Platz für alles zu finden, was aus meinem Lager in die neue Wohnung geliefert worden war. Sie war nur ein Bruchteil so groß wie die, aus der ich ausgezogen war.

»Weißt du, hier um die Ecke gibt es eine tolle Single-Bar. Ich war ein paarmal dort, bevor ich Ben kennengelernt habe«, sagte meine Schwester.

Ich trank den letzten Schluck aus einer Wasserflasche. »Ich habe auf lange Sicht null Interesse, irgendjemanden zu daten.«

Greer runzelte die Stirn. Ich hatte ihr erzählt, was letzte Woche zwischen Merrick und mir vorgefallen war. »Ich weiß, aber normalerweise lernt man genau dann jemanden kennen. Ich habe Ben kennengelernt, nachdem Michael und ich kaum eine Woche auseinander waren, weißt du noch?«

Christian und ich waren jahrelang zusammen und verlobt gewesen, dennoch würde es nicht annähernd so leicht sein, über Merrick hinwegzukommen wie über ihn. Mir wurde klar, dass es nicht auf die gemeinsame Zeit ankam. Manche Menschen schleichen sich einfach tiefer in dein Herz.

Ich schüttelte den Kopf. »Es wäre einfacher, loszulassen, wenn ich verstehen würde, was passiert ist.«

»Für mich klingt es so, als hätte ihn das kleine Mädchen daran erinnert, was er nicht wollte – eine Bindung und eine Beziehung.«

Natürlich war das durchaus möglich, aber ich glaubte es nicht. »Ich weiß nicht. Aber ich denke, ich werde mich nach einem anderen Job umsehen.«

»Was? Du liebst deinen neuen Job.«

»Ja, aber jedes Mal, wenn ich ihn auf dem Flur sehe oder an seinem Büro vorbeigehe, reißt die Wunde wieder auf. Und in der Hälfte meiner Sitzungen sprechen wir über ihn.« Ich seufzte. »Ich bin in ihn verliebt, Greer.«

Sie lächelte traurig. »Ich weiß.«

Es läutete an meiner Tür. »Ist das Ben? Ich dachte, er würde dich später abholen?«

Meine Schwester zuckte mit den Schultern. »Das stimmt. Er ist für ein paar Stunden ins Büro gefahren.«

Als ich die Tür öffnete, stand nicht mein Schwager vor der Tür, sondern ein Mann in Uniform mit einem Klemmbrett in der Hand. »Ich komme, um die Alarmanlage zu installieren.«

»Ich glaube, da haben Sie sich in der Wohnung geirrt.« Ich schüttelte den Kopf. »Ich habe keine Alarmanlage bestellt.«

»Oh, Entschuldigung.« Er hob eine Seite auf seinem Klemmbrett an. »Sie ist für eine Evie Vaughn. Wissen Sie zufällig, in welcher Etage sie wohnt? Ich habe die einzige Klingel ohne Namensschild gedrückt.«

Ich sah ihn verwirrt an. »Ich bin Evie Vaughn. Aber ich habe keine Alarmanlage bestellt.«

Der Mann sah genauso verwirrt aus wie ich. Er blätterte weiter in seinen Papieren. »Nun, hier steht, dass jemand im Voraus für die Installation und einen Dreijahresvertrag bezahlt hat.«

Plötzlich begriff ich, was passiert war. Merrick hatte darauf bestanden, dass ich eine Alarmanlage bekam. Er könnte sie vor unserer Trennung bestellt haben. »Können Sie mir sagen, wer sie bestellt hat?«

»Wenn mit einer Kreditkarte bezahlt wurde. Die meisten Aufträge werden telefonisch erteilt. Das Büro gibt mir dann die Quittung, damit ich sie dem Hausbesitzer überreiche, wenn ich die Anlage einbaue.«

»Können Sie mir den Namen auf der Karte sagen?«

Er überprüfte weitere Papiere, bevor er eines aus seinem Klemmbrett zog und es mir hinhielt. »Sieht aus, als hätte ein Merrick Crawford bezahlt.«

Ich blickte nach unten. Der Betrag war schockierend hoch. »Viertausenddreihundert Dollar?«

Er zuckte mit den Schultern. »Er hat den ganzen Schnickschnack gekauft – Fenstersicherung, Türen, sogar zwei Alarmschalter, über die im Notfall direkt die Polizei verständigt wird.«

Ich schüttelte den Kopf. »Tut mir leid. Das kann ich mir nicht leisten. Die Person, die das bezahlt hat … Nun, wir haben uns getrennt.«

»Haben Sie sich von ihm getrennt?«

»Nein.«

Er lächelte. »Warum nehmen Sie es dann nicht als Abschiedsgeschenk?«

»Das kann ich nicht.«

»Der Vertrag ist nicht erstattungsfähig. Der Typ hat einen elektronischen Vertrag unterschrieben, von dem er nur drei Tage lang zurücktreten kann. New York verlangt ein dreitägiges

Rücktrittsrecht. Das ist gestern abgelaufen. Glauben Sie mir, die Firma, für die ich arbeite, lässt anschließend niemanden mehr aus dem Vertrag, also können Sie es genauso gut nutzen.«

Ich legte nachdenklich die Stirn in Falten. »Der Vertrag wurde vor drei Tagen unterzeichnet?«

Er blickte noch einmal auf den Papierkram hinunter. »Der Auftrag wurde vor vier Tagen erteilt. Es war ein Eilauftrag. Heute ist der erste Tag, an dem wir eine Installation durchführen würden, da die Kunden noch drei Tage lang von dem Vertrag zurücktreten können.«

Das ergab keinen Sinn. Merrick und ich hatten uns vor mehr als einer Woche getrennt. »Könnte das Datum falsch sein?«

»Das glaube ich nicht. Alles wird an dem Tag gedruckt, an dem der Vertrag unterzeichnet wird.«

Greer kam an die Tür. »Was ist hier los?«

»Der Mann möchte hier eine Alarmanlage installieren. Merrick hat für drei Jahre im Voraus bezahlt.«

»Schön. Wenigstens hat er etwas richtig gemacht, bevor er dir das Herz gebrochen hat.«

»Das ist ja das Merkwürdige. Anscheinend hat er die Bestellung aufgegeben, *nachdem* wir uns getrennt hatten.« Ich dachte an ein Gespräch, das ich vor ein paar Tagen mit Andrea im Pausenraum geführt hatte. »Jetzt fällt mir ein, dass seine Assistentin mich gefragt hat, ob ich heute arbeiten würde. Ich dachte, sie wollte nur ein bisschen plaudern, aber ich habe ihr gesagt, dass ich das ganze Wochenende zu Hause bin und auspacke.«

»Fantastisch.« Meine Schwester lächelte. »Im Erdgeschoss solltest du sowieso eine Alarmanlage haben. Daran habe ich gar nicht gedacht.«

»Aber ich kann Merrick nicht für eine Alarmanlage bezahlen lassen. Das hätte ich auch nicht zugelassen, wenn wir noch zusammen wären.« Ich sah den Installateur kopfschüttelnd an. »Tut mir leid, dass Sie umsonst gekommen sind.«

Am nächsten Morgen ging ich früh ins Büro, um mit Merrick über die Alarmanlage zu sprechen, aber er war nicht da. Den Rest des Tages war er jedes Mal in einer Besprechung, wenn ich gerade Zeit hatte. Dienstag und Mittwoch war er gar nicht im Büro. Als er am Donnerstag zurückkam, wollte ich ihn unbedingt sprechen, denn die Alarmanlagenfirma hatte mich schon zweimal angerufen, nachdem ich ihren Installateur weggeschickt hatte. Um sechs Uhr war ich gerade mit meinem letzten Klienten fertig und im Begriff, in sein Büro zu gehen, als mein Telefon klingelte. Es war mein Anwalt, darum nahm ich das Gespräch an, obwohl mir alles, was mit Christians Klage zu tun hatte, sofort Kopfschmerzen bereitete.

»Hallo?«

»Hallo, Evie. Hier ist Barnett Lyman.«

»Hi, Barnett. Wie geht's?«

»Gut. Ich wollte nur nachfragen, ob Sie noch mal über Christians Angebot nachgedacht haben.«

»Sie meinen seinen lächerlichen Bestechungsversuch? Dass er die Klage fallenlassen würde, wenn ich mit ihm zum Abendessen gehe?«

»Ich weiß, es ist lächerlich. Und ich würde einem Mandanten nie raten, sich mit jemandem zu treffen, der ihn verklagt. Aber sein Anwalt sagt, sie würden es schriftlich festhalten, damit er nicht zurücktreten kann.«

Ich lehnte mich in meinem Stuhl zurück und seufzte. »Können wir dem Richter nicht einfach von seinem Versuch erzählen, um zu beweisen, dass Christian in böser Absicht handelt?«

»Das können wir. Aber dazu müssten wir einen schriftlichen

Antrag stellen und mehr Zeit vor Gericht verbringen, und es besteht eine gute Chance, dass der Richter den Fall nicht abweist, auch wenn es ihm nicht gefällt. Aber unterm Strich koste ich fünfhundertfünfzig pro Stunde, und ich verschwende nicht gern das Geld meiner Mandanten. Das Einreichen eines Antrags kostet eine Stunde Vorbereitungszeit, dann geht es vor Gericht … Da kommen leicht ein paar Tausend zusammen. Ich tue, was immer Sie wollen, aber wenn Sie sich das alles ersparen könnten, warum versuchen Sie es nicht? Darf ich fragen, ob Sie Angst haben, sich mit ihm zu treffen?«

»Sie meinen körperlich?«

»Wie auch immer.«

Christian war der größte Idiot auf Erden, aber ich hatte keine Angst vor ihm, und er konnte mir emotional nichts mehr anhaben. Ich schüttelte den Kopf. »Nein, ich habe überhaupt keine Angst vor ihm.«

»Ich könnte versuchen, statt des Abendessens ein Mittagessen auszuhandeln.«

Es war das Letzte, wozu ich Lust hatte, aber Barnett hatte recht. Ich hatte nicht Tausende von Dollar zu verschwenden, und ich wollte das Ganze einfach nur hinter mir lassen. Es widerstrebte mir zutiefst – aber es war die richtige Entscheidung. Ich seufzte. »Okay. Wenn Sie ihn dazu bringen können, sich auf ein Mittagessen einzulassen, wäre das großartig.«

»Ich melde mich bald wieder bei Ihnen.«

Nachdem ich aufgelegt hatte, saß ich noch eine Weile an meinem Schreibtisch und starrte aus dem Fenster. Ein Klopfen an meiner Bürotür unterbrach meine Gedanken. In der Tür stand Merrick.

»Meine Assistentin sagt, du seist vorbeigekommen und hättest nach mir gefragt?«

Er sah nur unwesentlich besser aus als an dem Tag, als er mit mir Schluss gemacht hatte. Seine von Natur aus gebräunte Haut war immer noch fahl, und unter seinen grünen Augen lagen weiter dunkle Schatten. Aber davon durfte ich mich nicht beeinflussen lassen. Besonders nicht nach dem Anruf, den ich gerade beendet hatte. Ich holte tief Luft und atmete aus. Gerade als ich etwas sagen wollte, ging ein Trader hinter Merrick durch den Flur, also deutete ich auf die Tür. »Könntest du hereinkommen und die Tür schließen? Ich würde es vorziehen, das unter vier Augen zu besprechen.«

»Natürlich.«

Er schloss die Tür, blieb aber auf der anderen Seite des Raumes stehen, was mir ganz recht war. »Neulich wollte jemand eine Alarmanlage bei mir installieren. Er sagte, du hättest Service und Installation im Voraus bezahlt.«

»Das habe ich.«

»Aber nachdem du mit mir Schluss gemacht hast. Warum?«

Merrick verzog das Gesicht. »Ich hatte es dir versprochen, und ich habe nicht angenommen, dass du es von dir aus tun würdest.«

Ich stand auf, legte die Hände auf den Schreibtisch und lehnte mich vor. »Du hast es mir versprochen? Warum hältst du dich an dieses Versprechen, aber nicht an das, mit dem du mich dazu gebracht hast, dir zu vertrauen? Du weißt schon, dass du mich nie verletzen würdest?«

Er hatte die Dreistigkeit, so zu tun, als würde ihn meine Bemerkung verärgern. Merrick rieb sich den Nacken. »Es tut mir leid.«

»Ach, es tut dir leid?« Ich nickte und verdrehte die Augen, dann setzte ich mich wieder. »Na, vielen Dank. Das hilft mir sehr.«

Merrick machte einen Schritt auf meinen Schreibtisch zu, aber ich hob die Hand und hielt ihn auf. »Tu das nicht«, sagte ich. »Du musst dich nicht noch mal entschuldigen, und du musst ganz bestimmt nicht aus Mitleid oder was auch immer das ist, eine Alarmanlage für mich bezahlen. Wenn du also nichts anderes zu sagen hast, wie zum Beispiel, was wirklich zwischen uns passiert ist, gibt es nichts mehr zu besprechen.«

Endlich schaute Merrick mir in die Augen. Er sah traurig aus, aber das war mir egal.

»Weißt du was?«, sagte ich. »Du hast mal gesagt, mein Ex sei ein Feigling. Und du hattest recht, das ist er. Aber das bist du auch.« Ich schüttelte den Kopf. »Bitte geh einfach, bevor ich mich vergesse.«

30. Kapitel

Merrick

»Ich bin ein verdammter Feigling«, grummelte ich und starrte auf den Boden meines leeren Glases. Na ja, nicht ganz leer, die Eiswürfel, die ich vor fünfzehn Minuten hineingetan hatte, als ich es zu drei Vierteln mit Whiskey füllte, hatten keine Chance gehabt, zu schmelzen. Jetzt war die Flasche fast leer.

Ich starrte auf den Couchtisch, auf die umgedrehte Schachtel, deren Inhalt ich zwei Abende zuvor überall verschüttet hatte, nachdem Evie mich aus ihrem Büro geworfen hatte. Ich beugte mich vor und zog ein Bild aus dem Stapel. Stundenlang hatte ich es in den letzten zwei Tagen angestarrt und versucht, meine Nase und mein Kinn darauf zu entdecken – an dem Tag, an dem mein kleines Mädchen zur Welt kam, hatte ich sie so sicher an ihr zu erkennen gemeint. Doch jetzt sah ich nur noch Amelias Gesicht – ihre Nase, ihr Kinn, ihre dunkelblauen kühlen Augen. Ich wollte das verdammte Foto zerreißen und es nie wiedersehen. Aber ich liebte den Tag, an dem es aufgenommen worden war, mehr als ich die hasste, die darauf gefolgt waren.

Der Alkohol tat seine Wirkung – entweder das, oder meine Wohnung drehte sich schneller als ein Fahrgeschäft in Disney World. Also legte ich mich mit dem Foto in der Hand auf die

Couch, schloss die Augen und stellte einen Fuß auf den Boden, um das Karussell anzuhalten. Es dauerte nicht lange, und ich schlief ein. Irgendwann wurde ich durch ein lautes Klopfen an der Tür geweckt.

Zumindest dachte ich, dass jemand geklopft hatte. Doch als ich mich aufsetzte und mich umsah, war meine Wohnung still. Au. Aber mein Kopf nicht. Offenbar war das Klopfen in meinem Hirn.

Pa-dumm, pa-dumm.

Verdammt. Es fühlte sich an, als würde ein kleiner Schlagzeuger in meinem Schädel für einen Soloauftritt üben. Ich stützte den Kopf in die Hände und massierte meine Schläfen. Doch dann verwandelte sich das laute Klopfen in meinem Kopf in Surround-Sound, und eine Stimme gesellte sich zu der Band.

»Crawford, mach die verdammte Tür auf, bevor ich sie aufbreche. Ich weiß, dass du da drin bist.«

Verdammt.

Dass Will mir einen Vortrag hielt, brauchte ich jetzt genauso sehr wie ein Loch im Kopf.

»Hau ab! Mir geht es gut«, schrie ich zurück.

»Nicht gut genug. Beweg deinen Hintern und mach die Tür auf.«

Ich schloss die Augen und schüttelte den Kopf, denn ich wusste, dass die Nervensäge nicht verschwinden würde. Je schneller ich meinen Hintern zur Tür schleppte, desto schneller konnte ich ihn loswerden.

Als ich von der Couch aufstand, wäre ich fast gestolpert.

Herrgott, ich vertrage aber auch echt nichts.

Ich versuchte, meinen Kopf so wenig wie möglich zu bewegen, während ich zur Wohnungstür ging und sie aufschloss.

Will schob sie auf und musterte mich von oben bis unten.

»Mein Gott, diese Klamotten hattest du schon vor zwei Tagen an. Ich wusste, dass du nicht weg bist.« Er beugte sich vor und atmete ein. »Und du stinkst nach abgestandenem Schnaps.« Er schüttelte den Kopf. »Wie oft muss ich dir noch sagen, dass du das Trinken mir überlassen sollst? Du hast noch nie was vertragen.«

Wortlos ging ich zurück zur Couch. Leider reichte es ihm nicht, zu sehen, dass ich am Leben war. Will schloss die Tür hinter sich und folgte mir hinein.

»Was zum Teufel ist los mit dir?«

Ich setzte mich auf die Couch und ließ den Kopf hängen. Er war zu schwer, um ihn aufrecht zu halten.

Will betrachtete den Kram, der überall auf dem Couchtisch verstreut war. »Oh fuck. Was ist passiert?« Er beugte sich vor und hob die winzige Babymütze auf, die Eloise am Tag ihrer Geburt getragen hatte.

»Fass das nicht an«, brummte ich.

Er seufzte vernehmlich und ging weg. Vielleicht hatte er gemerkt, dass ich eine Krise durchmachte, und beschlossen, meine Privatsphäre zu respektieren. Aber zwei Minuten später war er zurück.

»Nimm das.« Er hielt mir ein paar Tabletten und ein großes Glas Wasser hin. »Drei Motrin und etwas zu trinken für den Anfang.« Dann tippte er in sein Handy. »Ich bestelle Gatorade, Bananen und Pastrami auf Roggenbrot aus dem Deli um die Ecke.«

Ich blinzelte zu ihm hoch. »Ich kann auf keinen Fall Pastrami essen.«

»Das ist nicht für dich, du Idiot. Sondern für mich. Ich habe einen Bärenhunger. Du bekommst das Gatorade und die Bananen. Du brauchst Elektrolyte und Kalium.« Er beendete das

Tippen, warf sein Handy auf die Couch und nahm mir gegenüber Platz. »Sprich mit mir. Was ist passiert?«

Ich war nicht in der Stimmung, mich zu unterhalten, und schüttelte den Kopf.

»Wie lange sind wir schon befreundet?«, fragte er.

»Zu lange«, knurrte ich.

»Dann solltest du inzwischen wissen, dass ich nicht gehe, bis wir darüber gesprochen haben.«

»Ich kann das Motrin, das du mir gerade gegeben hast, kaum bei mir behalten. Ich bin nicht bereit für ein Gespräch.«

»Kein Problem.« Er zuckte mit den Schultern. »Ich habe es nicht eilig.«

Na toll. So schnell werde ich ihn nicht los.

»Warum legst du dich nicht ein bisschen hin und wartest, bis die Kopfschmerzen nachlassen? Ich muss sowieso noch ein paar E-Mails beantworten.«

Es wäre mir lieber gewesen, wenn er einfach verschwunden wäre, aber wenn ich nichts anderes bekommen konnte, nahm ich auch das Schweigen. Also folgte ich seinem Vorschlag, legte mich wieder auf die Couch, stützte meine Füße auf die Armlehne und schloss die Augen. Danach döste ich eine Weile, bis das Knistern einer Tüte mich dazu brachte, ein Auge zu öffnen.

»Geht es dir besser?«, fragte Will.

Ich schwang die Beine auf den Boden und setzte mich auf. Es fühlte sich an, als wäre ein Mack-Truck über mich gefahren, hätte dann zurückgesetzt und mich ein zweites Mal überfahren, aber das Motrin schien zumindest das heftige Pochen in meinem Kopf gelindert zu haben.

Ich rieb mir den Nacken. »Hast du das Gatorade?«

Will hielt es mir zusammen mit einer Banane hin.

Zwanzig Minuten später war mir zwar immer noch nicht

nach Reden zumute, aber zumindest war ich dazu in der Lage. Will hatte sein Sandwich aufgegessen, seine Schuhe ausgezogen und die Füße auf eine Ecke des Couchtisches gestützt, während er die Arme auf der Sofalehne ausbreitete.

»Was ist hier los, mein Freund?«

Ich seufzte. »Ich bin Aaron Jensen begegnet.«

»Okay …«

»Er hatte Eloise dabei.« Ich hatte den Blick auf den Boden gerichtet, hob ihn aber jetzt, um Will anzusehen. »Sie ist gehörlos.«

Will runzelte die Stirn. »Aber sonst geht es ihr gut?«

Ich zuckte mit den Schultern. »Sie trägt Beinschienen und ihr …« Ich konnte mich nicht dazu durchringen, ihn als ihren Vater zu bezeichnen, auch nicht nach drei Jahren. »Aaron hat in Gebärdensprache mit ihr gesprochen.«

Will ließ diese Informationen sacken. »Okay, du wusstest, dass sie möglicherweise eine Hörbehinderung und einige Entwicklungsprobleme haben könnte. Das ist hart, aber das heißt nicht, dass sie nicht ein glückliches Leben führen kann.«

Ich schloss die Augen und sah sie in dem Einkaufswagen vor mir. Ihr Gesicht verfolgte mich so, dass selbst der Alkohol es nicht aus meinem Kopf vertreiben konnte. »Sie sieht genauso aus wie Amelia.«

Will schwieg eine ganze Weile. »Du musst diese Scheiße im Keim ersticken, bevor du die Sache mit Evie versaust.«

Ich sah zu ihm hoch.

Will schloss die Augen. »Shit. Du hast es schon versaut.«

»Verdammt, ich habe das Eloise angetan.« Ich schüttelte den Kopf. »Ich weiß nicht einmal, ob sie noch so heißt.«

»Was hast du Eloise angetan?«

»Alles. Meine Entscheidungen haben dazu geführt, dass ihre

Mutter gestorben und sie zu früh auf die Welt gekommen ist. Wenn ich der Natur einfach ihren Lauf gelassen hätte …«

Will verzog das Gesicht. »Wovon redest du?«

»Du weißt doch, dass ich alle medizinischen Entscheidungen für Amelia und das Baby getroffen habe.«

»Ja, und?«

»Ich habe zugestimmt, ihr ein bestimmtes Medikament zu verabreichen. Davon hat sie Wehen bekommen.«

»Ja, weil die behandelnden Ärzte es dir geraten haben. Ich weiß, du bist ein schlauer Kerl, aber du hast nicht vier Jahre Medizin studiert und acht Jahre Assistenzzeit hinter dir wie die Neurologen. Ganz zu schweigen davon, dass es keinen Beweis dafür gibt, dass das Medikament ihre vorzeitigen Wehen ausgelöst hat. Ihr Körper hatte schon lange vorher aufgegeben.« Er schüttelte den Kopf. »So etwas kommt vor. Auch Frauen, die nicht mit einem Flugzeug abstürzen, bekommen vorzeitige Wehen und haben Babys mit weitaus schlimmeren Problemen. Es gibt Sachen, die haben wir nicht in der Hand.«

Ich hörte Will reden, aber ich war zu sehr von den Erinnerungen abgelenkt, die mir durch den Kopf schossen, um ihm wirklich zuzuhören. Insbesondere eine konnte ich nicht verdrängen. An den Tag, an dem ich herausgefunden hatte, dass meine Tochter nicht meine Tochter war. Ich hatte das Krankenhaus verlassen, um mich in Selbstmitleid zu suhlen und meinen Kummer in Wodka zu ertränken, und war an ein leeres Bett zurückgekehrt.

»Ich habe mich nicht von ihr verabschiedet«, stammelte ich.

Will starrte mich an, während mir die Tränen über die Wangen liefen. »Was soll das heißen, du hast dich nicht von ihr verabschiedet? Ich war vor dem Zimmer, als du sie gehalten hast …« Er brach abrupt ab. »Verdammt. Du meinst nicht

Eloise, oder? Du redest von Amelia. Es geht nicht nur um das Baby.«

Es vergingen ein paar Minuten, ohne dass einer von uns etwas sagte. Schließlich setzte sich Will auf. Er nahm die Füße vom Couchtisch und stützte die Ellbogen auf die Knie. »Liebst du Evie?«

Ich wischte mir die Tränen aus dem Gesicht und nickte. »Ja.«

»Dann musst du einen Weg finden, das hinter dir zu lassen.«

Ich dachte, das hätte ich … bis ich Eloise' süßes Gesicht gesehen hatte. »Wie soll ich jetzt irgendetwas tun?«

»Du hörst auf, dir von deiner Vergangenheit deine Zukunft zerstören zu lassen. Ich bin kein Psychiater, aber ich denke, der erste Schritt ist, es rauszulassen. Es ist drei Jahre her, und das ist das erste Mal, dass du deine Gefühle zulässt. Du bist schon zwei Tage nach Amelias Tod wieder ins Büro gekommen, als wäre nichts geschehen. Man kann Menschen nicht aus seinem Herzen löschen und neu anfangen.« Er tippte mit den Fingerspitzen auf seine Brust. »Du musst akzeptieren, dass sie immer ein Stück von deinem Herzen besetzen werden, und es so gut wie möglich heilen lassen. Ein Mensch, der dich liebt, nimmt dein Herz auch mit all den Narben.«

31. Kapitel

Merrick

Vor drei Jahren

»Mr Crawford?«

Ich blickte aus dem Schaukelstuhl hoch. Seit einer Stunde saß ich da und starrte auf mein kleines Mädchen hinunter. Sie war heute fünf Tage alt und zum ersten Mal stabil genug, um sie aus dem Brutkasten zu nehmen.

Die Schwester der Säuglings-Intensivstation, die sie mir übergeben hatte, stand mit einer Frau an der Tür, die ich nicht kannte. Sie trug einen Anzug und keinen Kittel wie alle anderen. Die Schwester kam zu mir. »Wir müssen Eloise jetzt wieder hineinlegen. Für ihre Gelbsucht ist es wichtig, dass sie genug Zeit unter den Lampen verbringt.«

Ich nickte und beugte mich hinunter, um meine Tochter auf die Stirn zu küssen. Sie war winzig, so verdammt winzig.

Als ich bereit war, nahm mir die Krankenschwester das Baby aus den Armen und legte es zurück in den Brutkasten. Sie lächelte mich freundlich an und deutete auf die Frau, die in der Tür stand. »Mrs Walters möchte mit Ihnen sprechen. Sie ist die Anwältin des Krankenhauses.«

Mein Blick sprang zu der Frau. Ich vermutete, dass sie

große Geschütze auffuhren, da ich mich bisher geweigert hatte, die DNR-Anordnung für Amelia zu unterschreiben. Ich nickte und stand auf. »Kann ich das Baby später noch einmal halten?«

»Ja, natürlich. Wir werden es einfach in kurzen Sitzungen machen.« Sie schaute auf ihre Uhr. »Es ist jetzt drei Uhr. Vielleicht gegen sieben?«

»Danke.«

Die Anwältin trat aus der Säuglingsstation und wartete, bis ich zu ihr kam. »Hallo, Mr Crawford. Ich bin Nina Walters von der Rechtsabteilung des Krankenhauses. Können wir uns ein paar Minuten irgendwo unterhalten?«

Ich blickte zu dem Brutkasten zurück, auf meine Tochter, die wieder sicher darin schlief. »Natürlich.«

Wir gingen in den leeren Warteraum und setzten uns.

»Das medizinische Team Ihrer Verlobten hat mich über alles informiert, was in den letzten Monaten passiert ist. Ich bin sehr froh, dass es Eloise so gut geht.«

Ich nickte. »Sie hat den Hörtest nicht bestanden, aber man hat mir gesagt, das sei nicht ungewöhnlich und könne sich von selbst regulieren.«

Mein kleines Mädchen war zäh. Sie hatte etwas Flüssigkeit im Mittelohr, und es war nicht sicher, dass es im Laufe der Zeit keine Entwicklungsprobleme geben würde, aber sie war eine Kämpfernatur, mit nur neunundzwanzig Wochen auf die Welt gekommen.

Nina atmete tief ein und aus. »Sie haben schon so viel durchgemacht. Es ist mir äußerst unangenehm, dass ich das überhaupt mit Ihnen besprechen muss, aber das Krankenhaus hat heute einen Gerichtsbeschluss erhalten.«

»Weil ich die DNR-Anordnung nicht unterschrieben habe?

Von wem? Amelia hat seit Jahren nicht mehr mit ihrer Mutter gesprochen.«

Die Frau schüttelte den Kopf und hielt mir ein paar amtlich aussehende Dokumente mit blauer Rückseite hin. »Das hat nichts mit Ihren medizinischen Entscheidungen für Amelia zu tun. Das Gericht hat das Krankenhaus angewiesen, Eloise DNA für einen Vaterschaftstest abzunehmen. Der Antragsteller ist ein Mann namens Aaron Jensen.«

Am nächsten Nachmittag saß ich in Amelias Zimmer, als die Monitore plötzlich verrücktspielten. Ich beobachtete, wie die normalerweise gleichmäßigen Linien anfingen, unregelmäßig zu springen. Aber Amelia hatte sich nicht ein Stück bewegt. Eine Schwester rannte ins Zimmer, warf einen Blick auf den Monitor und rief zurück zum Schwesternzimmer:

»Code Blau! Holt den Notfallwagen!«

In den nächsten dreißig Sekunden stürmte ein halbes Dutzend Leute in den Raum. Der Arzt hörte Amelias Herz ab, während eine Krankenschwester die Herzschläge anhand des Pulses am Handgelenk zählte.

»Mr Crawford, würden Sie bitte nach draußen gehen?«

Ich trat zurück, um Platz zu machen, damit sie arbeiten konnten. »Ich gehe aus dem Weg, aber ich bleibe hier.«

Sie waren zu beschäftigt, um mit mir zu streiten. Was danach passierte, kam mir vor wie eine Szene aus einer Fernsehserie.

Ihre Herzfrequenzanzeige auf dem Monitor zeigte eine flache Linie.

Der Arzt schaltete den Defibrillator ein und forderte alle um das Bett herum auf, ihre Hände von der Patientin zu nehmen. Dann drückte er die Paddel auf ihre Brust und schockte sie.

Amelias Körper zuckte, aber er fiel sofort wieder in den

schlaffen Zustand zurück, in dem er sich seit dem Tag ihrer Ankunft hier befunden hatte.

Alle starrten auf den Monitor.

Nichts.

Sie schockten sie ein zweites Mal.

Immer noch nichts.

Eine Schwester spritzte etwas in den Tropf und maß erneut manuell ihren Puls. Sie sah zu dem Arzt auf und schüttelte skeptisch den Kopf.

»Alles klar!«

Der Arzt verstellte die Knöpfe an der Maschine, bevor er sie erneut wiederzubeleben versuchte.

Amelias Körper zuckte noch heftiger.

Der Monitor gab einen Piepton von sich, und die flache Linie begann wieder auf und ab zu springen.

Die Schultern des Arztes entspannten sich sichtlich.

»Warum ist das passiert?«, wollte ich wissen.

Er legte die Paddel zurück in die transportable Maschine, die sie hereingerollt hatten. »Dafür könnte es eine Reihe von Gründen geben.« Er schüttelte den Kopf. »Ein Blutgerinnsel, Elektrolytanomalien oder auch nur, dass sich ihr System abgeschaltet hat, weil es erschöpft ist. Die letzten Monate waren hart für ihren Körper, auch der Kaiserschnitt.«

»Ein Blutgerinnsel? Wegen der Medikamente, die sie bekommen hat? Man hat mir gesagt, das sei ein Risiko, als man mich um die Erlaubnis bat, es zu versuchen.«

Der Arzt hob die Hände. »Seien wir nicht voreilig. Wir wissen noch nicht, ob es ein Blutgerinnsel war. Und selbst wenn, besteht bei Patienten, die monatelang im Koma liegen, ein hohes Risiko für so etwas.«

Ich rieb mir die Stirn. »Kommt sie wieder in Ordnung?«

Er blickte zum Monitor hinüber. »Sie ist jetzt stabil. Aber wie schon von Anfang an müssen wir einen Schritt nach dem anderen machen. Beginnen wir mit einigen Tests, um zu sehen, womit wir es jetzt zu tun haben.«

Ich nickte und stieß hörbar die Luft aus. »Okay.«

Am nächsten Morgen hatte ich gerade Eloise zurück in den Brutkasten gelegt, nachdem ich sie eine Weile im Arm gehalten hatte. Anschließend ging ich wieder zu Amelia, um nach ihr zu sehen. Der Monitor zeigte einen normalen Herzschlag, und ich setzte mich neben ihr Bett und schloss für eine Minute die Augen. Ich war die ganze Nacht hier gewesen, aus Angst, dass wieder etwas passieren könnte, wenn ich nach Hause ging. Dann klopfte eine Frau an die offene Tür.

Sie lächelte. »Hallo, Mr Crawford. Ich bin Kate Egert. Ich bin von der Sozialstelle des Krankenhauses. Wir haben uns vor einiger Zeit kennengelernt, als Ms Evans eingeliefert wurde.«

Ich nickte, obwohl sie mir kaum bekannt vorkam, und stand auf. »Natürlich. Schön, Sie zu sehen.«

Sie wirkte etwas unsicher. »Könnte ich Sie wohl eine Minute draußen sprechen?«

Wenn sie nicht vor Amelia reden wollten, waren es nie gute Nachrichten. Aber wie viel schlimmer als in den letzten zwei Tagen konnte es noch werden? »Klar.«

Draußen im Flur sagte sie: »Setzen wir uns doch ins Familienzimmer.«

Ich drehte mich zu Amelia um und schüttelte den Kopf. »Können wir nicht einfach hier reden? Sie hat harte vierundzwanzig Stunden hinter sich.«

»Oh, natürlich. Ja.« Sie holte tief Luft, bevor sie ihm ein gefaltetes Papier hinhielt. »Es tut mir so leid, dass ich Sie bei allem, was Sie gerade durchmachen, auch noch damit belästigen muss. Aber das Ergebnis des Vaterschaftstests ist da.«

Ich erstarrte.

Sie faltete das Papier in ihrer Hand auseinander und sah mir in die Augen. »Laut DNA-Test sind Sie nicht der Vater von Eloise.«

32. Kapitel

Merrick

Ich stand schon den dritten Tag in Folge auf der anderen Straßenseite.

Es fühlte sich an, als würde ich allmählich so eine Art Routine entwickeln: Mit einem Kater in aller Herrgottsfrühe aufstehen. Zwei Motrin mit mehreren Litern Gatorade hinunterspülen und unter der Dusche Wasser über mich laufen lassen. Dann setzte ich mir eine Baseballkappe und eine Sonnenbrille auf und zog ein dunkles Sweatshirt mit Reißverschluss über, ging mehr als vierzig Stockwerke nach unten und schlüpfte durch den Dienstboteneingang nach draußen, um möglichst niemandem aus dem Büro zu begegnen. Dann lief ich zur 19. Straße, um in einem nach Pisse stinkenden Hauseingang zu stehen und einen Mann zu beobachten, der mir schon aus der Ferne zuwider war.

Ich wusste eigentlich gar nicht, was zum Teufel ich hier suchte. Aber genau wie an den beiden Tagen zuvor war Aaron vor etwa zwanzig Minuten mit Eloise weggegangen. Sein Tagesablauf schien ziemlich regelmäßig zu sein, also erwartete ich ihn bald zurück. Zehn Minuten später erschien er vor seinem Haus. Nur blieb er diesmal an der Eingangstür stehen, drehte sich um … und sah über die Straße hinweg direkt zu mir.

Shit.

Nach ein paar Sekunden ging er zum Bordstein, sah in beide Richtungen und joggte über die Straße. Ich lief normalerweise jeden Tag acht Kilometer, also hätte ich abhauen können. Er hätte mich nie erwischt, schon gar nicht bei dem Adrenalin, das in diesem Moment durch meine Adern schoss. Aber ich konnte mich nicht vom Fleck rühren. Nicht einmal, als er direkt auf mich zuging.

»Willst du hochkommen und reden?«, fragte er ruhig.

Ich sah ihm in die Augen. Er musste den Hass in meinen sehen. »Woher weißt du, dass ich nicht gekommen bin, um dich zu töten?«

Er zuckte mit den Schultern. »Das weiß ich nicht. Willst du trotzdem mit hochkommen?«

Ich wusste nicht, was zum Teufel ich hier tat, aber ich nickte. Starr stand ich auf der Fahrt nach oben im Aufzug, und als er die Tür zu seiner Wohnung öffnete, zögerte ich, folgte ihm aber schließlich hinein.

Aaron ging direkt in die Küche. Er stand mit dem Rücken zu mir an der Theke. »Kaffee oder Whisky?«

»Whisky«.

Er nickte, und während er eine Flasche und Gläser aus dem Schrank holte, ging ich zum Kühlschrank. Überall waren mit Magneten handgemalte Bilder aufgehängt. Eines davon zog meine Aufmerksamkeit auf sich. Es bestand hauptsächlich aus einem Haufen gekritzelter Kreise, aber ich konnte erkennen, dass es sich um Menschen handeln sollte. Einer war rosa und klein, und der daneben dreimal so groß und blau. Ein dritter rosafarbener Kreis – eine Person – befand sich oben auf der Seite, neben einem Haufen dunkelblauer Linien.

Aaron trat zu mir und reichte mir ein Glas. Er zeigte auf die

Zeichnung, während er an seinem Getränk nippte. »Sie weiß, dass ihre Mutter im Himmel ist, und der Himmel ist oben, deshalb setzt sie sie neben die Wolken.«

Ich nickte.

Auf der rechten Seite war ein Bild von Amelia. Sie saß auf dem Pilotensitz eines kleinen Flugzeugs und lächelte den Fotografen an. Ich kippte das gesamte Glas Whisky hinunter, während ich es anstarrte, und hielt Aaron anschließend das Glas hin. Ich musste nichts sagen, damit er es wieder auffüllte.

»Wollen wir uns nicht an den Tisch setzen?«, fragte er und hielt mir ein wieder volles Glas hin.

Wir setzten uns einander gegenüber.

»Bist du hergekommen, um mich zu verprügeln oder um mit mir zu reden?«, fragte Aaron.

Ich schüttelte den Kopf. »Ich weiß es nicht.«

»Tja, ich habe die Prügel verdient. Also nur zu, wenn du dich dann besser fühlst.«

Wir starrten uns einen Moment lang an. »Wie lange lief das zwischen euch?«

Aaron setzte sein Glas ab. »Etwa sechs Monate.«

»Warum hat sie nicht mit mir Schluss gemacht?«

»Weil sie dich geliebt hat. Ich habe ihr ein Ultimatum gestellt – habe gesagt, du oder ich. Sie sagte, wenn sie wählen müsste, würde sie sich für dich entscheiden. Dass es immer du sein würdest.«

Ich schwieg eine ganze Weile. »Warum dann? Warum hat sie es getan?«

Er schüttelte den Kopf. »Diese Frage habe ich mir unzählige Male gestellt – abgesehen davon, warum ich es getan habe, obwohl ich genau wusste, dass sie nicht frei war. Ich war einfach ein egoistisches Arschloch. Aber ich glaube nicht, dass das der

Grund für Amelia war. Ich glaube eigentlich nicht, dass es überhaupt etwas mit mir zu tun hat. Ich denke, sie wollte, dass du es herausfindest.«

Ich sah ihn skeptisch an. »Warum?«

»Damit du Schluss machst, damit sie dich verletzen konnte, bevor du sie verletzt.«

Viele Menschen würden das wohl kaum verstehen, aber er hatte Amelia offensichtlich ziemlich gut kennengelernt. Seine Theorie war nicht so weit hergeholt. Allerdings machte mich seine Antwort wütend, und ich war mir nicht sicher, warum ich diese Fragen überhaupt gestellt hatte.

»Ist Eloise … okay?«

Aarons Gesicht hellte sich auf. »Es geht ihr sehr gut. Wenn sie so weitermacht, ist sie in ein paar Jahren klüger als ich.«

Ich lächelte zum ersten Mal seit einer Woche. »Und ihr Gehör?«

Er nickte. »Sie ist völlig gehörlos. Das ist nicht unüblich bei Frühgeburten.«

»Und ihre Beine?«

»Nur ein bisschen verkrümmt. Der Arzt sagt, in ein paar Monaten sollte man die Schienen entfernen können. Abgesehen davon ist sie kerngesund. Klein für ihr Alter, aber auch das ist ein häufiges Problem bei Frühgeborenen. Im ersten Jahr hat sie etwas aufgeholt. Aber ich denke, sie wird nicht besonders groß werden, so wie ihre Mutter.«

Ich atmete tief aus. Da ich nicht geplant hatte, mit Aaron zu sprechen, gab es nicht mehr viel zu sagen. Ich nickte. »Danke.«

»Ich weiß, dass ich dir in diesen schwierigen Zeiten viel Schmerz zugefügt habe, und das tut mir sehr leid. Ich weiß, das hilft nicht, aber bei den seltenen Gelegenheiten, wenn ich ausgehe und eine Frau treffe, ergreife ich die Flucht, wenn sie irgendwie gebunden ist.«

Aaron ging hinter mir zur Tür. Er öffnete sie, und ich trat in den Flur und winkte kurz, bevor ich zum Aufzug ging.

»Merrick?«, rief er mir nach.

Ich drehte mich um.

»Möchtest du sie sehen? Eloise ein bisschen kennenlernen?«

Ich wusste nicht, ob ich das konnte, aber ich wusste das Angebot zu schätzen. »Darf ich darüber nachdenken?«

Er lächelte. »Klar. Du weißt ja offensichtlich, wo du mich findest.«

33. Kapitel

Evie

»Ich war mir nicht sicher, ob Sie heute kommen würden.« Ich setzte mich auf meinen üblichen Stuhl, gegenüber der Patiencouch. »Heute ist Ihr letzter Tag, richtig?«

Colette nickte. »Ja. Aber ich habe ziemlich gemischte Gefühle dabei. Ich dachte, es könnte helfen, mit jemandem zu reden. Ich habe nicht mehr viele Freunde, und mit denen, die ich habe, spreche ich eher über die Käufe und Transaktionen des Tages als über meine Gefühle.«

»Na, dann bin ich froh, dass Sie gekommen sind.« Ich zeigte auf einen Riesenteller mit Keksen auf dem Tisch. »Bitte bedienen Sie sich. Ich war im Backrausch, und wenn ich sie mit nach Hause nehme, esse ich sie nur alle auf.«

Colette lächelte und nahm sich einen Keks. Sie biss hinein und sah sich im Raum um. »Das hier war mein erster Job nach dem College. In den letzten drei Jahren konnte ich diesen Tag kaum erwarten, aber jetzt, wo er da ist, bin ich nicht so erleichtert und froh, wie ich dachte.«

»Was empfinden Sie?«

Sie schüttelte den Kopf. »Ich bin hauptsächlich traurig. Vielleicht empfinde ich auch ein bisschen Bedauern.«

»Bedauern, weil Sie gehen?«

»Nein. Es ist an der Zeit. Das Bedauern hat mehr mit Merrick zu tun.«

Ich wünschte, ich hätte sagen können: *Ich fühle mit dir, Colette*, dann hätte ich vielleicht eine Flasche Wein aufgemacht und wir hätten Geschichten ausgetauscht. Aber ich war ein Profi, und meine eigenen Gefühle hatten hier nichts zu suchen. Also sagte ich stattdessen: »Erzählen Sie mir davon. Können Sie genau sagen, was Sie bedauern?«

Sie schüttelte den Kopf. »Mir geht so vieles durch den Kopf … Einiges davon ergibt nicht einmal einen Sinn.«

»Was zum Beispiel?«

Colette sah zu Boden. »Aus irgendeinem Grund habe ich in letzter Zeit viel daran gedacht, wie ich mich mit meinem damaligen Freund, Merrick und Amelia zum Abendessen getroffen habe. Ich wusste, dass sie eine Affäre hatte, und trotzdem sind wir alle zusammen ausgegangen und taten so, als wäre alles völlig normal. Ich weiß nicht, warum diese Erinnerungen nach so langer Zeit immer wieder in meinem Kopf auftauchen.«

»Oft ist das Geheimnis, das wir bewahren, irrelevant. Die Tatsache, dass wir es überhaupt für uns behalten, beschäftigt uns am meisten.«

Sie nickte. »Vielleicht.«

»Sie sagten, Sie hätten in *letzter Zeit* darüber nachgedacht, dass Sie das Geheimnis bei den Abendessen für sich behalten haben. Bedeutet das, dass es sich um neue Gedanken handelt oder dass sie Ihnen in letzter Zeit nur häufiger in den Sinn kommen?«

»Bis vor ungefähr einem Monat habe ich nie darüber nachgedacht, dass ich die Affäre meiner Freundin geheim gehalten habe. Das sagt vielleicht nicht viel über mich aus, aber es ist die Wahrheit.«

»Ist in letzter Zeit etwas passiert, das Sie an die Affäre denken ließ?«

»Nicht wirklich. Aber mir ist eine Veränderung an Merrick aufgefallen. Ich weiß nicht, ob das wichtig ist oder nicht.«

»Was für eine Veränderung?«

»Na ja, in den letzten zwei Wochen war er nicht oft da, aber davor ist mir aufgefallen, dass er in Meetings mehr gelächelt hat. Und er war fröhlicher. Erst als ich in den letzten Monaten gesehen habe, dass er glücklich gewirkt hat, ist mir klargeworden, wie lange er unglücklich gewesen sein muss. Mir ist klargeworden, wie sehr er nach Amelias Tod gelitten hat.«

Ich sah sie verwirrt an. »Dachten Sie, er hätte nicht gelitten?«

Sie zuckte die Achseln. »Ich weiß es nicht. Ich habe ihm die Schuld an ihrem Tod gegeben. Aber vielleicht brauchte ich nur jemanden, dem ich die Schuld geben konnte.«

»Warum sollten Sie ihm die Schuld an ihrem Tod geben?«

»Weil er in ihrer Patientenverfügung als Bevollmächtigter eingetragen war und alle medizinischen Entscheidungen getroffen hat. Erst als sie ins Krankenhaus eingeliefert wurde, hat er erfahren, dass sie eine Affäre hatte, und dann musste er entscheiden, welche Medikamente man ihr verabreicht und was mit ihr geschehen soll.«

Oh, Gott.

Colette bemerkte meinen Gesichtsausdruck und nickte. »Ja. Es war ziemlich verkorkst.«

Es war schwierig, sich nicht auf Merrick zu konzentrieren, nach dem, was sie mir gerade erzählt hatte, aber er war nicht mein Patient. Er war nicht einmal mehr mein Freund. Also zwang ich mich, den Fokus wieder auf das zu lenken, was meine Aufgabe war – Colette dabei zu helfen, ihre Gefühle zu entwirren.

»Gehen wir einen Moment zurück. Es hört sich so an, als würden Sie sich fragen, ob das, was Sie Merrick vorgeworfen haben, wirklich seine Schuld ist. Und gleichzeitig haben Sie sich an Dinge erinnert, die Sie ihm verheimlicht haben, als Sie noch Freunde waren. Es kommen eine Menge Schuldgefühle an die Oberfläche. Was glauben Sie, warum das alles jetzt hochkommt? Weil Sie gehen?«

Colette lächelte verlegen. »Na ja, ich nehme ein paar Kunden mit. Das verstößt gegen mein Wettbewerbsverbot. Merrick wird darüber nicht glücklich sein, aber in den Firmengewinnen wird sich das kaum bemerkbar machen. Und ich weiß auch, dass er nichts dagegen unternehmen wird, denn ich bin nicht die Einzige, die ihn für das Geschehene verantwortlich macht.«

»Wie meinen Sie das?«

»Die einzige Person, die härter mit Merrick ins Gericht gegangen ist als ich, war Merrick selbst.«

Obwohl es Freitag war, hatte ich an diesem Abend keine Lust, nach Hause zu gehen. Seit meiner Sitzung mit Colette konnte ich nicht aufhören, an Merrick zu denken. Ich hatte sogar mit meiner einwöchigen Gewohnheit gebrochen, auf meiner Etage zu bleiben und nicht nach oben zu gehen, um einen Blick auf ihn zu erhaschen. Er war jedoch nirgends zu finden. Und das war auch gut so, denn ich fühlte mich verletzlich. Das Letzte, was ich brauchen konnte, war, dass ich einen Grund fand, sein Verhalten zu rechtfertigen, und mir Hoffnung machte, dass alles wieder gut werden könnte.

Es war ein schöner Abend, und so beschloss ich, mit dem Bus zum Glass Bottle Beach in Brooklyn zu fahren anstatt nach Hause. Ich lief eine Stunde lang am Ufer entlang, sammelte

Seeglas und machte einen Bogen um scharfkantige Scherben, die das Meer noch nicht lange genug abgeschliffen hatte. Aber heute Abend konnte mich selbst mein Glücksort nicht aufmuntern. Ich setzte mich auf einen großen Felsen am Rande des Meeres, um den Sonnenuntergang zu beobachten. Der Himmel leuchtete in einer Mischung aus Violett- und Rosatönen, und ich schloss die Augen, um dem leisen Klimpern zu lauschen, das erklang, wenn das Meer das Glas am Strand umspülte. Mit jedem Atemzug schien es lauter zu werden – so laut, dass ich die Augen öffnete, um zu sehen, ob sich die Brandung verstärkt hatte. Aber es war nicht das Meer, das da klirrte, es war ein Schlüsselbund.

Ich blinzelte und nahm an, dass die Person, die ihn in der Hand hielt, eine Erscheinung war.

Aber das war sie nicht.

Ich hob meine Hand, um meine Augen vor der Sonne zu schützen, und mein Herz begann zu rasen. »Merrick? Was machst du hier?«

»Ich bin gekommen, um etwas Seeglas als Glücksbringer zu suchen.«

»Wusstest du, dass ich hier bin?«

Er schüttelte den Kopf. »Ich bin in den letzten Tagen jeden Abend um diese Zeit hergekommen.«

»Aber … warum?«

Er lächelte traurig. »Ist auf dem Felsen Platz für zwei?«

Auch wenn ich Angst hatte, konnte ich nicht verhindern, dass Hoffnung in meiner Brust aufkeimte. Ich rutschte rüber, um Platz für ihn zu machen.

»Klar.«

Merrick setzte sich neben mich und betrachtete den Sonnenuntergang. Da ich in seine Richtung blicken musste, um ihn ebenfalls zu sehen, nutzte ich die Gelegenheit, ihn genauer zu mustern. Er schien in nur wenigen Wochen um einige Jahre gealtert zu sein. Ich war verdammt wütend auf diesen Mann, aber ich war auch nur ein Mensch, und es sah so aus, als bräuchte er einen Freund. Also holte ich mein orangefarbenes Glücksglas heraus und hielt es ihm hin.

»Reib das mal. Sieht aus, als könntest du es gebrauchen.«

Sein Blick glitt über mein Gesicht, dann schüttelte er den Kopf. »Ich habe dich in den letzten zwei Wochen wie Dreck behandelt, und du bietest mir etwas an, das dir viel bedeutet.«

Ich zuckte mit den Schultern. »Es hat seine Aufgabe in letzter Zeit sowieso nicht erfüllt. Vielleicht hast du mehr Glück damit.«

Merrick streckte die Hand aus und schloss meine offene Handfläche, sodass das Glas in meiner Hand verblieb. Er starrte lange auf meine Faust hinunter, bevor er den Blick hob und mir in die Augen sah. »Am Tag von Amelias Unfall fand ich heraus, dass sie eine Affäre hatte und außerdem im fünften Monat schwanger war. Ich wusste, dass die Möglichkeit bestand, dass das Kind nicht von mir war, aber irgendwie habe ich mir eingeredet, dass das nicht der Fall war.« Er schüttelte den Kopf. »Ich war mir sicher, dass das Baby von mir war. Ich war so verdammt wütend auf Amelia, aber schließlich habe ich einen Weg gefunden, einen Teil der Wut loszulassen, indem ich mich in meine Tochter verliebte.« Merrick schluckte. »Mein Herz war so voller Hass und Feindseligkeit, und je mehr ich mich in ein Kind verliebte, das ich gar nicht kannte, desto mehr verdrängten diese positiven Gefühle die schlechten. Ich las ihr jeden Abend stundenlang vor, spielte ihr meine Lieblingssongs vor und erzählte ihr sogar Geschichten über ihre Mutter und mich aus der Zeit, als wir uns im College kennengelernt hatten.

Die Krankenschwestern gaben mir mein eigenes Stethoskop, weil ich mir ständig ihres auslieh, um ihren Herzschlag zu hören.«

Es spielte keine Rolle, dass Merrick mir das Herz gebrochen hatte, ich öffnete meine Hand und verschränkte meine Finger mit seinen, wobei ich das Seeglas in unseren verschränkten Handflächen behielt.

»In den nächsten Monaten musste ich eine Menge schwieriger medizinischer Entscheidungen treffen. Je mehr Zeit verging, desto mehr war Amelias Leben in Gefahr. Aber Eloise brauchte ihre Mutter, denn wäre sie zu früh auf die Welt gekommen, hätte sie nicht überlebt.«

»Musstest du all diese Entscheidungen ganz allein treffen?«

Er nickte. »Zu ihren Eltern hatte sie längst keinen Kontakt mehr, und sie hatte auch nicht viele Freunde. Aber damals war ich mir nicht sicher, ob *ich* überhaupt wusste, was sie wollte, schließlich hatte ich auch nicht geahnt, dass sie eine längere Affäre mit einem anderen Mann gehabt hatte. Nach ein paar Monaten verschlechterte sich Amelias Gesundheitszustand. Es stellte sich heraus, dass sie einige Blutgerinnsel hatte, die sich lösten. Es war noch ziemlich früh für die Geburt des Babys – es war erst neunundzwanzig Wochen alt. Aber ich stimmte zu, ein neues Medikament auszuprobieren, weil Mutter und Kind in Gefahr waren. Es löste bei Amelia vorzeitige Wehen aus. Eloise wurde geboren und kam sofort auf die Säuglings-Intensivstation, aber Amelias Zustand verschlechterte sich weiter. Keines der Medikamente wirkte.«

Merrick machte eine Atempause, und als er wieder sprach, klang seine Stimme heiser. »In der Zwischenzeit hatte das Krankenhaus von dem Mann, mit dem sie geschlafen hatte, die gerichtliche Anordnung erhalten, einen Vaterschaftstest durchzuführen. Ein paar Tage, nachdem man bei Eloise einen Abstrich genommen hatte, hatte Amelia einen Herzstillstand, aber man konnte sie zurückholen. Am nächsten Morgen kam die Sozialarbeiterin herein und sagte mir …«

Tränen liefen über Merricks Gesicht, und ich weinte mit ihm.

Er schüttelte den Kopf. »Es ist drei Jahre her, und ich kann mich immer noch nicht dazu überwinden, zu sagen, dass ich nicht Eloise' …«

Der gequälte Ausdruck in seinem Gesicht berührte mich tief. Ich hob die Hand und wischte ihm die Tränen weg. »Es ist okay. Du musst es nicht aussprechen.«

Er brauchte eine Minute, um sich wieder zu fassen, bevor er fortfuhr. »Als sie mir das von Eloise sagten, verließ ich das Krankenhaus, ging in die nächste Bar und betrank mich. Ich kam zurück und fand Amelias Bett leer vor.«

Meine Augen weiteten sich. »Oh, Gott. Sie …«

Merrick nickte. »Allein. Amelia ist allein gestorben. Ich habe sie beide an einem Tag verloren.«

Ich konnte kaum fassen, was er durchgemacht hatte. Nach monatelangem, qualvollem Kampf war alles um ihn herum zusammengebrochen.

Er atmete tief durch. »Ich war dieser Tage bei Aaron – dem anderen Mann.«

»Wirklich?«

Er nickte. »Er scheint eigentlich ein ganz netter Kerl zu sein. Er hat mir angeboten, Eloise kennenzulernen.«

»Wow. Hast du Ja gesagt?«

»Ich habe ihm gesagt, dass ich darüber nachdenken muss. Aber ich glaube, ich werde es machen. Irgendwie habe ich das Gefühl, dass ich eine Tochter verloren habe. Ich weiß, dass ich sie nie zurückbekommen kann. Aber vielleicht ist es wichtig, Eloise in irgendeiner Form in meinem Leben zu haben.«

»Ich weiß gar nicht, was ich sagen soll, Merrick.«

Er schüttelte den Kopf. »Du musst nichts sagen. Ich muss mich dir erklären. Es gibt keine Entschuldigung für das, was ich dir angetan habe. Dass ich weggelaufen bin, als du mir gerade dein Herz geöffnet hattest. Bevor du das erste Mal in mein Büro kamst, dachte ich, ich hätte das hinter mir gelassen und wäre wieder im Leben angekommen. Aber ich war nicht geheilt. Ich hatte diesen Teil meines Herzens einfach abgetrennt. Meine Liebe zu dir hat mein Herz wieder geöffnet. Und als wir Eloise begegnet sind, kam alles wieder hoch. Mein erster Impuls war, mich erneut abzuschotten, denn so hatte ich es das letzte Mal geschafft, damit klarzukommen.«

Ich blinzelte ein paarmal und blieb an seinen Worten hängen. »Du liebst mich?«

Merrick legte die Hände auf meine Wangen und sah mir in die Augen. »An dem Tag, als du mich als Idiot beschimpft hast und aus meinem Büro stolziert bist, war es um mich geschehen. Dummerweise habe ich versucht, mich dagegen zu wehren, weil ich ein Feigling war, aber es war sinnlos.« Er zog mein Gesicht näher zu sich, sodass sich unsere Nasen fast berührten. »Ich liebe dich so sehr, dass es mir eine Heidenangst macht. Was ich fühle, ist mehr als nur Verlangen. Ich brauche dich, Evie.«

Wieder flossen Tränen über mein Gesicht. Diesmal waren es Freudentränen. »Ich liebe dich auch.«

»Es tut mir so leid, dass ich dich verletzt habe, Evie. Aber wenn du mir die Chance dazu gibst, verspreche ich dir, dass ich es die nächsten, ich weiß nicht, zehn Jahre wiedergutmache.«

Ich lachte, während ich mir die Tränen abwischte. »Nur zehn?«

Er lächelte. »Wir werden einfach ein Jahrzehnt nach dem anderen nehmen.«

Am nächsten Morgen wachte ich erst um Viertel vor elf auf. Merrick und ich hatten die halbe Nacht unsere Versöhnung genossen, und ich wäre am liebsten auch heute den ganzen Tag im Bett geblieben. Aber ich hatte in ein paar Stunden eine Verabredung, von der ich dem Mann, der sich von hinten an mich schmiegte, noch nichts erzählt hatte. Merrick schlief noch, also versuchte ich, mich vorsichtig aus seinem Griff zu befreien, ohne ihn zu wecken. Doch als ich einen Fuß auf den Boden setzte, legte sich ein langer Arm um meine Taille und zog mich zurück in die Mitte der Matratze.

Ich schrie überrascht auf. »Ich habe versucht, dich nicht zu wecken.«

Merrick griff mein Handgelenk und führte meine Hand zwischen seine Beine. »Ich bin hellwach, Süße.«

Allerdings, das war er. Ich drückte ihn ein wenig. »Weißt du, ich glaube, das Ding könnte kaputt sein. Es war letzte Nacht etwa viermal hellwach.«

»Ich zeige dir gleich, wie kaputt es ist …« Er lehnte sich vor, um mich zu küssen, aber ich hielt ihn auf.

»Okay, aber wir müssen schnell machen. Um zwölf Uhr habe ich einen Termin, und ich muss noch duschen.«

Er schmollte. »Sag ihn ab.«

»Du hast ja keine Ahnung, wie gern ich das tun würde. Aber ich muss das hinter mich bringen.« Ich zögerte und sah Merrick in die Augen. »Ich treffe mich mit Christian zum Mittagessen.«

Er erstarrte. »Wie bitte?«

»Es ist nicht so, wie es sich anhört. Christian hat zugestimmt, die Klage fallenzulassen, wenn ich mit ihm zu Abend esse und ihm zuhöre. Mein Anwalt hat ihn auf ein Mittagessen heruntergehandelt. Das ist das Letzte, wozu ich Lust habe, aber ich möchte auch nicht in Anwaltskosten ertrinken, nur um mich in einem lächerlichen Prozess zu verteidigen.«

»Vergiss es. Ich übernehme die Anwaltskosten.«

»Das ist sehr nett von dir. Aber das kann ich nicht zulassen.«

»Dann komme ich mit zum Mittagessen.«

Ich schüttelte den Kopf. »Ich will nicht, dass er einen Grund hat, aus diesem Geschäft auszusteigen. Also möchte ich ihn nicht verärgern.«

Merrick runzelte die Stirn. »Das gefällt mir nicht.«

»Das verstehe ich. Und ich bin sicher, es würde mir im umgekehrten Fall genauso gehen.« Ich streichelte seine Wange. »Ich verspreche dir, es wiedergutzumachen, wenn ich zurück bin.«

»Wann musst du gehen?«

»Ich treffe ihn um zwölf in einem Diner in Midtown. Also muss ich mich hier halb zwölf auf den Weg machen.«

Merrick griff auf den Nachttisch neben sich und nahm sein Handy. »Ich schicke meinem Fahrer eine Nachricht. Er bringt dich hin und wartet auf dich, bis du fertig bist.«

»Das ist nicht nötig.«

Er ignorierte mich und tippte weiter. Als er fertig war, legte er das Handy zurück auf den Nachttisch. »Ich habe ihm gesagt, er soll um Viertel vor zwölf kommen. Es ist Samstag, also ist nicht viel Verkehr. Außerdem brauche ich die ganze Stunde, um dir bei den Vorbereitungen zu helfen.«

Ich zog eine Augenbraue hoch. »Du hilfst mir, mich vorzubereiten? Zum Beispiel meine Haare zu föhnen und mich zu schminken?«

»Nope. Ich werde dafür sorgen, dass du nach Sex riechst und mein Sperma in dir ist, während du mit diesem Arschloch zusammensitzt.«

Ich lachte. »Ganz schön besitzergreifend?«

»Du hast ja keine Ahnung.« Merrick presste seine Lippen auf meine, und es dauerte nicht lange, bis ich mich in dem Moment verlor. Er unterbrach den Kuss, behielt aber meine Unterlippe zwischen seinen Zähnen und zog daran. »Ich will in dir kommen. Ohne Schutz. Darf ich, Evie?«

Ich schluckte und nickte. »Ich nehme die Pille.«

Merrick strich mit seinen Fingerknöcheln über meine Wange. »Ich liebe dich.«

»Ich dich auch.«

Er vergrub sein Gesicht in meinem Haar und strich mit der Nase über meinen Hals, saugte dort an meiner Haut, wo mein Puls schlug, und wanderte zu meinem Ohr hinauf.

»Ich entschuldige mich, bevor wir überhaupt anfangen«, sagte er. »Ob ich das Recht dazu habe oder nicht, ich habe irgendwie das Gefühl, mein Revier markieren zu müssen, nachdem ich weiß, dass du gleich einen anderen Mann triffst. Ich muss dich hart ficken.«

Das hörte sich gut an. Ich spreizte meine Beine weit unter ihm und grinste. »Na, dann leg mal los, Boss.«

Das brauchte ich Merrick nicht zweimal zu sagen. Er ließ seine Hand zwischen uns gleiten, um sich zu vergewissern, dass ich feucht genug war. Aber ich war schon bereit, seit er die Worte »Ich will in dir kommen« gesagt hatte. Seine Pupillen weiteten sich, als er merkte, wie nass ich war. Er positionierte seinen steinharten Penis vor meine Pforte und drang mit einem tiefen Stoß in mich ein. Mit geschlossenen Augen hielt er inne, er sah aus, als hätte er das Nirwana gefunden. Als er die Augen öffnete, begann er, sich zu bewegen, wie er es noch nie zuvor getan hatte. Merrick zog sich fast ganz aus mir heraus und stieß dann wieder fest in mich hinein, immer und immer wieder.

»Fuck, Evie. Ich werde diese Muschi füllen, dass es immer noch aus dir heraustrieft, wenn du gehst.« Er zog sich zurück, um mich anzusehen, und stöhnte, als er erneut in mir versank. »Meins.«

Als ich dem Höhepunkt entgegenstrebte, grub ich meine Nägel in seinen Rücken. »Ich werde …« Ich schaffte es nicht einmal, den Satz zu beenden, bevor mein Körper zu pulsieren begann. »Oh, Gott.«

Merrick beschleunigte den Rhythmus. Es war hart und rau, jeder Stoß ging tiefer, bis er schließlich brüllte: »Fuuuuck.« Dann stießen seine Hüften ein letztes Mal zu, bevor er tief in mir verweilte.

Anschließend küssten wir uns lange und innig. Lächelnd strich Merrick mir eine Haarsträhne aus dem Gesicht. »Da ich nicht mit zum Mittagessen kommen darf, hast du jetzt wenigstens ein bisschen von mir in dir.«

»Dafür müssen wir keinen Sex haben.« Ich legte meine Hand auf mein Herz. »Du bist bereits hier drin. Also bist du bei mir, egal wo ich hingehe.«

Epilog

Merrick

Ein Jahr später

»Ich hätte nicht gedacht, dass dich kleine Turbulenzen aus der Ruhe bringen würden.«

»Hmmm?« Ich blickte über meine Schulter, bevor ich vom Flughafen auf den Highway abbog. »Wovon sprichst du?«

»Auf dem Flug hierher«, sagte Evie. »Du warst so angespannt. Jedes Mal, wenn ich zu dir hinübergesehen habe, hast du dich an der Armlehne festgekrallt.«

»Ah …« Die Vorstellung, dass mich ein paar Luftlöcher nach all den Jahren, die ich durch die Welt gereist war, aus der Ruhe bringen könnten, war ziemlich komisch. Ich hatte einmal eine Notlandung verschlafen. Aber ich nickte trotzdem. »Ja, ich dachte, ich hätte es gut überspielt.«

Evie lachte. »Irgendwann hattest du Schweißperlen auf der Stirn.«

Wir waren gerade in Atlanta gelandet, um an Kittys lange geplantem Familientreffen teilzunehmen, das in zwei Tagen stattfinden sollte, wobei Evie dachte, das Picknick sei morgen. Sie dachte auch, wir würden direkt zu meiner Großmutter fahren.

Ich räusperte mich. »Es ist erst sieben. Das wöchentliche

Kartenspiel meiner Großmutter dauert bis neun. Ich habe ihr gesagt, sie soll hingehen, weil die Hälfte der Flüge sowieso verspätet sind. Wollen wir zu deinen Airbnbs fahren, um nach dem Rechten zu sehen, da wir noch etwas Zeit haben?«

Ich hatte keinen Plan B und verließ mich ganz darauf, dass sie Ja sagte.

»O ja, das wäre toll. Ich schaue mal in der App nach, ob sie gebucht sind.«

Mist.

Natürlich waren sie gebucht. Ich hatte sie vor einem Monat unter falschem Namen angemietet, weil ich mich für schlau hielt, aber ich hatte nicht daran gedacht, dass sie es vorher überprüfen würde – und feststellen würde, dass sie vermietet waren.

Evie tippte in ihr Telefon. »Sie sind beide vermietet.«

»Willst du trotzdem vorbeifahren und nach dem Rechten sehen? Was ist mit dem Glampingplatz?«

»Nein, schon okay. Vielleicht, wenn wir auf dem Heimweg Zeit haben. Sieht aus, als hätten sie auch am Sonntag geöffnet, das wäre vielleicht besser.«

Ich hätte ihr am liebsten in den Hintern getreten. *Denk nach.* Ich war so nervös, dass meinem Gehirn nichts einfiel. »Bist du sicher?«

Sie sah zu mir herüber und blinzelte. »Du willst nicht zu Kitty, wenn alle ihre Kartenfreundinnen da sind, weil sie beim letzten Mal eine Bemerkung über deinen süßen Hintern gemacht haben. Ist es das?«

»Ja. Genau … erwischt. Sie mögen wie Schafe aussehen, aber diese Damen sind Wölfe.«

Evie kicherte. »Na schön. Weißt du, für einen Mann mit einem so dreckigen Mundwerk bist du manchmal wirklich sehr prüde.«

Den Rest des Weges zu den Airbnbs fuhr ich, ohne ein Wort zu sagen. Ich handelte jedes Jahr mit hochriskanten Aktien in Milliardenhöhe, aber so nervös war ich noch nie gewesen. Evie hatte auf mich eingewirkt, meinen Tonfall im Gespräch mit den neuen Tradern etwas zu zügeln, weil ich sie offenbar nervös machte. Sollten sie sich so gefühlt haben, war ich wirklich ein Idiot, und sie sollten alle kündigen.

»Oh, ich habe vergessen, es dir zu erzählen«, sagte Evie. »Ich habe Karten für die Sesamstraßen-Show für Abbey und Eloise zu ihren Geburtstagen. Die Show findet erst in ein paar Monaten statt, aber Abbey ist schon jetzt ganz besessen von der Sesamstraße. Ich dachte, Eloise könnte es auch gefallen. Ich habe drei Karten für zwei verschiedene Vorstellungen. Ich war mir nicht sicher, ob du willst, dass wir Eloise mitnehmen, oder ob du es ihr einfach zum Geburtstag schenken willst und Aaron mit ihr und einer Freundin hingehen kann.«

Ein paar Wochen, nachdem Aaron und ich uns unterhalten hatten, war ich auf sein Angebot eingegangen, seine Tochter kennenzulernen. Am Anfang war es etwas merkwürdig gewesen. Ich wollte sie einfach nur anstarren und suchte nach dem Baby, das ich einst für meines gehalten hatte. Aber es dauerte nicht lange, dann ließ das nach. Seitdem besuchte ich sie oft. Zwischen Aaron und mir hatte sich sogar eine Art Freundschaft entwickelt. Ich hätte nie gedacht, dass ich einmal dankbar sein würde, diesen Mann in meinem Leben zu haben, aber das war ich. Denn ich konnte mich von einem Kind, in das ich mich schon Monate vor seiner Geburt verliebt hatte, nicht entlieben. Ich hatte den beiden Evie vorgestellt, und bei unseren letzten Treffen hatte sie ihre Nichte Abbey mitgebracht. Eloise liebte sie und behandelte sie wie eine Puppe.

»Willst du hingehen?«, fragte ich sie.

»Irgendwie schon. Meine Mutter hatte nie das Geld, um mit uns in Shows zu gehen, als wir Kinder waren. Ich bin neugierig, wie das ist.«

»Okay«, sagte ich. »Dann nehmen wir sie mit.«

»Wirklich?« Evies Augen weiteten sich. »Ich hätte nicht gedacht, dass du dich darauf einlässt, zur Sesamstraßen-Show zu gehen.«

Ich zuckte mit den Schultern. »Ich werde ein paar Stunden mit meiner kleinen Freundin verbringen und dann nach Hause gehen und mir einen blasen lassen, weil ich mit dir etwas unternommen habe, das du gern wolltest, richtig?«

Sie schmunzelte. »Wahrscheinlich.«

»Klingt nach einem verdammt guten Tag für mich. Mir ist egal, wo wir sind, wenn es euch beide glücklich macht.«

Evies Blick wurde weich. »Du sagst die süßesten Dinge, ohne es überhaupt zu merken.«

»Es war der Teil mit dem Blowjob, stimmt's?«

Sie schlug nach mir.

Zehn Minuten später war die Ruhe, die ich vorübergehend im Gespräch mit Evie gefunden hatte, wieder dahin, als wir von der Hauptstraße auf die abbogen, die zu den Baumhäusern führte. Als wir ankamen, begann die Sonne unterzugehen, und ich parkte.

Evie sah sich um. »Sieh dir diesen Himmel an. Wir hätten es nicht besser treffen können, wenn wir es geplant hätten.«

Fast hätte ich gelacht. *Jemand hat es geplant.*

»Es sieht nicht so aus, als wären die Gäste schon da«, sagte sie.

»Dann lass uns raufgehen und nachsehen.«

»Und wenn sie kommen?«

»Dann sagen wir ihnen, wir sind vom Reinigungsteam.«

Sie musterte mich lächelnd von oben bis unten. »Auch ohne den Dreitausend-Dollar-Anzug würde niemand glauben, dass du zum Reinigungsteam gehörst.«

»Warum nicht?«

»Weil du einfach wie der Chef aussiehst. Ich möchte nicht dabei erwischt werden, dass ich nach der Check-in-Zeit da oben herumschnüffele.«

Ich stieg aus dem Auto, öffnete Evies Tür und reichte ihr die Hand, um ihr beim Aussteigen zu helfen. »Komm schon, das wird lustig. Du stehst doch drauf, fast erwischt zu werden. Weißt du noch, wie heftig du gekommen bist, als ich dich letzte Woche auf deinem Schreibtisch geleckt habe, ohne die Tür abzuschließen?« Ich strich mir über den Hinterkopf. »Mir fehlen ein paar Haare, so stark hast du an ihnen gezogen.«

Sie nahm meine Hand. »Ich gehe, aber ich warne dich … Du wirst den Rest verpassen, wenn wir da hochklettern und du so etwas noch mal versuchst.«

Lächelnd beobachtete ich, wie sie sich auf der Leiter noch einmal umsah, um sicherzugehen, dass die Luft rein war.

»Nach dir«, sagte ich.

Evie trug ein Sommerkleid, und der Anblick von unten ließ mich fast vergessen, was ich vorhatte.

»Hör auf, mir auf den Hintern zu starren«, rief sie, ohne sich umzudrehen.

Ich lachte. »Du genießt deine Aussicht und ich meine.«

Drinnen machte sie ein paar Schritte und blieb abrupt stehen, als ich hinter ihr hineinstieg. »O mein Gott. Da steht gekühlter Champagner. Die Leute müssen schon eingecheckt haben. Bestimmt machen sie nur einen Spaziergang und kommen jeden Moment zurück, weil es schon fast dunkel ist. Wir sollten besser gehen.«

Evie drehte sich zur Tür, aber ich hielt sie am Handgelenk fest. »Warte einen Moment. Ich will mit dir reden.«

»Wir können im Auto reden.«

Ich tat das Einzige, was mir einfiel, damit sie sich entspannte. Ich umfasste ihre Wangen und zog ihren Mund auf meinen. Kurz versuchte sie, sich zu wehren, aber nach zehn Sekunden lockerten sich ihre Schultern, und sie gab nach. Es sollte sie beruhigen, hatte aber den gegenteiligen Effekt auf mich, darum zwang ich mich, den Kuss zu unterbrechen. Ich hielt jedoch weiterhin ihre Wangen umschlossen, ihr Gesicht dicht vor meinem.

»Gib mir nur eine Minute, okay?«, flüsterte ich.

Sie blinzelte ein paarmal und wirkte leicht verwirrt, nickte jedoch. Es war wunderbar, dass ich das nach all der Zeit immer noch bei ihr bewirken konnte. Ich führte ihre Hand an meine Lippen und küsste sie, dann holte ich tief Luft, trat zurück und sank auf ein Knie.

»Evie, ich wollte es hier machen, weil ich um die Bedeutung dieser Baumhäuser für dich weiß. Sie sind ein Ort, an dem du dich sicher gefühlt hast, wenn du vor der Welt fliehen wolltest. Ich bin vielleicht nicht in ein Baumhaus geklettert, aber ich wollte ganz sicher viele Jahre dem Leben entfliehen – bis du durch meine Tür gekommen bist.«

Evie hielt sich den Mund zu, und Tränen stiegen ihr in die Augen. »Seit dem Tag, an dem ich dir begegnet bin, hat sich mein Leben verändert. Du hast mich dazu gebracht, wieder leben zu wollen, ein besserer Mensch zu sein und so viel mehr vom Leben zu wollen als Geld und Macht.« Ich griff in meine Tasche und holte die Ringschachtel heraus, die ich seit unserer Abreise aus New York heute Morgen mit mir herumgetragen hatte. »Ich habe mir schon Sorgen gemacht, du könntest denken, ich spiele Taschenbillard, so oft, wie ich da reingegriffen habe, weil ich Angst hatte, die hier zu verlieren.«

Evie lachte.

Ich öffnete die Ringschachtel. Darin befand sich ein vierkarätiger Diamant im Prinzess-Schliff, der von zwei kleineren Steinen eingefasst war. Die kleineren Steine stammten von dem Ring ihrer Großmutter und von Kittys. Es hatte ein paar Leute gebraucht, um ihn anzufertigen. Neben dem Ring in der schwarzen Samtschachtel lag das orangefarbene Stück Seeglas, das sie in ihrer Handtasche aufbewahrte und ohne das sie nie irgendwohin ging. Ich nahm das Glas heraus und hielt es hoch. »Ich hoffe, du nimmst es mir nicht übel, dass ich dir das heute Morgen aus der Tasche geklaut habe. Ich habe heute jedes Quäntchen Glück gebraucht, das ich bekommen konnte.«

Sie nahm das Seeglas und hielt es an ihr Herz. »Ich glaube, ich fühle mich heute noch besser als vor zwanzig Jahren, als ich es am Strand gefunden habe.«

Ich lächelte. »Evie, ich möchte jeden Morgen mit dir aufwachen und jeden Abend neben dir einschlafen. Ich möchte, dass du meine Frau wirst, und ich möchte eine Familie mit dir gründen. Aber der wichtigste Grund, warum ich das hier tun wollte, ist, dass ich deine Baumhäuser ersetzen will, Süße. Ich möchte immer für dich da sein, ich möchte der Ort sein, an den du fliehst, wenn du dich sicher fühlen willst.« Ich hielt inne und holte tief Luft. »Willst du mich heiraten, Evie?«

Tränen liefen ihr über das Gesicht. Sie schlang die Arme um meinen Hals und küsste mich. »Ja! Ja!«

Mein Herz raste wie wild, als ich ihren Mund mit einem Kuss eroberte. Als wir uns voneinander lösten, rangen wir beide um Atem. Ich schob den Ring auf ihren Finger und betrachtete ihn.

»Die Steine auf beiden Seiten stammen von den Verlobungsringen unserer Großmütter, die sie von ihren großen Lieben erhalten haben. Greer hat mir geholfen, den Ring deiner Großmutter zu finden, und Kitty konnte es kaum erwarten, dir ihren zu geben.«

»Oh, Merrick, das bedeutet mir sehr viel.« Sie streckte die Hand aus. »Er ist absolut umwerfend.«

»Nun, dann ist er richtig, denn dann passt er zu der Frau, die ihn trägt.«

Ende
(Aber manchmal ist das Leben ein Kreis
und führt zum Anfang zurück)

Zurück zum Anfang

Merrick

Vor neunzehn Jahren

»Hey.« Meine Schwester kam in die Garage, wo ich auf dem alten Billardtisch meines Großvaters übte. Sie nahm die Fünferkugel, über die ich mich zum Stoßen gebeugt hatte. »Grams möchte, dass du zum Supermarkt fährst, um Zucker zu holen.«

»Kannst du die Kugel wieder hinlegen?«, fragte ich. »Ich spiele ein verdammtes Spiel.«

Sie warf die orangefarbene Kugel in die Luft und fing sie auf. »Sitzt du nicht genug in deinem Zimmer herum und spielst mit deinen Kugeln?«

Als sie die Kugel das nächste Mal in die Luft warf, schnappte ich sie mir. »Du bist lustig. Aber das Aussehen ist nicht alles.«

Sie rollte mit den Augen. »Wie originell, Kleiner.«

Kleiner. Meine Schwester Lydia war fünfzehn, kaum zwei Jahre älter als ich, aber sie tat so, als wäre sie mindestens zehn Jahre älter. Ich warf einen Blick aus dem Garagenfenster. Es hatte gerade zu nieseln angefangen. »Warum gehst du nicht in den Laden?«

»Ich habe mir gerade die Haare geföhnt.«

Ich zuckte mit den Schultern. »Und? Setz dir eine Kapuze auf.«

»Wenn du nicht die Klappe hältst und gehst, muss ich Dave anrufen …«

Ich legte die Fünferkugel zurück auf den Tisch. »Gut. Bitte ihn, mir einen Big Mac zu bringen. Du weißt, dass diese Drohung nicht mehr funktioniert, seit ich sechs war, oder?«

»Big Macs sind von McDonald's, Dummkopf. Nicht Wendy's.«

Ich zuckte mit den Schultern und beugte mich vor, um die Kugel in das Loch in der Ecke zu stoßen. »Wenn Grams wollte, dass ich gehe, wäre sie selbst gekommen, um mich zu bitten. Ich weiß, dass sie dich gefragt hat, und du versuchst nur, es mir aufzudrücken.«

Lydia zuckte mit den Schultern. »Das spielt keine Rolle. Du musst auf mich hören, weil ich älter bin.«

»Ich sage dir das ja nur ungern, aber das ist nicht der Fall. Nur weil du ein bisschen älter bist, darfst du mich nicht herumkommandieren. Aber wenn du schon im Laden bist, bring mir Erdnussbutter mit. Wir haben keine mehr.«

Sie rümpfte die Nase. »Wie kannst du das Zeug dreimal am Tag essen?«

»Mach es nicht schlecht, bevor du es nicht ausprobiert hast.« Ich ging zu meiner Schwester, stellte mich dicht neben sie und blickte auf sie herab. Ich war schon mindestens fünfzehn Zentimeter größer. »Wenn du etwas davon essen würdest, könntest du vielleicht wachsen und eine normale Größe bekommen.«

»Ich bin eins fünfundfünfzig. Das *ist* eine normale Größe für ein Mädchen.«

Ich grinste. »Wenn du es sagst …«

Sie verschränkte die Arme vor der Brust. »Wenn ich gehe, bringe ich keine Erdnussbutter für dich mit. Ich hole nur Grams Zucker.«

Ich verdrehte die Augen. *Na, klar.* »Gut«, brummte ich. »Ich gehe, wenn ich den Tisch abgeräumt habe. Aber nur, weil ich ein Sandwich will.«

Kurze Zeit später fuhr ich mit dem Fahrrad zum drei Blocks entfernten Supermarkt und kaufte Zucker und Erdnussbutter ein. Doch während ich im Laden war, verwandelte sich der Nieselregen in einen heftigen Regenguss. Ich holte mein Fahrrad unter der Markise hervor. »Na toll.«

Als ich wieder bei meiner Großmutter ankam, war ich von Kopf bis Fuß durchnässt. Ich drückte den Knopf zum Öffnen des Garagentors, doch als ich das tat, blitzte langes, blondes Haar im Garten von Grams Freundin nebenan auf. Ich beobachtete, wie ein Mädchen im strömenden Regen über das nasse Gras rutschte und die Leiter zum Baumhaus im hinteren Teil des Gartens hinaufstieg. Auf der vierten Sprosse rutschte sie aus, verlor den Halt und landete auf dem Hintern. Doch sofort stand sie wieder auf, blickte über ihre Schulter zum Haus und begann, erneut zu klettern. Beim zweiten Mal schaffte sie es fast bis nach oben, bevor ihr Fuß abrutschte. Irgendwie stieß sie die Leiter unter sich weg, während sie versuchte, sie mit den Beinen zu greifen. Ich dachte, sie würde mit der Leiter umfallen, aber sie hielt sich am Rand des Baumhauses fest und hing nun dort.

»Mist.«

Ich rannte hinüber zu Millys Garten. Der Regen prasselte mir ins Gesicht, während ich über den kleinen weißen Lattenzaun kletterte, die Leiter aus dem Gras hob und sie neben das Mädchen an das Haus lehnte. Sie schlang ihre Beine darum und schaffte es, sich wieder aufzurichten. Sobald sie wieder sicher genug war, um zu klettern, stürmte sie die letzten Sprossen ins Baumhaus hinauf und schlug die Tür hinter sich zu.

Ich wartete eine Minute, aber sie kam nicht wieder heraus. Und da der Regen nicht nachließ, lief ich zurück zu meiner Großmutter. Als ich die Garage erreichte, hörte ich einen Mann aus dem Haus von Milly schreien. Ich dachte mir, dass das Mädchen wahrscheinlich irgendetwas falsch gemacht hatte und in Schwierigkeiten geraten war, also stellte ich mein Fahrrad zurück in die Garage und kümmerte mich um meinen eigenen Kram.

Drinnen warf Grams nur einen Blick auf mich und schüttelte den Kopf. »Junge, du siehst ja aus wie ein begossener Pudel. Was zum Teufel machst du da draußen im Regen?«

Ich öffnete den Reißverschluss meines Sweatshirts und holte die Tüte heraus, die ich darin verstaut hatte, um sie trocken zu halten. »Ich habe den Zucker besorgt, den du haben wolltest.«

»Du meinst den Zucker für deine Schwester. Sie wollte ihn haben, um Kandiszucker zu machen.«

Wusste ich es doch. Ich schüttelte den Kopf. »Sie hat mir gesagt, dass du ihn haben willst.«

Grams lachte. »Alles klar. Ich bin eins von acht Kindern, das war bei uns nicht anders, so läuft das nun mal. Wahrscheinlich habe ich dasselbe mit meinem kleinen Bruder gemacht, als wir so alt waren wie ihr.« Das Telefon klingelte, sie ging zur Wand, um abzunehmen, und deutete auf meine Kleidung. »Zieh dich um, und ich mache dir einen Snack.«

Ich war so durchnässt, dass ich sogar meine verdammte Unterhose wechseln musste.

Als ich wieder herauskam, legte Grams gerade den Hörer auf. Sie holte ihren Regenmantel aus der Garderobe und nahm ihre Autoschlüssel aus dem Schlüsselhalter neben der Haustür. »Ich muss weg. Vertrag dich mit deiner Schwester.«

»Es gießt in Strömen. Wohin fährst du?«

Grams schüttelte den Kopf. »Einer Freundin helfen. Ich erkläre es euch, wenn ich zurückkomme.«

»Okay.«

Nachdem sie gegangen war, machte ich mir ein Erdnussbutter-Gelee-Sandwich. Als ich das schmutzige Buttermesser in die Spüle legte, schaute ich aus dem Fenster und sah den Hotrod meiner Großmutter in der Einfahrt der Nachbarin stehen. Eine Frau stieg auf der Beifahrerseite ein. Grams' Freundin Milly bog um die Hausecke, den Arm um das Mädchen gelegt, das vorhin fast vom Baumhaus gefallen wäre. Ich beobachtete, wie sie alle einstiegen, dann sauste Grams die Straße hinunter.

Stunden später kam sie zurück, ich lag halb dösend auf der Couch und sah mir ein Pokerturnier im Fernsehen an. Sie schnappte sich die Fernbedienung und schaltete es aus.

Ich setzte mich auf. »Ist alles in Ordnung?«

Sie seufzte. »Jetzt schon – vorläufig zumindest.«

»Ist Milly nebenan etwas zugestoßen? Ich habe gesehen, wie sie mit ein paar anderen in dein Auto gestiegen ist.«

»Nein, Milly geht es gut.«

»Ah. Als ich vorhin vom Laden zurückkam, ist ein Mädchen in Millys Garten gerannt. Sie hätte sich fast den Hals gebrochen, als sie hinten zum Baumhaus hochgeklettert und die Leiter unter ihr weggerutscht ist.«

»Das muss die jüngste Enkelin von Milly gewesen sein, Everly.«

»Ich habe auch einen Mann schreien hören.«

Grams machte ein finsteres Gesicht. »Das war ihr Vater. Er ist ein schlechter Mann, Schatz. Aber er wird nicht mehr herkommen, zumindest eine Zeit lang.«

»Geht es dem Mädchen gut?«

Grams nickte und tätschelte meine Hand. »Das wird wieder.«

Ich nickte.

»Komm. Du hast lange genug in die Glotze geschaut. Ich will dir etwas zeigen, woran ich gearbeitet habe.«

Ich folgte Grams in die Küche, wo sie ein Stück Packpapier ausrollte. Darin befanden sich wahrscheinlich hundert Rechtecke, die alle mit verschiedenen Linien verbunden waren.

»Was ist das?«

»Das ist unser Stammbaum. Ich dachte, es wäre schön, eine Karte unserer Vorfahren zu erstellen.«

Ich zuckte mit den Schultern. »Wofür?«

»Um zu wissen, woher wir kommen, Dummerchen. Was soll das heißen, wofür?«

Sie zeigte auf den oberen Teil der Karte. »Das hier ist dein Ururururgroßvater, Kaufmann Harrington. Er war Schneider.« Sie ließ ihren Finger über die Karte nach unten gleiten. »Er hat das Hochzeitskleid seiner Tochter genäht, das noch von zwei weiteren Generationen getragen wurde. Ich habe ein Bild davon auf meinem Computer. Vielleicht wirst du ja auch einmal Schneider.«

Ich lachte schnaubend. »Ganz bestimmt nicht.«

»Warum nicht?«

»Weil ich reich sein werde.«

»Ach ja? Und wie genau willst du reich werden?«

»Ganz einfach. Ich werde an der Börse spielen.«

Grams lächelte und widmete ihre Aufmerksamkeit wieder ihrem Stammbaum. Die nächste Stunde lang stellte sie mir jeden darauf vor. Als sie unten ankam, gab es Felder unter den Namen meiner Eltern sowie unter meinem und Lydias, und dann leere Felder neben uns.

Ich deutete auf das Feld neben meinem Namen. »Was, wenn ich nicht heirate? Wird dein Zweig dann aussterben?«

»Du wirst heiraten.« Sie wedelte mit dem Finger vor meiner Nase herum. »Ich sehe es in deiner Zukunft.«

Ich zuckte mit den Schultern. »Wenn du meinst.«

Sie zerzauste mein Haar. »Warum schläfst du nicht ein bisschen?«

»Na gut. Gute Nacht, Grams.«

Am nächsten Morgen wurde ich vom Wind geweckt. Der Regen hatte aufgehört, aber das Fenster des Gästezimmers war einen Spalt offen, sodass ein lautes Pfeifen zu hören war. Ich stand auf, um es zu schließen, und konnte nicht wieder einschlafen. Also ging ich in die Küche, um mir einen Saft zu holen. Nachdem ich ein volles Glas getrunken hatte, blickte ich aus dem Fenster über der Spüle auf das Baumhaus in Millys Garten. Die Leiter, die ich gestern Abend zurückgestellt hatte, war wieder umgefallen. Daraufhin holte ich einen Hammer und ein paar lange Nägeln aus der Garage und ging hinüber, um sie festzunageln.

Als ich ins Haus zurückkam, war Grams wach und saß wieder mit dem aufgeschlagenen Stammbaum am Tisch.

Sie lächelte mich an. »Warum bist du rübergegangen und hast die Leiter festgemacht?«

Ich zuckte mit den Schultern. »Keine Ahnung. Sie lag wieder auf dem Boden. Ich will nicht, dass das Mädchen sich das nächste Mal verletzt, wenn ich nicht da bin.«

»Das war sehr nett von dir.«

Ich sah auf das Papier hinunter. »Schreibst du noch mehr Namen in deinen Baum?«

»Nur einen.«

»Welche Ahnen kannst du seit gestern Abend gefunden haben?«

Grams rollte die Karte auf. »Ich habe einen *Nachkommen* hinzugefügt, keinen Vorfahren.«

»Was ist das?«

»Das ist eine Person aus der Familie, die nach mir kommt, nicht vor mir.«

Ich zog die Brauen zusammen. »Wie Mom und ich und Lydia?«

»Genau.«

»Aber wir sind da schon drauf.«

Grams blickte zum Fenster über der Spüle und lächelte. »Ich bestelle etwas.«

»Bestellen?«

»Das heißt, ich schicke etwas ins Universum, an das ich glaube, damit es eines Tages passiert.«

Ich schnaubte. »Wie wäre es, wenn du mir ein Erdnussbutter-Gelee-Sandwich bestellst?«

Grams stand auf, klemmte sich ihren Stammbaum unter den Arm und kam zu mir, um mir einen Kuss auf die Wange zu geben. »Ich glaube, ich hab noch was Besseres. Wart's nur ab.«

Dank

Mein Dank gilt:

Euch – den Leserinnen und Lesern. Danke, dass ihr Merrick und Evie in eure Köpfe und Herzen gelassen habt. Ich fühle mich geehrt, dass ihr durch meine Geschichte eine Weile aus dem Alltag fliehen konntet, und ich hoffe, ihr kommt bald wieder, um zu sehen, wen ihr als Nächstes vorfinden werdet!

Penelope – Könntest du nicht einfach eine rührselige Lobeshymne darüber schreiben, was für eine gute Freundin du bist, und sie in diesen Abschnitt einfügen? Es wüsste sowieso keiner von uns mehr, wer sie geschrieben hat. ;–)

Cheri – Danke für deine Freundschaft und Unterstützung.

Julie – Das verrückte Jahr 2022 hat mich daran erinnert, was Freundschaft bedeutet. Ich kann es kaum erwarten, nächsten Sommer auf Fire Island zu sehen, wie du deine Zehen in den Sand steckst.

Luna – Danke, dass du immer da bist, ob Tag oder Nacht. Deine Freundschaft erhellt meinen Tag.

Meiner fantastischen Facebook-Lesergruppe Vi's Violets – mehr als dreiundzwanzigtausend kluge Frauen (und ein paar fantastische Männer), die sich gern an einem Ort über Bücher unterhalten? Ich bin ein Glückspilz! Jede und jeder Einzelne von euch ist ein Geschenk. Vielen Dank für all eure Unterstützung.

Sommer – Danke, dass du herausfindest, was ich will, oftmals bevor ich es selbst weiß.

Meiner Agentin und Freundin Kimberly Brower – Danke, dass du immer für mich da bist. Jedes Jahr gibst du mir eine einzigartige Gelegenheit. Ich kann es kaum erwarten zu sehen, was du dir als Nächstes ausdenkst!

Jessica, Elaine und Julia – Danke, dass ihr alle Ecken und Kanten glättet und mich zum Strahlen bringt!

Kylie und Jo von Give Me Books – ich weiß gar nicht mehr, wie ich vor euch zurechtgekommen bin, und ich hoffe, dass ich es nie herausfinden muss! Vielen Dank für alles, was ihr tut.

An alle Bloggerinnen und Blogger – Danke, dass ihr die Leserinnen und Leser dazu inspiriert, mir eine Chance zu geben, und dass ihr immer da seid.

Alles Liebe
Vi

Autorin

Vi Keeland ist eine *New-York-Times*-Bestsellerautorin. Mit über einer Million verkaufter Bücher wird sie inzwischen in sechsundzwanzig Sprachen übersetzt. Vi Keeland hat ihre große Liebe mit sechs Jahren kennengelernt. Mittlerweile lebt sie mit ihrem Mann und den drei gemeinsamen Kindern in New York.

Vi Keeland im Goldmann Verlag:

Bad Boss. Roman
Best Man. Roman
Bossman. Roman
Hot Client. Roman
Just Business. Roman
Mr. CEO. Roman
Mr. West. Roman
Perfect Chemistry. Roman
Player. Roman

(Alle auch als E-Book erhältlich)